JN088013

千夜千冊エディション

資本主義問題

松岡正剛

角川文庫
22761

千夜千冊
EDITION

松岡正剛

資本主義問題

前口上

空気や水じゃあるまいに、貨幣は言語のようになくならないし、
市場はパンが溢《あふ》れて、サーカスのように賑《にぎ》やかだ。
世界が資本主義に浸っているままだなんて！
けれども為替が何か作ったか？　銀行が何の役に立っている？
ファウスト博士は誑《たぶら》かされたのだ。
勝ち組がいばるのも、経済学がリクツ言うのもシャラクセい。

目次

第三章　君臨する経済学

第四章　グローバル資本主義の蛇行

第一章

マネーの力

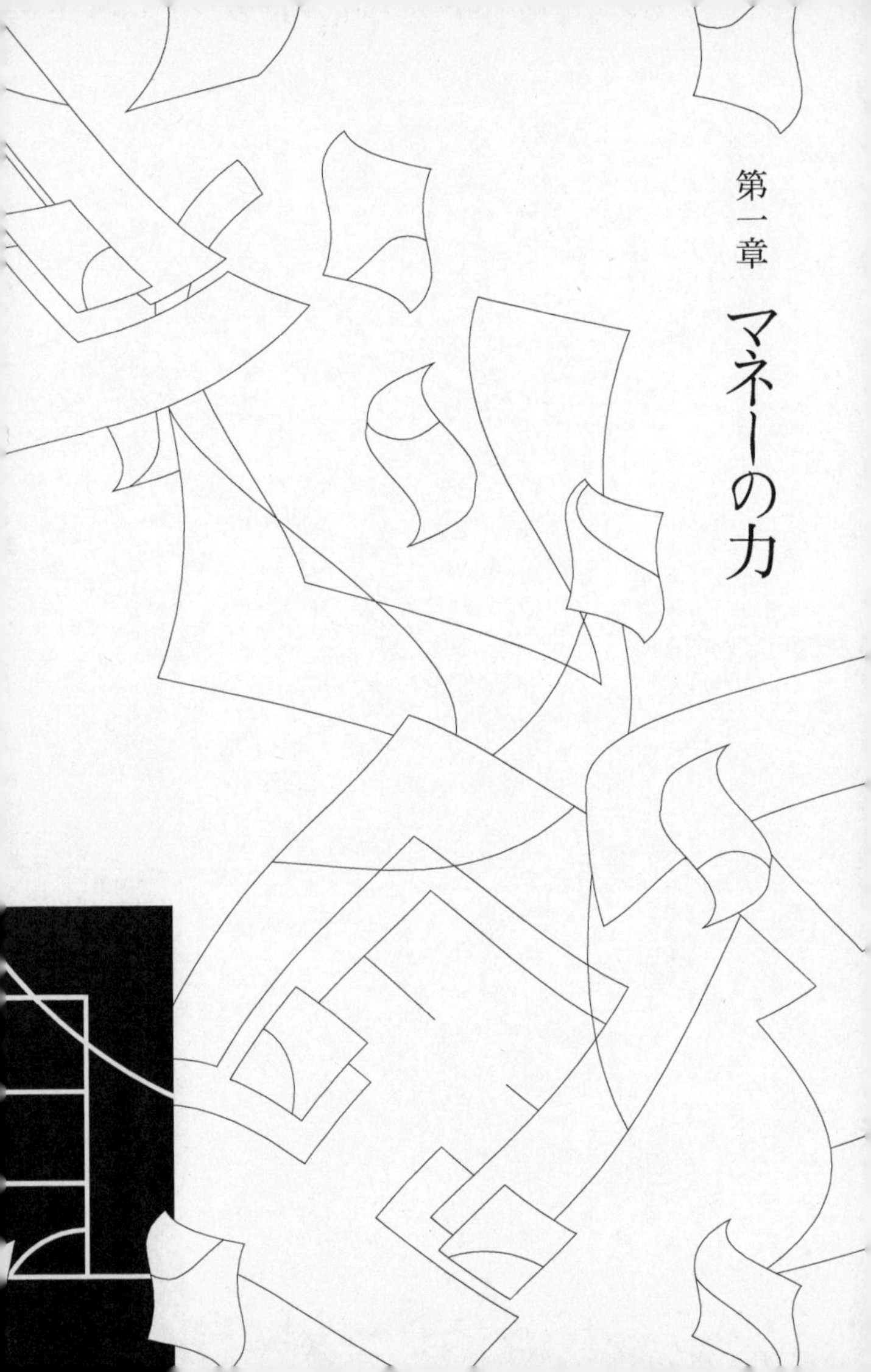

ハンス・クリストフ・ビンスヴァンガー『金《かね》と魔術』
ニーアル・ファーガソン『マネーの進化史』
ゲオルク・ジンメル『貨幣の哲学』
今村仁司『貨幣とは何だろうか』
仲正昌樹『貨幣空間』、
ジェイムズ・バカン『マネーの意味論』

「金《きん》」から「金《かね》」へ。なぜわれわれはメフィストフェレスの軍門に降《くだ》ったのか。

ハンス・クリストフ・ビンスヴァンガー

金《かね》と魔術

『ファウスト』と近代経済

清水健次訳　法政大学出版局　一九九二

Hans Christoph Binswanger: Geld und Magie – Deutung und Kritik der modernen Wirtschaft anhand von Goethes Faust 1985

ドイツの小都市シュタウフェンの市役所の広場のそばに「獅子亭」がある。一五三九年、この宿泊レストランで特筆すべき死亡例があったことが建物の外壁に告知されている。こういうものだ。「西暦一五三九年、この獅子亭においてファウスト博士なる奇妙な黒い魔術師ありて、悲惨なる死を遂げたり。ファウスト博士なる男が存命中、ひたすら義兄弟と呼びし悪魔の長の一人メフィストフェレスなる者が二四年間にわたる契約の切れし後、ファウスト博士の首の骨をばへし折り、その哀れなる魂を永劫に地獄に引き渡せりと言い伝えらる」。

十六世紀ヨーロッパに出入りしていたファウスト伝説がどういうものであるかは諸説あるが、ファウストが「黒い魔術」すなわち「錬金術」に長《た》けていただろうことは、どの伝説にも共通する。「人造の金」の精錬に夢中になって各地を渡り歩き、その魔術的技能を吹聴《ふいちょう》してさまざまな貴族にその腕を信じこませていたらしいことについても、各種ヴァージョンが伝わっている。シュタウフェン男爵が手元不如意になったときも、ファウストは自分の錬金術が役立つと信じこませていたらしい。

シュタウフェンはファウストが死んだ（殺された）とされる町である。その後、ファウストをめぐる噂はさまざまに尾鰭《おひれ》をつけ、人々はこの男を悪魔メフィストフェレスと契約を結んだファウスト博士として結像させていった。

ファウスト伝説が最初に書物になったのは、一五八七年にフランクフルトで出版された『ヨハン・ファウスト博士の物語』(Historia von D. Johann Fausten) である。斯界《しかい》では通称「ファウスト本」とか「ファウスト・ヒストリア」と呼ばれる。ヒストリアとは「事実にもとづいた歴史」のことをいう。この書物を印刷・出版した業者がヨハン・シュピースだということもわかっている。

「ヒストリア」のなかでは、ファウストはワイマール近郊のロート村に生まれたことになっている。敬虔《けいけん》な農民の子だったらしく、ウィッテンベルクの富裕な伯父《おじ》のもとに引きとられると、学生時代をへて順調に神学博士となったのだが、やがて心変わりして魔法や魔術の研究に傾斜していったとある。ついで神学者から転向して医学博士を名のり、各地を訪れては万能医としての治療や助言にあたるうち、想い深まってある森で悪魔を呼び出すことにした。おそらく騒霊（ポルターガイスト）に挑んだのである。

首尾よく悪魔の霊が呼び出され、何度かの会合を重ねるうち、この霊はその名をメフィストフィレスと言い、大悪魔ルシファーに仕えるガイスト（霊＝ゴースト）であることがわかった。メフィストフィレスとは「光を好まない者」という意味だった。それが気にいったファウストはメフィストフィレスと契約をしたいと言い出し、もし自分の欲望が叶《かな》えられればキリスト教の敵となって自分の魂と肉体を提供すると申し出た。欲望と引き替えに自分を売ったのだ。ここにファウストと悪魔の代理人との前代未聞の契約が結ばれたのである。

ファウスト伝説には、いろいろのエピソードが交じっていった。曰《いわ》くニュルンベルクで錬金術師として活躍した、曰くフランクフルトの見本市で貨幣の両替を繰り返していた、曰くバンベルクで魔法でこしらえた豚を売った、そのほか云々《うんぬん》。

さて、いまさらいうまでもなく、このような話の展開をもつファウスト伝説が、その後、ゲーテのレーゼドラマ『ファウスト』の下敷きになったわけである。ゲーテは伝説を下敷きにはしたものの、大作はかなり独特の物語になった。ゲーテが生涯にわたって抱えたテーマのすべてを注ぎこもうとしたからだ。一七七三年に着手していながら、死ぬ直前の一八三一年までの六十年近くを費やしたほどだった。

今夜は『ファウスト』を案内する意図はないので、詳しいことは書かないが、ゲーテがファウストという主人公に何を託したかという仕込みは肝腎な点なので、かんたんに言っておく。

ゲーテはファウストを、哲学・法学・医学・神学を研究しつづけながらも「学問と現世の空虚」にたどりついてしまった学者として設定した。そして、ファウストが自身の可能性に失望して一度は毒杯を手にしながらも、その瞬間に反転して「さらなる尊大」に向かって自己の極大に酔いたくなったというふうに、話をつくった。ファウストが至高の存在に向かって「不遜《ふそん》な実験」にとりかかり、神秘や魔法の世界に入って「自身の偉大な証明者」になろうとしていると設定したわけだ。

そうした不遜なファウストのところへ、黒犬に姿を変えたメフィストフェレスがやってくる。しだいに恐るべき全容をあらわすメフィストに、ファウストはほとんどたじろがない。それどころか自分の野望は尋常一様なことでは成就しがたいと思っていたので、メフィストの登場は渡りに舟だったのである。

こうして、かの難解きわまりないファウストとメフィストフェレスの丁々発止になっていくのだが、あれこれの問答の挙句、ファウストが「賭《か》け」を持ち出し、悪魔との「契約」に挑むことになる。メフィストが「私があなたの家来となって願いを叶えるから、あの世では逆の関係にしよう」と持ちかけると、ファウストは「私が自己満足におちこんで享楽にふけったなら、それが私の最後の日だ。私を縛りあげてよい。よろこんで滅びよう」と言う。史上最も危険な内容の契約が交わされたのだ。

契約が成立すると、手始めにメフィストはファウストを見ちがえるように若返らせ、少女グレートヒェンに惚《ほ》れさせる。グレートヒェンは本名をマルガレーテといって、九七〇夜にも少々説明しておいたように、どんな器用なこともできないが愛することだけを知っているというような、そういう可憐《かれん》な少女だった。ファウストは恋に落ち、胸を焦がし、本来の活力を失っていく。辛うじてメフィストのはからいで結ばれるのだが、それならその愛でこそメフィストの契約を破棄できたはずなのに、ファウストにはもはやアニメーション（アニマ・モーション）がエマネーション（流出）につながらない。

そうこうしているうちに、悪魔との関係を責めるグレートヒェンの兄がファウストの手にかかって死んだ。一方、グレートヒェンは眠り薬の量を誤って母親を死なせてしまう。それどころか、ファウストとのあいだに生まれた子を水没させて殺し、牢屋《ろうや》に入れられたまま死んでしまった。あまりのことに茫然《ぼうぜん》とするファウストをメフィストはハルツ山地のブロッケン山の「ワルプルギスの夜の宴」に連れ出し、なにもかもを忘却させようとするのだが、ファウストにはグレートヒェンの面影がどうしても消えない。事態はしだいに行き詰まってくる。

ファウストは少し落ち着きを取り戻すけれど、そこへメフィストがまた罠《わな》をかけ、ファウストは美女ヘレナと恋に陥り、二人のあいだに男児オイフォリオンが生まれる。詩の化身となったオイフォリオンが地下世界に行くと、ヘレナもこれを追う。この先の話はおもしろいのだが、省略しておこう。

いつしかファウストは一〇〇歳になっていた。それでも最後の命の火を燃え上がらせて、新たな社会の建設に立ち向かっている。もはや魔術の力を借りるまでもない。メフィストを振り切るかのように、「止まってくれ、おまえは実に美しい！」と叫ぶと、ついに最期を迎える。ニヤリと笑ったメフィストは契約に従ってファウストの霊を手に入れようとするが、天使たちがこれを阻み、墓の中のファウストの魂はグレートヒェンの霊に導かれて天高くのぼっていった……。

ざっとはこういう波瀾《はらん》と矛盾に充《み》ちた筋書きなのだが、このファウストとメフィストフェレスのあいだで交わされた「契約」が大問題なのである。

ユングは『心理学と錬金術』（人文書院）のなかで、「ゲーテの『ファウスト』は始めから終わりまで錬金術のドラマである」と述べた。「錬金」や「換金」がゲーテが問うた根本の意味にかかわっているというのだ。ぼくはこの意味がしばらくわからなかったのだが、あるときビンスヴァンガーの本書に出会って、そうなのかと唸《うな》った。本書は、ゲーテの『ファウスト』は近代的な「経済の起源」をあらわす完璧な寓話になっていることを証《あか》してみせている。ゲーテは、近代の貨幣経済の本質に「中世以来の錬金術がとりこまれている」と見たのではないかというのだ。

なるほど、ファウストを熱中させたような社会建設の行為が貨幣経済として確立しなかったろうという見方は、それなりに説得力がある。ゲーテはたんなる文芸作家ではなくて、ワイマール宮廷の政治家であり、世界の解釈者でもあったわけだ。「ファウスト・ヒストリア」では、ファウスト博士はワイマール近郊のロート村に生まれたことになっていた。二六歳でワイマールの宮廷に入り、三二歳で内閣主席となり、それにもかかわらずワイマールを理想社会にはなしえなかったゲーテが、この地に因縁をもつファウスト博士の錬金術や換金術を描こうとしたのは、大いに想像がつくことだったのである。

というわけで、本書はなかなかに虚をつくものだったわけだが、この中身に耳を傾けるには少しだけ錬金術がどういうものであったかも知っておく必要がある。

錬金術（独 Alchemie＝アルケミー）は「賢者の石」を用いて「金《きん》」を創り出す技術のことを

いう。"chemie＝ケミ"はもともとエジプト伝来の「黒い土」のことで、そこからアルケミーは「黒い魔術」とみなされ、それが錬金術と目《もく》された。プルタルコスは「黒いものは太陽の光を見る瞳《ひとみ》が黒いように、秘密に満ちたものをあらわす」と説明した。のちのち、このケミから本格的な「ケミストリー」(化学)が派生した。

「賢者の石」は金の原料ではない。金を生み出す触媒のことで、それによって卑金属が貴金属になる。たとえば鉛という卑金属に、特別の石の粉末あるいは硫黄《いおう》や水銀を加えて蒸留すると、ときに微小な貴金属に変化すると考えられた。中世、このプロセスは「鉛を意味するサトゥルヌス神の内発的な可能性が引き出された」と解釈され、そういう説明ができるのが魔術師や錬金術師だとされた。鉛の本体であるサトゥルヌス神は土星の力を秘める神でもあって、「賢者の石」によって眠っていた時間クロノスをめざめさせたのだ、というふうに。

もっともサトゥルヌスのギリシア名はクロノスなのだから、ちょっと古典語学に詳しければ、こんな説明はファウストやメフィストでなくとも、いくらでもできた。しかし、当時は驚くべき説明だった。錬金術は「時間をも創り出す」と思われた。錬金術はいつだって「新たな価値を創り出す」という意義だったのである。

ゲーテはそこを抉《えぐ》り出すことにした。そして、「新たな価値」が、次の三つとして時代を超えてあらわれるだろうと見抜いた。第一には、金を生み出そうとすることは精神の黄金性に達するだろう。第二に、肉体の永遠に近づこうとする者を生みだすだろう。そして第三に、金は貨幣としての使用力をもって、社会における至高の富を意味することになるだろう。

ゲーテは「経済」を錬金術のプロセスとその本質的な意義によって解釈したわけである。そのため、折からの古典的な国民経済学と真っ向から対立することになった。折からのというのは、一七七六年に発表されたアダム・スミスの『国富論』以降ということだ。『国富論』の発表は、ちょうどゲーテが『ファウスト』の構想にとりくみ、第一部を書き始めたころに当たっている。

そのとき、ゲーテにとって経済社会がどのように見えていたかといえば、欺瞞たらたらに見えていた。

古典的な経済学にとっては、富を創り出すのは労働と市場である。分業的労働が市場を活性化させ、そこから富が生まれていくと考えられていた。だからスミスは「貨幣または財貨で買えるものは、その貨幣または財貨のぶんの労働によって買える」というふうに説明した。けれどもゲーテからすると、このようなアダム・スミスの経済学には根本的な問題が言及されていない。いや、わざわざ根本的なことが隠されている。そのことをゲーテは『ファウスト』第二部にいたって、あからさまに暴露する。物語の場面でいえば、次の箇所になる。

グレートヒェンが獄死したのち、メフィストはしばらく落胆したファウストから離れて、次の作戦の準備にかかっている。神聖ローマ皇帝の宮廷にとりいったメフィストは、ここでファウストを活躍させようと考える。玉座の間に集まった廷臣たちのおしゃべりによると、いま帝室は著しい難境に立っている。財政窮乏の危機なのだ。そこでメフィストは窮乏を救う方法として、地下に埋蔵している金銀を掘り出すことを唆《そそのか》す。なかなか肯《がえ》んじない皇帝に対して、メフィストは壮大な仮装舞踏会を開かせ、その機に乗じて皇帝に一通の証書の署名をさせようとする。皇帝はパンの大神の仮装をし、ファウストは富貴神プルートゥスに扮《ふん》し、メフィストが強欲を演じる。ファウストはこのとき皇帝の信任を得た。

すかさずメフィストは皇帝に証書一通の批准の署名をさせた。ページェントの最中のこととて、皇帝はこの自分の署名行為などおぼえていない。しかし、この証書は一夜のうちに数千枚も刷られて、たちまち帝国内の貨幣として流通していったのである。皇帝の帝国はしだいに立ち直っていった。財政は復活し、富はゆきとどき、国中が繁栄する。ファウストは「公共の資力」に貢献した第一人者になった。

メフィストとファウストが何をしたかといえば、地下に埋蔵されている金銀を「担保」にして、新たに紙幣を発行するための許可書に署名をさせたのである。兌換《だかん》紙幣を発行する権利をもぎとった。そのことによって「見えない金」をもたらした。ファウストは言う、「わたしは支配権を獲得し、所有権を獲得する」と。

ゲーテは、ファウスト伝説の錬金術を、近代国家の「金本位制のもとでの紙幣発行というシステム」に読み替えたのである。そこに貨幣の支配力と財産の所有という幻想が成立しうることを読み取ったのだ。


ゲーテはこのあとファウストに皇帝の戦争を勝利に導かせる場面をつくる。ファウストは将軍となり、メフィストの力を借りると「霊たちの軍勢」を作り出し、「見えない力」を使うことによって戦争を指導する。このとき三人の戦士が活躍した。「喧嘩《けんか》男」「取り込み男」「握り男」の三人だ。それぞれ、財貨の略奪性、入手したものを所有する力、その所有したものを手放さない吝嗇《りんしょく》を、あらわしている。

戦争は圧倒的な勝利となった。皇帝はその功績を讃《たた》えて海岸地帯を世襲封土として与え、ファウストは地下の埋蔵性をもつ所有者になっていく。「紙幣の発行」と「霊による戦争」は、「見えない金」の所有と「見えない力」の支配という行為の象徴だったのである。ゲーテは一国の経済が自由市場ではなくて、紙幣と戦争と海賊行為によって成り立っていることを見抜いていたのだろう。

結論。ゲーテが『ファウスト』であきらかにした「近代になお通用する錬金術」とは、次のことである。

（1）埋蔵している地中の財宝は貨幣を発行する力に見合う。そういう魔法は通用する。

（2）貨幣・紙幣の発行は時の権力さえ承認すれば合法化される。そういう魔法は説得力をもつ。

（3）所有の欲望と結びついているのは、貨幣と戦争と暴力と吝嗇である。そういう魔法は民衆も求めている。

（4）技術や発明が社会を豊かに変える。それこそが近代以降の魔法である。

（5）土地にひそむ物質は、「富」あるいは「資本」の原基であるにちがいない。そのことを知らしめたのも近代の魔法だった。

魔法や魔術と言われてはいるものの、経済とはもともと魔術的なしくみからしか生まれないのではないか。そのうえで古典的な経済学や国民経済学は「自由」「平等」を「市場」に結びつけただけではないのか。ゲーテは、そう言いたそうである。

本書はそうしたゲーテの見通しを巧みに綴《つづ》っている。それは、ゲーテ以前にすでにヨーロッパ経済が「世界システム」として見せ始めていたことでもあって、たとえば一六九四年のイングランド銀行の設立と、そこにおけるウィリアム・ペティの紙幣発行論とか、一七一五年にオルレアン公から紙幣発行権をもぎとったジョン・ローの営為とか、それがもたらしたミシシッピ会社などの株の力とか、そういうものはゲーテがファウストやメフィストを借りて独創したものではなかった。

【おまけ】

ファウスト伝説は「ファウスト・ヒストリア」以降、ゲーテ以前にも、ゲーテ以降にもさまざまな物語になっている。たとえばクリストファー・マーロウの『フォースタス博士の悲話』（一五八八～九二）では、ファウストは悪魔と結んで科学の権化に向かっていくという物語になり、レッシングの『ファウスト博士』では理知を昇りつめたファウストは魂の救済力をもったともされた。しかし最も特異なのはトーマス・マンの『ファウスト博士』（一九四七）で、ぼくはこれには脱帽した。参った。副題がある。「一友人の物語るドイツ作曲家アドリアン・レーヴァーキューンの生涯」だ。これでわかるように、この物語は音楽家の壮絶な宿命を友人が語っているという体裁をとる。

音楽家アドリアンは知能抜群で、ギムナジウム時代から個人教授を受けて作曲家としての才能を開花させるのだが、ハレ大学に進むと神学に打ち込み、ライプチヒ大学に移ると今度は神秘学に夢中になる。あるとき「隠れ家」に案内されてピアノをかき鳴らしていると、褐色の女があらわれ頰を撫でられ、あわてて表へ逃げ出す。しかし翌年、その女を追ってグラーツ近郊に行き、女から梅毒をうつされる。五週間後に発病、二人の医師の治療をうけて第一次症状は消えたものの、根治はできない。

その後のアドリアンはさまざまな芸術的交流を通して、『万有の奇跡』『デューラーの木版画による黙示録』などの悪魔的な傑作を発表し、ついに自分はベートーベンの『第九交響曲』を破棄すると宣言する。かくてその宣言の交響カンタータとして『ファウスト博士の嘆き』を完成し、一九三〇年五月に友人知己を呼んで、自分の罪過を告白、ではこれから悪魔の作品を聞かせようと言ってピアノに突っ伏し、意識を失う。

そういう粗筋なのだが、この音楽家の物語を書いた友人は、実は音楽家の分身であったことがのちにあきらかになる。それだけでなく、うすうす見当がついたかもしれないが、この主人公はニーチェがモデルなのである。トーマス・マンはファウストとニーチェを重ね、しかも将来のファウストは音楽家でなければならず、音楽家は本物を求めればファウストにならざるをえないことを突き付けたのだ。また、物語のありとあらゆる場面にドイツ的悲劇のシンボルとアレゴリーを埋めこんだ。こんなファウスト伝説は、今後もとうてい出てこない。そういう傑作、いや怪作なのである。

第一三七四夜　二〇一〇年七月二六日

参照千夜

九七〇夜：ゲーテ『ヴィルヘルム・マイスター』　八三〇夜：ユング『心理学と錬金術』　三一六夜：トーマス・マン『魔の山』　一〇二三夜：ニーチェ『ツァラトストラかく語りき』

信用と利息。掛金とデリバティブ。
金融機関がつくりあげた文明の罠。

ニーアル・ファーガソン

マネーの進化史

仙名紀訳　早川書房　二〇〇九
Niall Ferguson: The Ascent of Money 2008

カネ、懐《ふとこ》ろぐあい、食いぶち、現金、水上げ、おあし、手持ち、元手、資金、日銭。マネーとは何か。

なぜマネーは自分自身をふやすのか。なぜ銀行や債券や保険がマネーの代行をするのか。世界資本主義とかグローバリズムといったって、結局はマネーと金融のドラマなのか。しょせんはリーマン・ショックの繰り返しなのか。新鋭ヒストリアンのファーガソンが得意の「反事実歴史学」の手法をひっさげて、満を持してマネーの謎解きを問うた。しばらく貨幣をめぐる話を千夜千冊してみたい。

ニーアル・ファーガソンは若く、切れ味がいい。旧来の見方にとらわれていない。ふつう歴史学は「もし、何々がこうだったら歴史はこういうふうに変わっただろう」などということ、ようするに「クレオパトラの鼻が低かったら歴史は変わっていただろう」などという〈if - then〉公式は用いないし、そんなことはめったに書かないのだが、ファーガソンはその手法をあえて取り入れた。タブーを破ったのだ。

これは「反事実歴史学」(counterfactual history) と名付けられた手法で、あやしげな歴史もの以外には本格的な著述ではまずお目にかかれない。けれどもファーガソンはその手法をテストして、驚くべき快著『憎悪の世紀』(早川書房)を本書に先行して書いた。歴史学界が啞然《あぜん》とした大冊だった。

『憎悪の世紀』は二十世紀の戦争の歴史についての詳細な告発ともいうべき一書で、文明の先端に宿命的に亀裂する憎悪の正体を暴こうとした。けっこう説得力がある。どこかで千夜千冊しようと思っているうちに書きそびれたが、ナチス帝国と大日本帝国とアメリカ帝国の殺戮《さつりく》の進撃がなぜおこったのかを、カウンターファクチュアルな視点をところどころに挟んで、大胆かつ克明に摑《つか》まえていた。文明と戦争の悪しき関係に目を向けたい賢明な諸君はぜひ手に取ってもらいたい。

そのファーガソンが『マネーの進化史』を書いた。進化史とはタイトリングされているものの、中身は必ずしもマネーの歴史を順に追ったものではない。古代・中世・近世もあまり扱っていない。近代、とりわけ現代のマネーの変貌《へんぼう》を扱った。

原題は“The Ascent of Money”だから「マネーの急進化」といったところ。ジェイコブ・ブロノフスキーの有名なBBCドキュメンタリー番組「アセント・オブ・マン」（人間の進歩）をもじって、人類の進化にどうしてマネーの進化や変貌が必要だったのか、それでよかったのかを問うた本である。マネーの暴走は止められたはずだという歴史観にもなっている。

ユーチューブの“Conversations with History”に、一時間ほどにわたるファーガソンの動画インタヴューがある。ファーガソンが全米の名だたる経営者たちを相手に本書のテーマの一部を何度話しても、かれらの反応が悪かったということが語られていて、アメリカ企業はまだまだ自分たちの十年か二十年の動向にしか関心をもっていないのだということを慨嘆していた。かれらはマネーそのものにしか興味がなくて、そのためマネー社会の本質をほとんど理解していないのではないかというのだ。

ファーガソンが本書を書いたのは、サブプライムローンの歪《ゆが》みが世界金融危機をもたらした現象にいちゃもんをつけたかったからである。ところが調べてみてすぐに愕然《がくぜん》としたのは、アメリカでは国民の七割から八割は、マネーや金融のことについてほとんど何も知っちゃいないということだった。これでは経営者がマネー教徒になっていても、誰もそういう連中を〝裸の王様〟だとは言わない。

たとえば二〇〇八年の調査でも、アメリカ人の三分の二は「複利」とはどういうものかをほとんど知らなかったし、ニューヨーク州立大学経営学部が高校三年生を対象におこなった調査では、アメリカで株を十八年間保有していればアメリカ国債をもっているより高い見返りがあることも、高額所得者が銀行預金の利子で利益を得ようとすると所得課税が累進的に高くなることも、知らなかった。アメリカ人の多くは会社の年金と社会保障と４０１（ｋ）プランを区別できない。むろん日本人も似たようなものだろう。

こういう国民をマッド・マネーが愚弄するのは手もないことではあるけれど、銀行や証券会社や保険会社はそのころ何をしていたかといえば、必ずしもあくどい商売をしようとしていたというのではなく、実はつまらない規制（コンプライアンス）の中でがんじがらめになっていた。それゆえ実にくだらない資金計画を案出するという体たらくに陥っていた。

アメリカは銀行と経営者と国民ぐるみで、マネー社会の実態から目をそむけていたわけだ。ファーガソンはそうした現状を七つの疑問にして、告発した。

①欧米や日本の銀行は、まるで夜中の道路工事のように、どうしてこれほどまでにバランスシートにテコ入ればかりしなければいけないのか。

②いいかえれば、なぜ資本金に不釣り合いなほど大きな資金を手に入れて貸し出す

必要があるのか。
③クレジットカードや住宅ローンなどの負債を証券化して、それを何度も分割再構成して別の債券にする必要が、はたしていったいどこにあったのか。
④FRBや日銀などの中央銀行は、どうしてまた狭義のインフレ政策にこだわり、いつも世間がギャフンと言うことになる株価バブルを気にしないのか。
⑤金融機関はどうしてリスクの本来の動向の研究に乗り出さないで、保険会社がいちばん変なことをしているのだが、リスクとは関係ない金融商品に手を出すのか。
⑥欧米や日本の政治家はなぜ、国民の住宅普及率などを政策に掲げて、とうてい実現できない「格差の撤廃」をむりやり法制化しようとするのか。
⑦これはアメリカにかぎる話だが、なぜアメリカは日本・韓国などのアジア諸国にはたらきかけ、とりわけ中国にさえはたらきかけてアメリカの赤字を補塡《ほてん》させるために何兆ドルも動員させようとするのか。

人類はさまざまな交換手段や決済手段を工夫してきた。そのために貨幣がつくられ、手形が発達し、銀行や債権市場が用意され、保険・抵当権・住宅ローン金融・カード決済など、実に多くのしくみが開発されてきた。これらはすべてマネーであり、マネーまがいであり、擬似通貨であり、つまりはマネーの多様性なのである。

もともとマネーには、説明の仕方はいろいろあるのだが、基本的には「①交換力、②価値尺度、③価値保蔵力」という三つの機能があると考えられてきた。これはちょっと考えてみるとわかるように、「情報」に似ているし、「言語」にも似ている。ただし似てはいるのだが、情報や言語は支払い手段にはならないし、貸し借りもない。預けておくと利子がふえるということもない。ところがマネーはいくらでも擬似的な代替性を発揮して、人類の社会と歴史を律してきた。

そんなマネーの多様性に、いつしか「お金だけが好き」という狂騒曲がおこり、「狂ったゼニ」がまじっていった。マッド・マネーが跋扈《ばっこ》していったのだ。二〇〇六年の数字だが、世界中の株式市場の額面総額は五〇兆六〇〇〇億ドルで、その年の世界中の生産高の累計四八兆六〇〇〇億ドルを上回ってしまった。それだけではなく、債権の総額は六七兆九〇〇〇億ドルになり、生産高を四〇パーセントも上回った。

いま、外国為替市場では毎日、四兆ドル以上が取引され、株式市場では毎月六兆ドルが売買される（二〇一〇年現在）。なぜここまで膨れ上がったかといえば、むろん金融のグローバリゼーションが進んだからだ。それで多くの金融機関が大やけどをしたにもかかわらず、まだ人類はマネーの狂想曲から耳を離さない。おいおい、それでいいのかよ。なぜそんなにもマネーにこだわるのかよ。それがファーガソンのメッセージだ。

マネーの呼び名は民族によっても時代によっても異なってきた。お金、懐ろぐあい、収入、食いぶち、現金、ゼニ、余禄《よろく》、上がり、おあし、天下のまわりもの、手持ち、元手、資金、ゲンナマ、日銭《ひぜに》、持ち合わせ、水上げ、貨幣、通貨などなど……。英語圏でも「食いぶち」はブレッド、「現金」はキャッシュ、「ゼニ」はドッシュなどとジャーゴン（隠語）を使い分ける。

マネーの主たる役割は、「手に入るもの」と「手から出るもの」のあいだをつなぎ、貸し手と借り手のアンバランスな関係をとりもつことにある。大昔からそうだった。すでに古代バビロニアにおいて、借金は誰かが肩代わりでき、借り手は当初の貸し手に返済しなくとも貸し借りの証《あか》しを示した粘土版の持ち主に返せばいいことになっていた。ついでにいえばハムラビ王の時代には「複利」すら芽生えていた。

通貨とはそもそもが「約束通貨」だったのである。そこで前提になっているのはただひとつ、その社会における「信用」(credit) だ。これは「信頼」(trust) より発信性が強い。また流通力がある。だいたい“credit”の語源がラテン語の“credo”で、「私は信じる」に由来していたのだし、そのクレドは何人もの手をわたるうちに強化もされる。そういう本質をもつマネーが時代のなかで大きな変化をおこしはじめるのは、利子と銀行が発達するようになってからだった。

利子（利息）の発達はおそらく利子が計算できるようになって以来のことだろうから、正確には十三世紀にフィボナッチが『算盤の書』を著してフィボナッチ数列を発見し、これが一般化してからだったと推定できる。フィボナッチはもともとがピサの貿易商人の息子だった。ここから高利貸しの思想が生まれ、ダンテが『神曲』地獄篇の地獄第七圏に「高利地獄」を描写したような守銭奴的な社会事情が派生していった。

銀行のほうは、十四世紀フィレンツェのバルディ、ペルッツィ、アッチャイウォーリが王家に対する貸し倒れにあってのち、メディチ家が登場して銀行のしくみを大胆かつ乱暴に（ギャング的にと言ってもいいけれど）整えたあたりから、それこそ急速に伸《の》していった。このあたりのことは多くの経済史学があきらかにしているし、もっと詳しいことはフェルナン・ブローデルを嚆矢《こうし》にアナール派が微細なところまで描きだしているから、説明はいらないだろう。

というわけで、銀行の確立と台頭に利息計算と複式簿記とが加わって、一三四〇年代くらいには、「マネー、利子、銀行」という三位一体のマネタリー基本方程式ができたのである。それこそボッティチェリの《東方の三博士の礼拝》に描かれているメディチ家の面々の語るところだった。

イタリアの銀行制度は北ヨーロッパのモデルになり、そのまま数世紀のマネーのしくみの基本になった。それがアムステルダムからロンドンに移行して、「史的システムとしての世界資本主義」を地球中にばらまく「アングロサクソン・モデル」の原型をつくってきたことについては、最近の数夜の千夜千冊で説明しておいた（一三六六夜『アングロサクソン・モデルの本質』）。

ちょっとだけ補足をしておくと、一六〇九年に創業されたアムステルダム銀行（ヴィッセルバンク）はそのころ結成されていたユトレヒト同盟の北部七州の十四種類の通貨を「グルデン・バンコ」という預金単位に換算処理管轄することで、その後に君臨する世界資本主義のエンジンのひとつをつくった。このとき、小切手、直接借方記入、振替の三つの機能が新たな銀行業務に組み入れられた。

ついで一六五七年創立のスウェーデンのストックホルム銀行で、融資や商業支払いの業務が始まって、借り手の貴金属の保有量を超える融資がおこなえるようになって、のちの部分準備金銀行制度にあたるエンジンが動きだした。預金として残っているぶんも貸し出しにまわして利益を得ようという銀行モデルができたのだ。

これらを引き継いだのが一六九四年に設立されたイングランド銀行である。当初は政府の借金の一部を銀行で株に転換して戦時経費をまかなう機関だったのだが、それが転じて一七〇九年からは株式会社としての銀行になり、ついには一七四二年にほぼ独占的に紙幣発行の権利をもつようになって、ここに三つ目のエンジンが駆動していったわけである。

ハーバード・ビジネス・スクールのMBAコースでは、いまでもこの三つのエンジンをネタにしたマネーゲームに取り組むことになっている。ハイパワード・マネー（強権通貨）、ナロー・マネー（狭義のマネー）、マネーサプライ（通貨供給量）の関係を公式的に学ぶのだ。これでMBAの卵たちが知ることになるのは、マネーというものは銀行によって作られたある種の負債（預貯金）だということ、そして、「信用」は銀行の資産（ローン）になるということである。

銀行が「信用」を媒介にマネーの増殖のしくみを確立したのち、次にマネーの著しい進化をもたらしたのは、「債券」（ボンド）によってマネーのパワーを強化するようになったからだった。

日本政府が発行する国債には一〇年債というものがある。一〇年債の額面は一〇万円で、例えば一・五パーセントの固定金利あるいは利札（クーポン）が付いているとする。日本政府は次の一〇年間にわたって一〇万円の一・五パーセントを払い続けることが義務づけられている。そこで国債の購入者は自分の好きなときに市場の趨勢《すうせい》を見て時価で債券を売ることができる。

こういうしくみが保証できるのは、日本国家が積み上げてきた強大な債券市場が支えているからなのだが、これはむろん国の負債だ。だからいつなんどき崩れてきてもおかしくはない。なぜこんな奇っ怪なものが歴史のなかに登場し、かつ一国の財政を危うく支えるようになったのかといえば、もともとは「戦争の費用」(軍資金)を生み出すためだった。

債券市場そのものの原型は、十三世紀の北イタリアでささやかに芽生えていた。そこへ十四世紀から一〇〇年ほどのあいだに、フィレンツェ、ピサ、シエナなどの都市国家が交戦状態を続けることになった。ダンテはそのような時代の最初期に生まれ、早くもその惨状を『神曲』に描いた。

そこで何がおこったかといえば、各都市国家が傭兵《ようへい》を雇ったのである。傭兵は相手の都市を襲って金銀財宝を略奪するのがお仕事だ。当然、やったりやられたりで、あげくに各都市国家は財政危機に陥り、税金を倍増しても追いつかなくなっていく。たまに傭兵グループにジョン・ホークウッドなどという強靭《きょうじん》なリーダーが登場すると、その功績に城や金銀を褒賞としてあげていくうちに、この男の〝持ち価値〟のほうがそこいらの都市国家より大きくなることもあった。

かくして都市国家のなかには、そうした功績者に対する負債がヤマほどふえていくということが次々におこっていく。そこでフィレンツェなどはやむなく強制貸付(伊 フレスタンツェ）をすることになった。富裕な市民たちから資金を強制的に貸付けさせるのである。そのかわり市政府は利子（インテレッセ）を払う。これは当時のキリスト教社会が高利貸しを禁止していたことの網の目をくぐる方法で、教会法には抵触しなかった。フィレンツェは自国の市民を投資家に仕立てて戦時費用をまかなうようになったわけなのだ。そしてここに、債券の原型が発生していくようになる。これが国債の起源である。

債券の歴史は戦争の歴史で、戦争の歴史は債券の歴史だ。それがマネー・パワーの強化の歴史になった。ロスチャイルド家など、その時代ごとの政府の頭目たちに戦争をおこさせては債券市場を操作して、どんどん膨れあがったようなものだった。そこまでいかずとも、債券市場によってしこたま儲《もう》ける連中は、いつの時代もいわゆる「ランティエ」（利子生活者）として、世の中を賑《にぎ》わしてきた。

こうした「債券としてのマネー」がしだいに化け物のような様相を呈するのは、とりわけ第一次世界大戦のときに、各国によって厖大《ぼうだい》な戦時国債が発行されたこと、敗戦したドイツにさらに厖大な債務を生じさせたことによっている。それとともに現代史は初めての大型インフレ（ハイパーインフレーション）をおこすことになる。同じことがドイツだけでなく、オーストリア、ハンガリー、ポーランドでもおきた。ミルトン・フリードマンが言うように、インフレは通貨がおこす不完全現象になったのである。

以降、債券市場の乱高下と戦争の勃発《ぼっぱつ》と終結とインフレの動向は、つねに三つ巴《どもえ》で動きまわる。一九八九年のアルゼンチンの財政危機と金融危機は、本書のみならず多くの経済書がその詳細を再現してきたが、マネーの進化は決定的なデボルーションがありうるという、最も深刻だが、わかりやすい例だった。

銀行と債券。マネーは当初はこの二つを両輪にして、しだいに怪しげなアクティビティをもってきた。ここに拍車をかけ、そのしくみをさらに複雑にも予測不能のものにもしていったのが、ひとつには「企業の隆盛」と「株式マネー」(株式上場のしくみ)の膨張である。本書にはその長所と短所も手際よく述べられているけれど、とくに解説を加えるほどのものではないから、ここでは省く。

だが、もうひとつ、そこに加わった重大なものがあった。何が加わったのか、わかるだろうか。銀行、債券、株式についでマネーを狂ったほどに変幻させていったもの、それは保険だ。

保険のルーツは、これまたイタリアになる。十四世紀初めにヴェネツィアやジェノヴァなどの海港都市で生まれた「ボトムリー」と呼ばれた船舶抵当貸借だった。商船のボトム(船体)に対しての保険だ。この時期に「セキュリタス」(証券)についての記述もあらわれた。『ヴェニスの商人』でアントニオが苦境に立ってシャイロックに苦しめられたのは、自分の商船に保険をかけていなかったからなのである。

保険の出現とともに、掛金としての保険料が付随した。一三五〇年代の保険料は保険金額の一五〜二〇パーセントくらいで、十五世紀になると一〇パーセントに下がって定着していったのだが、ここに「リスク」に対するマネーのかかわりが発生した。

十七世紀の後半には専門の保険市場がロンドンにあらわれた。一六六六年のロンドン大火がきっかけで、家を焼かれるならその損失をカバーするべくあらかじめ保険金をかけておくのを厭《いと》わないという風潮が、ロンドンの富裕市民に広まったからだ。十四年後にニコラス・バーボンが最初の火災保険会社を設立した。ほぼ時期を同じくして、エドワード・ロイドのロイズ・コーヒーハウスで海上保険会社が生まれ、ここから海上保険市場が始まった。一七七四年には王立証券取引所の中にロイズ協会が設立されている。保険会社こそアングロサクソン・モデルの雛型《ひながた》だったのだ。

ロイズの保険のしくみは、会員制から始まった。その会員が今日でいう市場形成者になった。保険契約には署名が必要である。そこからアンダーライター（証券引受人）というルールが派生した。保険取引は財源を確保してから拠出するという方式で、いまでも「ペイゴー方式」(pay as you go) などという。保険会社がその年の支払いを完済し、そのうえ利鞘《りざや》を稼いでおくためだ。

実は生命保険も中世から試みられていた。教皇や総督や国王にかけた保険が最初だろうが、それがしだいに広まって疾病や死をリスクと認識する意識が高まった。こういう風潮を背景に「保険の思想」や「保険の数学」が追求されたのは一六六〇年以降のことで、それはまるで熱病のような知識人たちによる推理合戦を示した。

その中身をファーガソンは六項目に分けて説明している。いずれも今日のグローバル資本主義の数理的基礎になっている。

①**確率**…当時の確率はブレーズ・パスカルと、パスカルの友人ピエール・ド・フェルマーによって考察され、保険概念の確立の基礎を与えた。
②**余命**…一六六二年にジョン・グラントが『死亡調書の自然的および政治的観察』を出版し、これがロンドンの公式死亡統計を充実させ、ついでエドマンド・ハリー（ハレー彗星の発見者のあのハリー）が分析を加えて、生命保険の基礎を提供した。
③**確実性**…一七〇五年、ヤコブ・ベルヌーイが「大数の法則」を発見し、ここに、「同様の条件のもとでなら、将来におけるある事象の生起（あるいは不生起）は、過去に観察された同一のパターンに従う」という推論法則が知られるようになった。
④**正規分布**…一七三三年、アブラーム・ド・モアーヴルが「どんな種類の反復プロセスも、平均の周辺や標準偏差の範囲では、ある曲線に沿っての分布がある」ことを突き止めた。これがのちに「正規分布」とか「ベルカーブ」とよばれた。

⑤**効用**…一七三八年、ヤコブの甥《おい》のダニエル・ベルヌーイが「あるものの価値(value)はそれについた値段(price)によって決まるのではなく、そのものがもたらす効用(utility)によって決まる」と断じ、さらに「富の微量な増加から得られる効用は、それ以前にその人物が保有していた財の量に反比例する」と論じた。

⑥**推測**…一七六三年、トマス・ベイズは論文『偶然論の問題解決に向けて』で、「どんな事象の確率も、事象の生起に応じた期待値を計算すべき値と、その生起に期待されることの可能性との比である」と記し、のちに「ベイズの定理」として金融確率世界やデジタル・インターフェースの世界を席巻する公式を提唱した。

保険は「リスクの先取り」である。その活用である。ということは、これを「社会のリスク」に適用することもできた。このことを早期に発想したのはプロイセンの宰相ビスマルクで、それが社会保険法になった。こうして何が生まれたかといえば、「年金」である。

ビスマルクが社会保険を実施する気になったのは、多数の無産階層に、自分は年金を受給する資格があるのだと思いこませることによって、ドイツ全域に保守的な愛国心を生み出すためだった。国家社会主義の政治思想は社会保険や年金とともに生まれたと言っていい。これをずっとのちの一九〇八年に真似て、イギリス自由党の蔵相ロイド・ジョージが導入することにしたのが老齢年金制度で、一九一一年には「国民保険法」も成立した。

これらを先頭にしてイギリスは福祉国家構想に走り、二〇年代には失業保険を発動させ、さらに四〇年代にはチャーチルの「ゆりかごから墓場まで」の演説に象徴されるような、総合国民強制保険国家のほうに大きく舵《かじ》を切ったわけである。

しかし実は、このような福祉国家の実験に最初にとりくんだのは日本だったというのが、ファーガソンの見方だ。関東大震災が日本をして世界最初の保険国家に仕立てたというのだ。実際にも日本人は大震災の起きた一九二三年に、約七億円の生命保険新規加入をはたしている。それ以前にすでに、海難・死亡・火災・徴兵・交通事故・盗難などに対する補償の提供に、明治大正の日本人は熱心で、併せて一三種類の保険が三〇あまりの保険会社によって販売されていた。

ところが、その後の日本は日中戦争にも太平洋戦争にもひどい失敗をして、国土を焼け爛《ただ》れさせただけでなく、国家の資本ストックの大半をアメリカの爆撃とともに失った。そのため政府は、これからは民間の保険市場だけで国民を危険から守るのは難しいと判断するようになる。そこで一方では日米安保同盟への道を採り、他方で国民皆保険による福祉国家をめざすことになった。

この見方にはそれなりの説得力がある。日米安保と国民年金はウラオモテの一対の装置なのである。このこと、現在の日本政治はほとんど理解していない。ちなみにこの制度の実施リーダーとなった近藤文二の言動に当たってみると、このような日本の保険制度思想が、大日本帝国時代の「国民皆兵」を「国民皆保険」に移行させていたことがわかる。

さてところで、将来の災難にあらかじめ準備しておく方法は、保険や福祉だけではなかった。そこにはマネーそのものこそが関与した。

将来の災難を予測してその準備をするには資金がかかる。その資金を国の保険制度や福祉制度に頼るだけでは、個人の不安はなくならないし、企業の危険も減退しない。そこで、その資金を個人や企業が掛け金の形にして分散させ、リスクをヘッジ（回避）することが可能なはずだという考え方が浮上して、広まっていった。この発想で組み立てられたのがリスクヘッジのマネタリー・モデルであり、そこから生み出されたのが金融商品や金融派生商品（デリバティブ）である。先物市場の拡張だった。

ここにはマネーがマネーを生むというしくみがまじりこんでいた。とくにデリバティブによる金融契約には、オプションというお釣りがついていた。このしくみはきわめて巧妙であったため、それゆえ誰もが「イン・ザ・マネー」（金持ち）の状態に入れるという幻想をもたらした。これが悪魔の手法とも言われたデリバティブをめぐるマネーチェーンをつくっていった。

たとえばコール・オプション（選択買付け取引）の買い手は、オプションの売り手（ライター とよばれる権利者）から、特定の商品または金融資産のあらかじめ同意した量を、一定期間の権利行使期限のなかで特定の行使価格で購入する権利をもてる。買い手はむろん、金融商品の価格が上がることを期待する。ということは、うまいぐあいに時価がもともとの行使価格を超えることになると、その段階で、オプションはただちに「イン・ザ・マネー」の状態になり、次にこのオプションを買った連中も「イン・ザ・マネー」になっていく。その連鎖がおこるのだ。

その逆に、権利行使価格で売るオプションも用意されている。コール・オプションに対して、プット・オプション（選択売付け取引）とされている。

三つ目のデリバティブのスワップ（交換）では、金利の先行きに関する二者のあいだの〝賭《か》け〟が認められたようなもので、大相撲の力士たちの野球賭博《とばく》どころではない。純粋利子率のスワップでは、金利の支払いをすでに受けている二者でこれを交換できるようにしたのだから、変動金利の支払いを受けている者が、金利が低下するときに固定金利と交換してしまうことができた。これらにも「イン・ザ・マネー」が巧妙に保証されているかのようになっていた。

デリバティブをめぐるしくみはまさに悪魔のしわざっぽいが、徹底してリスクヘッジの可能性を読んで組み立てられていたことについては、呆《あき》れるほど理論的だった。そうとうにアタマがいい悪魔なのである。

AとBの状態を予測してリスクヘッジをするだけなのではなく、AがAでなく、BがBでない場合のデフォルトも組みこんだ。クレジット・デフォルト・スワップでは、企業が自社発行の債券を債務不履行（デフォルト）とするリスクを保護するという説明名目だし、『インターネット資本論』（一一二六夜）のときにも書いたことだが、自然災害債券にあたるCATボンドのようなカタストロフィ債では、天候の変動をも「イン・ザ・マネー」にもちこんだ。もともとは保険会社が気温の変動や自然災害の危険を分散するための工夫なのだが、これを生活者や利用者のほうから見ると、CATボンドの買い手が保険を売っていることになるわけである。

ウォーレン・バフェットがこれらを「金融の大量破壊兵器」と呼んだのは、バフェットのように大儲けした男から言われるのは勘弁してもらいたいけれど、まあ、当然だったのだ。

ともかくも、こうした金融革命が十三世紀このかた長きにわたったマネーの歴史を一変させてしまったわけである。

金融工学ではリスクをヘッジ（回避）できる者とできない者とが確実に二分されていく

わけで、これではどこかで事態がひどいものになっていっても止められない。かくて本書は後半三分の二以降で、サブプライムローンのしくみを暴くというふうになっていく。ファーガソンはこれを「ストラクチャード・プロダクツ」と名付け、その根本が「金融の証券化」に集中していることをあげ、そこにあまりに勝手なマネー幻想が振り当てられていたことを論じた。

一言でいえば、金融の証券化は、もともと「リスクへの耐性が強い者」に向けられたものにすぎず、それも「リスクに弱い者」へのリスクの押し当てによって成立しているにすぎないということだったのである。マネーの進化といったって、そんな体たらくの現状に達したということなのである。

【おまけ】

ニーアル・ファーガソンは一九六四年、スコットランドのグラスゴー生まれ。オックスフォード大学からドイツ留学後にケンブリッジ大学などで講師をし、二〇〇〇年からオックスフォード大学の歴史学教授になり、その後はハーバード・ビジネス・スクールやスタンフォード大学フーバー研究所などでもあれこれの活動をしている。

ファーガソンが依拠しようとする、歴史記述としても歴史学としてもめずらしい「カウンターファクチュアル・ヒストリー」（反事実歴史学 counterfactual history）は、史料や歴史データを再構成することによってそれを自ら検証しようとする手法で、いわばリヴィジョニズムとも編集歴史学のようなものだともいえる。その手法を導入した『憎悪の世紀』

（早川書房）はさすがに読ませた。編集工学に関心のある者が「歴史」を学ぶにはふさわしいテキストになるのではないかと思う。

本書の後半は、サブプライムローンの解明のあとから、俄然《がぜん》、仮説的になって、「反事実歴史学」が躍如する。なかで、エルナンド・デ・ソトの「資本の神秘」に挑みつつの一九八〇年代後半のアルゼンチン貧民街での活動と思想、およびムハマド・ユヌスのバングラデシュでの貧窮女性たちに対するグラミン銀行のマイクロファイナンスの思想と活動についての記述は、なるほどファーガソンがこういう特例を見逃さないという姿勢が貫かれていた。第六章で「チャイメリカ」論の一端を披露しているのは、まだ入口だけではあるが、今後のファーガソンの近未来史的歴史研究の予告であるようだ。

終章「マネーの系譜と退歩」では、次のように生物学的な見方と経済・金融・マネー史の特色とを比較している。当たらずとも遠からず。参考に。

①ある種のビジネス習慣は、生物学でいう「遺伝子」と同じはたらきをし、「組織のメモリー」に情報を蓄積し、個人から個人へ、あるいは新しい企業ができれば企業から企業へと伝え残されるのであろう。

②マネーの歴史では、ある種の属性が自発的に突然変異をする可能性がある。たとえば金融工学だ。経済界ではこれをイノベーションと呼ぶが、技術革新ばかりがイノベーションとはかぎらない。

③同業種内で資源をめぐる競合があり、その結果が寿命や増殖の度合いのマイナス要因としてはたらき、どの企業が生き残るかが決まる。

④資本と人的資本を市場がどう配分するかという問題は、業績が悪いと消滅する可能性がある「残存率」を通じ

て、適者生存的な自然淘汰《とうた》のメカニズムがはたらいているのかもしれない。

⑤種が分化して、新たに形成される余地がある。ひょっとすると、まったく新しい金融機関を創設することで、新たな多様性が維持できるかもしれない。

⑥どんな場合も、生物にも金融にも絶滅の危機がともなっている。当然、ある業種が絶滅することもありうる。

第一三六七夜　二〇一〇年六月二一日

参照千夜

一三五二夜：スーザン・ストレンジ『マッド・マネー』九一三夜：ダンテ『神曲』一三六三夜：フェルナン・ブローデル『物質文明・経済・資本主義』一三六六夜：渡部亮『アングロサクソン・モデルの本質』一三三八夜：ミルトン・フリードマン『資本主義と自由』四九一夜：小林章夫『コーヒーハウス』七六二夜：パスカル『パンセ』一一二六夜：スタン・デイビス&クリストファー・マイヤー『インターネット資本論』

貨幣には性格がない。無性格なのだ。だからこそ「生」と「社会」をもろとも牛耳った。

ゲオルク・ジンメル
貨幣の哲学

居安正訳　白水社　一九九九
Georg Simmel: Philosophie Des Geldes 1900

貨幣についての、最初でかつ重要な著作はゲオルク・ジンメルの『貨幣の哲学』だろう。構成はⅠ「分析篇」が1価値と貨幣／2貨幣の実体価値／3目的系列における貨幣、Ⅱ「綜合篇」が4個人的な自由／5個人的な価値の貨幣等価物／6生活の様式、というふうになっている。ジンメルは貨幣を「生の哲学」の中で解いた。

社会学は社会を相手にする学問である。とてもややこしい。十九世紀末から二十世紀初頭の確立期にすでに二つの立場に分かれていた。わかりやすくいうと、ひとつは「方法論的個人主義」で、個人を起点に社会を考える。もうひとつは「方法論的集団主義」と呼ばれているもので、家族やグループや組織の特色から社会を考える。のちにフリードリッヒ・ハイエクが好んだ分け方だ。

個人主義の見方は、個人の行動の意図や判断や動機を重視する。マックス・ウェーバーの「理解社会学」などが代表になる。ウェーバーは社会的な行為そのものを解釈していくことが社会を理解する方法だと考えた。そのためこの見方からは、極端なばあいは社会なんてものはなく、行為の実体の個人だけがいるという個人重視の見方にまで進む。これを「社会唯名論」(ソーシャル・ノミナリズム)ともいう。

集団主義の見方は、社会を有機的にとらえ、個人がどんな行為をしてもそこにはさまざまな集団を形成する社会という実在があると見る。それゆえこちらは「社会実在論」(ソーシャル・リアリズム)とも言われる。エミール・デュルケムなどの社会学が代表する。デュルケムは個人の外側に社会的な外存力や拘束性があることを重視し、それゆえ個人のふるまいに功利主義や自殺問題がおこるとみなした。

しかし、このような個人か集団かという分け方はあまりにも粗い。それに、つまらない。そこで、このあいだを見る社会学が必要になってきた。

個人は個人だけでは生きられない。そんなことは当然で、個人の中に社会的な意識があり、社会の中に個人を見る目があって、それらが頻繁な相互作用をしているはずである。今日、個人の自立の単位として使われているエリック・エリクソンが提唱した「アイデンティティ」という概念ですら、エリクソン自身が最初から「社会とのつながり」と「内的なまとまり」の重なりによって生じるとしたものだった（その後のアイデンティティという言葉はまちがって使われてきた）。

一方、社会的集団といっても、その集団ごとにさまざまな価値観のちがいがある。生まれ故郷の村、会社という組織、参議院選挙に候補者を送りこむ政党、この三つの集団では、何かが違う。そこでフェルディナンド・テンニース（テニエス）はそうした共同体の特色にも、「自然な結びつきによるゲマインシャフト」（＝共同社会）と「選択によって組み立てられたゲゼルシャフト」（＝利益社会）があるというふうに見た。

社会に個人と集団があるといっても、そこにはいくつかの組み合わせが先行しているとも見られる。たとえば「一人称と二人称」（私と君）という関係そのものに社会の萌芽《ほうが》があるという見方も成立しうるし、それが「神と私」の関係にも、「上司と部下」の関係にも、村の「老人と若者」の関係にもなる。

けれどもさらにいえば、社会の中の相互作用は一人称と二人称の関係だけではないとも言わなければならない。そこには必ずや第三者がかかわって、「自己と他者」という、より大きな相互社会をつくっている。だからこそ多様な葛藤《かっとう》が生じる。「私」の中にすでになんらかの他者が介入しているはずなのだ。

ジンメルの社会学はそこに出発した。社会の基本モデルを「三者関係」（三者以上の関係）

におき、二者関係からは見えてこない〝分離と結合〟を見いだした。そのジンメルが四二歳の一九〇〇年に書き上げた大著が『貨幣の哲学』である。貨幣は社会の三者関係モデルや相互作用モデルの本質のひとつとみなした。

社会学における個人か集団かという見方の基本は、だいたいデュルケム、ジンメル、ウェーバーというヨーロッパの社会学者が確立してきたものだ。世代も近い。デュルケムとジンメルは同じ歳、ウェーバーは六歳下にあたる。三人は三人それぞれに相手を意識して社会にひそむ原理を探究していた。

フランス人のデュルケムはともかく、ジンメルとウェーバーにおいては、当然のことだけれど、ドイツ語独特の見方が切磋琢磨《せっさたくま》されていた。それはもとはといえばカントやフィヒテから受け継いだものであり、ドイツ諸国やその民衆の歴史を含むドイツ的な社会観念を受け継いだものでもあった。たとえば「ザッハリッヒカイト」(Sachlichkeit)という言葉がある。これは「事実性」とか「即物性」とか「物象性」と訳されても、日本語になった翻訳語からでは何のことやらわからないような難解な概念で、ドイツ哲学独自の考え方を知らないとピンとこない。

ザッハリッヒカイトは、「ペルゼーンリッヒ」(Persönlich)という言葉と対をなしている。ペルゼーンリッヒは日本語では「人格的」といった訳になっているが、これもドイツ語のニュアンスを知らないとわかりにくい。人物の人柄だけではなく、地縁や血縁や身分やそれらがもたらす主観的な感情を含んでいるからだ。それゆえペルゼーンリッヒな社会では、縁故やコネなどの特権や連携やパスがまかりとおる。それを毅然《きぜん》と断っていくこと、それがザッハリッヒカイトなのである。ザッハリッヒカイトという言葉には、そうしたペルゼーンリッヒな癒着を断ち切るような事実性自体によって、自分たちの社会を律するという態度があらわれているわけだ。

ザッハリッヒカイトは個人の態度にはとどまらない。ザッハリッヒカイトな関係がそれなりの行動的合理性をもっていけば、社会がそのザッハリッヒカイトな関係をどんどん引き取って制度化し、社会そのものを組み立てていく。そういうこともおこる。これがしばしば「物象化」と呼ばれてきたザッハリッヒカイトのもうひとつの側面になる。美術運動ではノイエ・ザッハリッヒカイト（新即物主義）が生まれていった。

ザッハリッヒカイトを重視すると、モノによって律せられた社会、物象化された社会がたちあらわれてくる。ドイツ社会学はそのマンモスと闘うことになった。ジンメルもウェーバーも、そこを思想した。それは、それ以前にマルクスが〝史的唯物論〟として立ち向かった課題でもあった。

ジンメルは三二歳のときに『社会分化論』（一八九〇）を書いた。社会の分化が進むにつれて個人の意識や生活の分化もおこるという論点で、興味深いのはそこから「競争」や「闘争」を議論していることだ。ジンメルは社会がザッハリッヒカイトになっていけばそこに競争や闘争がおこるのは当然なことで、そうだとすればその競争や闘争を観察し、深く分析することが社会の本質に近づく大きな方法になると考えたのだ。

こうしてジンメルの分化論は「憎悪・嫉妬《しっと》」と「自制・配慮」の両方をくらべ、そのあいだにひそむ「羨望《せんぼう》」とは何かという観察に向かう。なぜ人間は羨望をもつのか。それは社会の本質に内在していたものなのか。それとも社会を構成した人間の組み立てが派生させたものなのか。なぜ金持ちが羨《うらや》ましく、なぜ結婚が羨ましく、なぜ繁栄や成功が羨ましく映るのか。そしてなぜそのための競争や闘争に向かってしまうのか。

こうした疑問を通して、その競争や闘争の前面に登場してきたものこそ、ジンメルが説く「お金」「貨幣」「マネーの力」だった。

なんとなく見当がついたかもしれないが、ジンメルの『貨幣の哲学』は経済学が考えるような貨幣論や通貨論ではない。「生」の社会のなかでの貨幣に集約された人間社会が分化に巻き込まれていく意味の根源を問うための著作だったのである。

ジンメルが貨幣の本質について指摘していることはあまり厳密ではない。むしろたいそう暗示的だ。たとえば、こんなふうに書く。「貨幣はたんなる手段であるかぎりにおいて、純粋な潜勢力を示している」。あるいは「貨幣は、無性格という消極的な概念で示されるという、きわめて積極的な性質をもつ」。それから「貨幣はその完全な形式においては絶対的な手段である」。そして、これはけっこう有名な言葉になっているのだが、「人間は貨幣に対してだけは貨幣的な態度をとるのが困難になっている」。

なんたるいいかげんな説明か。こんな言い方では、貨幣の本質が説明されているとは言い難い。そう感じるのがふつうであろう。しかしもう少し詳しく読むと、どうもこのような言い方にこそ、貨幣の本質を過不足なくあらわそうとしている考え方が保持されているようにも感じられてくる。

ジンメルが貨幣の「潜勢力」と言っているのはポテンシャリティのことで、貨幣の本来的な可能性や資力をあらわしている。

アフロ

ゲオルク・ジンメル
(1858－1918)

社会の中ではどんなモノもなんらかの物象化を受けていて、金属であれ、交通機関であれ、家族であれ、なんらかの制限を受けている。河川や森林ですら、環境として制限された存在である。もし制限されていないものがあるとすれば、それは意識や欲望や、憎悪や羨望だ。そのように見てみると、貨幣ばかりはそういう制限を受けていないと考えざるをえない。貨幣はただのザッハリッヒカイトな存在で、それにもかかわらずいっさいの可能性に転化するという潜在力それ自体になっている。

いったいなぜ貨幣はそんなふうにいられるのか。ジンメルは貨幣が「無性格だからだろう」と考えた。貨幣は、他のあらゆる財とは異なって、それ自体の価値がなく、交換や支払いによってその価値をあらわすようになっているからなのだ。貨幣の力は無規定なのだ。マネーパワーは貨幣そのものが示しているのではなく、それを扱うときの人間社会側の扱い方に依存しているパワーなのである。

貨幣は消極的（ネガティブ）な出自をもっているがゆえに積極的（ポジティブ）な性格を発揮していったのだ。ジンメルは、だから貨幣は「絶対的な手段」であって、人間は貨幣に対してだけは貨幣的な態度をとれないと考えた。

われわれは貨幣によって「私」の欲望を満たすことができると思っているが、それは貨幣によって何かを入手したと思えるからにすぎない。その何かは土地であれマンションの一室であれエルメスのスカーフであれ、音楽会の切符であれ北京ダックの食事であれ、もともとは誰かのモノやコトだった。そのモノに価格が付いたから、それを貨幣で支払って入手できるようになったわけである。

しかし、その誰かが料理してくれた北京ダックの原料は、やはり誰かから貨幣によって入手していたのだし、音楽会の切符の印刷代は誰かと誰かのあいだで貨幣によって代替された行為によっていた。このような「私」の欲望を成立させた貨幣というものは、私だけに作用しているのではなく、社会のあらゆる場面を通りすぎている、まさに「天下のまわりもの」としての、無性格きわまりないものなのである。

そうだとすれば、われわれは貨幣そのものの価値とは一度も正確に対面していないというべきなのだ。そのように貨幣を使えるようにしたことが、貨幣社会の本質だったのである。

ジンメルはこう書いている。「貨幣は人間と人間とのあいだの関係、相互依存関係の表現であり、その手段である。すなわち、ある人間の欲望の満足をつねに相互にほかの人間に依存させる相対性の表現であり、その手段なのである」。

このように貨幣を捉《とら》えたのは、ジンメルが最初だった。のちに、たとえばニクラス・ルーマンが、こうした見方をまとめて「貨幣はコミュニケーション・メディアである」とみなしたけれど、こういう考え方はジンメルにこそ出所していた。

人間は限界（独 Grenze）をもっているのではない。人間という存在が限界そのものなのである。社会はこの限界を超えるために構築され、作用するように設《しつら》えられてきた。貨幣は、そのような人為に満ちた社会のなかで、最も人為性を消した存在として大いに流通してきたのだろうと思われる。

　貨幣は物々交換やポトラッチ交易や贈与文化を背景に発達してきたものだった。やがて商品が大量に出まわって、その交換の代替性を引き受けたのが貨幣だった。しかしだからといって、貨幣そのものにはなんら「等価交換という力」は備わってはいない。貨幣はむしろ、社会における「割りに合わない力」をあらわしているにすぎない。

　したがってジンメルはここを強調しているのだが、そもそも交換には「価値の相等性」(Wertgleichheit) などなかったということなのである。それなのに一般社会では、貨幣をあたかも交換の魔法をもった武器のように扱ってきた。「お金」や「マネー」を万能なものだとみなした。人間と社会のほうが、貨幣にならない価値観の大半を貨幣に換算しすぎたのである。

　カール・ポランニーは「経済は社会に埋めこまれている」はずなのに、土地や労働に価格をつけたのはまちがいだったと慨嘆したけれど、ジンメルは早くにそのことを察知していたのだった。「生と死」に裏打ちされた人間は、そこから派生する価値のいくぶんかについては、価格を近づけてはならなかったのである。生や死を、奴隷時代のようにまるごと買えるようにしてはならなかったのだ。

　今日、ほとんどすべてのモノとコトに価格が付いている。リラックスもレクリエーションも、スポーツの観戦も病気の感染も、歌曲のサワリをダウンロードすることも天気予報をケータイで詳しく見ることも、そして空気も「おいしい水」も。どんなモノやコトにも価格が付いた。
貨幣ではなく、価格こそが「割りに合わない力」を割りに合わせてしまったのだ。そうだとすれば、むしろ貨幣は、欲望が見つづけてきた幻影が生み出した最も無性格な宿命の魔王だったというべきだったのである。ジンメルにとって、貨幣は「過去と未来の分水嶺《ぶんすいれい》」だった。それは社会がいつしか組み上げてしまった「無意識的合目的性」であり、だからこそ人間が決して逃れられない「当為」だったのである。

第一三六九夜　二〇一〇年六月二八日

参照千夜

一三三七夜：フリードリヒ・ハイエク『市場・知識・自由』　五八八夜：マルティン・ブーバー『我と汝・対話』　一一二五夜：金子郁容『ボランティア』　三九〇夜：フィヒテ『ドイツ国民に告ぐ』　七八九夜：マルクス『経済学・哲学草稿』　一三四九夜：ニクラス・ルーマン『社会システム理論』　一五一一夜：カール・ポランニー『経済の文明史』

貨幣は「言語」に似ていて、何にも対応する「見えない力」をもっている。

今村仁司

貨幣とは何だろうか

ちくま新書　一九九四

先年亡くなった今村仁司《ひとし》を千夜千冊する。問題意識旺盛な著作が多かったので、採り上げたい本はいろいろあったのだが、ホモ・コムニカンスの原型を探求して「贈与の社会」をあきらかにしようとした『交易する人間』（講談社選書メチエ↓講談社学術文庫）か、あるいはジンメル以降の貨幣論の本質の一端に挑戦した本書『貨幣とは何だろうか』がいいだろうと思った。

今村さんにはぼくもいっときお世話になった。リクルートのワークデザイン研究室で研究会を一年ほど開いたときに、指南役の一人としてぼくが呼んだ。いつもたいへん示唆深い指摘をしてくれた。このときの成果はのちに『レジュメックス』という、レジュメのようなセンテンス・ノートと浅葉克己ディレクションのポップ・ヴィジュアルだけでダブルページ単位に構成されているレポートメディアに組み立てた。

それ以前、今村さんのものはだいたい読んでいた。一貫してフランス現代思想やポストモダン思想の佳《よ》き先達者として活躍していたが、最初のころはなぜこんなに現代フランス思想ばかりを追いかけるのか、とても面倒な気がしていた。八〇年代に入る直前、ぼくはパリのミシェル・フーコーの家に行って何かの憑《つ》きが落ちたのを感じ、以来、フランス・ポストモダンに付き添うのが面倒になっていたせいだろう。

それが『近代性の構造』(講談社選書メチエ)、『精神の政治学』(福武書店)、『排除の構造』(青土社・ちくま学芸文庫)、『暴力のオントロギー』(勁草書房)と連打されることになって、だんだん味読するようになった。分析力はしばしば参考になった。ベンヤミンと重なるところはとくに示唆深い。晩年にはたとえば『清沢満之の思想』(人文書院)などを発表して、仏教哲学が近代と出会った亀裂と深化を扱って、いよいよ「東洋」かと思わせもしたのだが、その発展を見ることなく亡くなった。

本書は経済学的な貨幣論ではない。貨幣の社会哲学的考察の試みだ。貨幣の機能論ではなく、貨幣の存在論を語ろうとした。だからややわかりにくい。

貨幣の機能なら、たとえば「交換と市場が貨幣をつくる」と言っていればよく、あいかわらず「計算手段」「支払い手段」「価値貯蔵力」などをそれぞれ順ぐりに議論すればいいのだが、貨幣の存在論はそうはいかない。だいたい貨幣の存在論なんて、何をもたらすのか。なぜ必要なのか。そこがわかりにくい。

そこで今村は読み手に四の五の言わせないために、まずは貨幣にひそむ「死の観念」を炙《あぶ》り出すことから着手した。貨幣論を「死の観念」から始めるなんて、あまりに大胆な入口だが、あとで述べるように、それこそはジンメルの貨幣哲学と今村の一貫した近代社会論がきわどくつながるブリッジだった。

貨幣はいまや社会と生活のなかであまねく流通するものになっている。その存在といったら空気や水や都市のようなもので、存在それ自体は何も主張してくれない。資本金や売上げや株価のように数値や価格に変じたものなら、CO_2量や河川の水流速度や都市の汚染度のように見えてはくるだろうが、貨幣自体は存在を主張しない。だからこそ今村は、貨幣の存在を人間の存在との比較において語るべきだと考えた。

人間という存在は個人においては必ず「生と死」をもっている。この「生と死」の両端は人間にはとうてい実感できない。空海が「生まれ生まれ生まれ、生まれて、生の始めに暗く、死に死に死に、死んで、死の終わりに冥《くら》し」と『秘蔵宝鑰《ひぞうほうやく》』に書いたように、生と死とはゼッタイにわからない（体験を語れない）ものである。

けれども個々の生と死は、家族においても一族においても、その家系や部族ではつながっている。共同体や村や町や国家においてもつながっている。人類としてはもっと連綿とつながっている。生と死は人間の総体としては大きな連鎖になっていて、そのつらなりが人間の歴史をつくり、社会の歴史をつくってきた。

貨幣のほうはどうかといえば、個人や集団への出入りや、ドル・円・リラ・ルーブルの差異はありつつも、やはり貨幣価値としては連綿とつらなっている。個人のもつ貨幣はその数時間後にスーパーでの食品と入れ替わり、数ヵ月後には家のローンの一部になっていく。「個の貨幣」はさまざまな断絶をもつけれど、それらは結局は「類の貨幣」とのつながりの中にある。

このように見れば、人間も貨幣も個別的には切れていながら、その存在のありかたとしては「類的なつながり」をもっているのだから、どこか似ているというふうに言える。だったら、貨幣にも「生と死」があると言いたくなるけれど、そんなふうには思われてこなかった。使うか貯めるかだけ、あるいは鋳造するか印刷するかだけ、もしくは物財との関係をもつだけだと見なされてきた。そもそも貨幣に生死を見立てるのはムリがあるようにも思われる。しかし、はたしてそうかと今村は問う。

貨幣の役割は、銀行制度や保険制度が機能して、近代的社会生活に応じて「交換」「変換」「保留」「利息」などのシステムが動きだすにつれて、強大な力をもつようになった。

まさしくマネーパワーだが、それはしかし入金者に対して銀行が利子を付け、土地などの財産を担保に読み替え、もっというなら人間の死を保険制度に組み替え、疾病を健康保険に切り替えて、あえてカネ(貨幣)からカネ(マネー)を計画的につくりだしていったものだった。

貨幣は人間社会のいくつかの切れ目ごとに、驚くべきマネーパワーを発揮してきた。野心と失望の社会、支配と服従の社会、管理と拡張の社会をつくってきたのは貨幣だった。そこには「生まれ広がるもの」と「退《しりぞ》き消えるもの」の交代が克明に記されてきた。このような貨幣と社会の関係は、人間の生病老死を含む社会的な行為性を貨幣の行使力が巧みに分断したからだった。社会に「擬似的な生死の仕切り」をつけてきたのは貨幣なのである。それなら貨幣にはどこか「死の観念」を引きずっているところがあると見ることもできるはずなのだ。

もっというならば、マルセル・モースがマオリ族の贈与行為を分析したように、「贈与」という行為がすでにして人間の関係に生と死の区切りを与えていた。贈与財はそのスタートからして「死の観念」を孕《はら》んでいた。それがまわりまわって貨幣になっていったわけだから、貨幣のルーツの本来には「死の観念」があったのである。いや、そもそも貨幣の価値を人間社会に結びつけた「労働」にしてからが、まさに「生きた活動」によってもたらされていたわけで、ということは、そこにはその生が断絶される「死のタイムテーブル」があらかじめ組みこまれていたとも言えるのである。

だいたいこのような論法で、今村は貨幣の奥に「死の観念」がこびりついているのではないかという見方を搾《しぼ》り出す。そして、それがジンメルの貨幣哲学にも続いているとみなす。

ジンメルが『貨幣の哲学』で貫いた姿勢は、「もし貨幣の哲学が存在するとすれば、そこには貨幣についての経済学の此岸《しがん》および彼岸だけがある」というものだった。こうも書いた。「貨幣を、その内的世界に対する諸作用において、すなわち諸個人の生の感情や、かれらの運命の連鎖や一般文化などに対する作用において追求する」と。

ジンメルが経済学の此岸と彼岸で貨幣を哲学したいというのは、アダム・スミスとはずいぶん異なる。スミスは、平均的なホモ・エコノミクスとしての人間の行為が市場においてはたす勝手な自由度に注目して、そこに「神の見えざる手」の恩寵《おんちょう》をシンパシーをもって感得したわけだが、ジンメルはその市場的人間の「手前」(此岸)と「向こう」(彼岸)に貨幣を捉《とら》えたのである。人間の「手前」と「向こう」とは「生」と「死」にほかならない。「神の見えざる手」は市場にではなく、生と死のキワのほうにはたらいていると見たわけだ。

こうしてジンメルは貨幣に「非人称性」「抽象性」「普遍性」を読みとっていった。本書はこのあとジンメルの貨幣論の解説に移っていくが、それについては前夜に案内したばかりなので省略しておく。ジンメルは、貨幣と人間の相互作用のほうに貨幣の本質があると解釈したわけである。

今村は、ついでは二つの小説を採り上げて、貨幣が人間の存在の作用に転化してきたことと、貨幣存在と人間存在の類似性を説明する。ゲーテの『親和力』とアンドレ・ジッドの『贋金《にせがね》つくり』だ。

ゲーテの『親和力』は、二組の男女が対角線的に入れ替わっていく物語である。青春時代の恋愛相手とようやく結ばれたエドワルトとシャルロッテの夫婦の関係が、オットー大尉とオッティリエの登場によって崩壊する。その後にエドワルトとオッティリエ、オットー大尉とシャルロッテというふうに相手を入れ替えて、互いにふさわしい愛の相手を見いだす。そこで新しい結合が見られるはずだったのに、ともに悲劇的な結末を迎えるというふうになっていく。

一見、恋愛と結婚の話を扱っているような物語だが、その経緯は貨幣が人間社会にもたらした制度性に似て、恋愛と結婚が制度という〝変換〟によって切断されていたことが暗示されている。その融合と切断を「見えない力」で動かしているのが、ゲーテのいう親和力だ。

それは今村によると、貨幣の「見えない力」と相同的なのである。ゲーテはその相同的で神話的な作用をミットラーという人物に可視化させた。

ミットラーは世間的な知識をいっぱい詰めこんでいる凡庸な人物で、他人の言うことにはほとんど耳を傾けない。いまふうに言うなら、世間的なコンプライアンス（法令遵守）のことしか重視していないような人物だ。それでも世話好きだから、けっこう好人物だと思われている。ミットラーにとっては結婚こそが世間と人生を安心させ、安定もさせるすばらしいものであるのだが、それは社会の経済価値観が貨幣があることによって成立している制度のようなもので、それがなければ物々交換と同様に、恋愛と結婚だって足したり引いたり、交換したりすることができなくなっていく。

社会というもの、どこかで結局は貨幣のような制度的様式が必要なのである。つまりは貨幣的なるものこそが親和力なのである。ということは、ミットラーこそは人間の姿をとった貨幣様式だったということなのだ。そもそもミットラーとは「媒介者」という意味でもあった。

ジッドの『贋金つくり』は、かつてぼくが瞠目《どうもく》させられた小説だった。読んだきっかけは二五歳のときに東販に頼まれて高校生向けの読書新聞「ハイスクールライフ」を編集していたとき、「私の一冊」を野間宏さんに頼んだところ、『贋金つくり』が指定されてきたことによる。急いで読んだが、その狙いの凄《すさ》まじさに圧倒された。いくつもの「父」とその隷属者が登場して、それぞれが人格・愛情・言語・価値観をめぐる「ほんもの」と「にせもの」を争っている。なんという小説かと思った。メタフィクションなどという手合いではない。もっともっと魂胆が凝っていた。主要な父のプロフィタンディウーは、物語の中では「奇妙な名前」と呼ばれているのだが、実は「神を利用して利潤を上げる」という意味になっている。そのことはのちにあきらかにされるので、われわれにはわからない。そのかわり、息子のベルナールがこの父は「義父」であって「偽父」であることを発見する。だとしたら息子もまた義息であるのだから、「贋《ニセ》の息子」だったのである。

裁判官のモリニエは社会的には「法の父」にあてがわれているが、子のジョルジュはこの権威を失墜させたい。折よく愛人からの手紙を盗み見て、不倫の父が「贋の夫」であることになる。二番目の息子のオリヴィエは作家志望で、まともな息子に見える。ところが、オリヴィエは驕慢《きようまん》な貴族パッサヴァンにおだてられ、くだらぬ前衛雑誌の編集長の空ポストを信じて、社会のドラ息子になっていく。物語の後半、オリヴィエはどんどん「にせもの」になっていくのである。悪貨パッサヴァンが良貨オリヴィエを駆逐したわけだ。

こんなふうに「ほんもの」と「にせもの」が交錯する出来事を淡々と観察しているの

手だったのだ。

が、この小説の語り手のエドゥワールである。ほとんど観察者以外の行動は見せないけれど、ところが彼はホモセクシャルで、妻のローラとはなんらの交接もしていない。二人はまさに擬似夫婦だったのだ。ということはこの物語の語り手そのものがニセの語り手だったのだ。

実際に偽造貨幣をつくっているストゥルーヴィルーも登場する。クリスタルガラスにせっせと金のメッキを施しているのだから、この男はさしずめ「贋金の父」であろう。しかし贋金つくりは贋金を使えない。そんな危険なことはできない。贋金つくりの本質は「贋金つかい」によって実証されるのだ。

その贋金つかいの手先になるのがストゥルーヴィルーの甥《おい》のゲリダニゾルで、このはしこい甥は、やがてストゥルーヴィルーがパッサヴァンと組んでいることを知る。そして、自分は「贋金つかい」だが、叔父《おじ》たちはニセモノの文学によって「価値を偽造しているのだ」と見破っていく。

こうして物語は複雑にからまりつつ進んでいくのだが、ジッドがこの小説によって何をあらわしたかったかは、もはや明瞭《めいりょう》だ。言語と貨幣の相同性を徹底化させることで、金本位制が崩れていった近現代ヨーロッパの価値観の狂いを凝視しつづけた。

このあと今村は、貨幣と文字の呪物《じゅぶつ》的関係からエクリチュール的関係までを詳述し、ジャン＝ジャック・ルソーの言語貨幣論からジャック・デリダにかかわる貨幣論的なスコープに驀進《ばくしん》していくのだが、そこを案内しているとキリがなくなってきそうなので、今夜は割愛したい。

今村さんは、近代以降の人間がしだいに「商品語」しか喋《しゃべ》らなくなって、ついに「貨幣語」の何たるかをすっかり失念してしまった問題を最後に投げかけている。そして、フランシス・ベーコンがとっくに「市場のイドラ」を問題にしていたこと、そのイドラ（偶像）こそその後の貨幣が負わされた宿命になっていったことに注意をそそぐように促していた。

第一三七〇夜　二〇一〇年七月四日

参照千夜

五四五夜：フーコー『知の考古学』　一三六九夜：ゲオルク・ジンメル『貨幣の哲学』　九〇八夜：ベンヤミン『パサージュ論』　七五〇夜：空海『三教指帰・性霊集』　一五〇七夜：マルセル・モース『贈与論』　九七〇夜：ゲーテ『ヴィルヘルム・マイスター』　八六五夜：アンドレ・ジッド『狭き門』　六六三夜：ルソー『孤独な散歩者の夢想』

ゲーテ、マルクス、アドルノ、廣松、デリダ。
貨幣はなぜ「物象化」をもたらすのか。

貨幣空間

仲正昌樹

情況出版　二〇〇〇

本書は十年前の著書であるが（二〇〇〇年刊行）、グローバリズムに対する警戒感が満ちていて、その俯瞰《ふかん》的視野は今日にも十分に通用する。とくに貨幣重視型交換経済を批判する仲正の目には確固たるものが兆していた。

素材テキストとして、ゲーテ、マルクス、ゾーン=レーテル、ベンヤミン、アドルノ、廣松渉、デリダの貨幣をめぐる議論をとりあげる。帯には「ファウストの錬金術からデリヴァティヴまで」とあるが、金融工学批判はほとんどされていない。批判されてはいないが、ゲーテ〜マルクス〜デリダの議論で「マネーゲーム=貨幣演劇」の問題が奈辺にあるかは十分に予想がつくようになっている。

その後、仲正は『お金に「正しさ」はあるのか』（ちくま新書）も書いた。得意のゲーテ

『ファウスト』の錬金術議論とともに、シェイクスピアの『ヴェニスの商人』（岩波文庫）、ブラム・ストーカーの『吸血鬼ドラキュラ』、村上春樹の『海辺のカフカ』（新潮文庫）、アルンダティ・ロイの『帝国を壊すために』（岩波新書）などに出入りする貨幣観をとりあげて、これはこれで説得力があった。

ただ『貨幣空間』と『お金に「正しさ」はあるのか』はあまりに文体が違っている。前著は硬く、括弧表示と引用が多く、文章はヘタクソだ。後著は軟らかく、文章も読みやすく、言いたいことがちゃんと伝わってくる。だから後著をとりあげたほうがラクなのだが、今夜はあえて逆にした。が、多少はわかりやすいほうがいいだろうから、以下、章立てにそってぼくなりの編集的要約をしつつ、後著をところどころに入れ込むことにした。

◆ゲーテと近代錬金術◆

ゲーテの『ファウスト』がどのような貨幣観を披露したかということは、ハンス・ビンスヴァンガーの『金《かね》と魔術』にとりあげたばかりなので、今夜はその概要も描写もとばしておくが、本書は『ファウスト』の主人公がファウストでもその分身のメフィストフェレスでもなくて、この二人が生み出した「貨幣的近代」であったと見る。

金《きん》（黄金）に代わって「ゼロ記号としての紙幣」を帝国の通貨にしたこと、そこに『ファウスト』が告発する近代社会の悪魔的作用が描かれていたと見た。中世的錬金術が紙幣による近代的錬金術に移行されたのだということをゲーテは描きつつ、「大地の霊／錬金術／父ファウスト」という反自然的関係が「メフィスト／利殖術／息子ファウスト」という脱自然的関係にシフトしたのである。

仲正はまた、『ファウスト』には「生殖」を「利殖」によって仕立てていくことが錬金術のホムンクルス伝承として暗示されていて、ホムンクルスと貨幣とは経済国家の「精子」を媒介にしてメタフォリカル(比喩的)な関係になっているのではないかということも指摘する。『ファウスト』の舞台は神聖ローマ帝国をモデルにしている。ドイツ的大帝国だ。そのなかで、皇帝は紙っぺらを印刷した「貨幣」(Geld)を「妥当性」(Geltung)にした。皇帝の精子が貨幣になったのである。

仲正がもうひとつ指摘しているのは、ゲーテは近代世界では「文学」と「貨幣」が相同的なものになっていくと予告したのではないかということだ。この文学と貨幣の比較はユニークだ。

むろん文学には貨幣社会がもっていないものを根本で担っている役割がいくつもあるはずだが、あまりに貨幣社会が肥大したため、細部にわたっていけば、「盲目の愛」すら貨幣的に語られても存分な説得力をもってくる。たとえば、デュ・モーリアの『レベッカ』や尾崎紅葉の『金色夜叉』はそのことを体現した文学だった。仲正は『お金に「正しさ」はあるのか』では、村上春樹の『海辺のカフカ』、金原ひとみの『蛇にピアス』、綿矢りさの『蹴りたい背中』にも、貨幣的な含意がいろいろひそんでいると書いた。

◆ダリモンとマルクスの貨幣論◆

マルクスの『経済学・哲学草稿』は、資本主義体制下の人間の類的な営み、すなわち労働がどんなことをしようとも根本的に矛盾した性格をもたざるをえないことを最初にあきらかにした著作だった。

そのなかでマルクスは、①貨幣はいっさいの人間的で自然的な属性をその反対物に変化させてしまう「目に見える神」になっていくだろうこと、②貨幣はもろもろの事物の全般的な「とりちがえ」と「転倒」をおこすだろうこと、③貨幣は不可能なものどうしをぴったりと親睦させる娼婦《しょうふ》の役割をはたしていくだろうこと、④そして貨幣は人間と諸国の国民の娼婦的な「とりもち」になっていくだろうこと、などを予告した。

マルクスの見方は、個人の欲望の絡み合いによって交換経済が成立してきた歴史に対して、貨幣による交換経済が個人の内なる絡み合いを増殖させているのだという視点をつくりだした。貨幣は商品の交換手段として発明されたものであったはずなのだが、貨幣を中心にした交換経済社会は、貨幣を人間の存在を規定する媒体（メディア）にしてしまう危険性を孕《はら》んでいたのである。

マルクスが『経哲草稿』のあとに執筆した『経済学批判要綱』には「貨幣」の章がある。フランスのプルードン主義者アルフレード・ダリモンの貨幣論を批判した。

ダリモンは、貨幣（紙幣）の流通過剰（いわゆるマネーサプライ）によって周期的にひきおこされる通貨危機を防ぐため、大胆な処方箋《しょほうせん》を案出した。金銀との交換比率を書きこむ「価値記号としての銀行紙幣」に代わって、その商品を生産するのに要したかあるいは要するであろう労働時間を記した「労働貨幣」(Arbeitsgeld) ないしは「時間紙券」(Stundenzettlen) を導入することを提案したのである。

これによって、金や銀の時価を経由することなく、商品の中に物質化される労働時間を貨幣価値に一定に反映することが可能になり、商品の実質価値と市場価値とのあいだの差異を止揚することができるだろうと見たのだった。

これをマルクスは批判した。「労働貨幣」に示される労働時間は平均的な理念にすぎず、現実の労働をかえって隠蔽《いんぺい》しかねない。それよりも、労働そのものが資本制社会によって歪《ゆが》められている本質を解明し、その歪みを何食わぬ顔で別の価値に見せている商品の本質を、「商品－交換価値－貨幣」の軸において根底的に検討することが重要なのだと説いた。

マルクスは交換価値が普遍的な妥当性をもつように見えるのは、価値をあらわす象徴、すなわち貨幣や商品が社会的な性格をもっているからだと見た。その象徴の社会性は

「仮象」や「みかけ」にすぎず、そこにこそ社会的象徴を私有財産や私的利益にするための巧妙で狡猾《こうかつ》な錬金術がはたらいていると考えたのである。

◆マルクスの経済学批判◆

マルクスは『経済学批判要綱』につづいて『経済学批判』を著し、その後は『資本論』に向かっていく。そのマルクスの思想の根底には「資本と労働は互いに疎遠になっていく関係にある」という見方が貫かれていた。

本来、労働は生産物と結びついていて、その生産物が他者とのあいだで交換されても、そこには生産価値と交換価値以外の価値は介在しなかったはずなのである。ところが資本主義が発達するにつれ、労働と生産の結晶としての商品に、労働価値・交換価値・使用価値などとともに「剰余価値」が加わっていくようになった。

カール・マルクス
(1818 – 1883)

マルクスが剰余価値が資本と資本家によって演出されたものだと見たのは有名だが、これはいいかえれば、労働が資本と商品のサイクルの中でしか自己の価値をあらわせなくなっていくことを示していた。労働はついに「疎外された労働」になってしまったのだ。本来の交換価値はここにおいて決定的な歪みを与えられたのである。

こうして『経済学批判』の第一章「商品」で説明される「価値の二重性」という問題、もっと正確にいえば「二重に物化された価値」という問題が立ちあらわれる。近代資本主義は交換価値と使用価値と労働価値を商品として、また貨幣として、一緒くたにしていったのだ。このことは、『資本論』第一部第一章では「商品の物神的性格とその秘密」として解説されていく。貨幣によって価値は二重（多重）に物化されたのである。

◆ゾーン＝レーテルの貨幣認識◆

アルフレート・ゾーン＝レーテル（一八九九〜一九九〇）に『認識論の社会学理論』（未訳）がある。通称「ルツェルン報告」と呼ばれている。ゾーン＝レーテルはデュッセルドルフの大工場主ペンスゲンのもとで養育され、ハイデルベルク大学で経済学博士となり、ワイマール末期からナチス政権初期にかけては中欧経済会議ＭＷＴに勤務した。戦争中はスイスに亡命していたが、このとき『資本論』の再構成を試みた。それが『認識論の社会学理論』だった。

この草稿はアドルノ、ホルクハイマー、ベンヤミン、ルカーチなどにも送られ、とくにアドルノらの評価を得た。その後、イギリスに帰化して共産党に入り、バーミンガム大学の講座などを担当しながら執筆活動にあたったのだが、一九七〇年に『精神労働と肉体労働』（合同出版）が刊行されるまで、ほとんど知られてこなかった。

ゾーン＝レーテルの研究の眼目は、近代社会が社会化されたプロセスには個人の『分離的＝排他的な自我関係』をめぐるいっさいの必然的な矛盾が内包されていることを証明することにあった。しかし社会というものはもともと「連関」(Zusammenhang) されているのだから、この矛盾の正体は「連関」の中の動向にあるはずで、ゾーン＝レーテルはそれが「交換」にあらわれてきたと見た。資本主義制下の交換経済が人であれ物であれ、存在のすべてを〝同じ化〟していると見たわけだ。

が、それは経済関係や搾取関係だけにあらわれるのではなく、社会の認識レベルでも進行する。ということは、人々が自分で自分に自己遭遇 (Selbstbegegnung) する、すなわち社会的関係の相関物として反省的自己意識をもつと、そこに交換関係を照射した何かが見えてくる。それをゾーン＝レーテルは「貨幣意識」とも「富の反映意識」ともみなしたのだった。

マルクスは『資本論』では、有名な指摘だが、このことを「社会関係が物象化されている」と見た。本来は富の相互交通のためにつくられた貨幣が、それぞれの自己が社会的なリフレクションを受けているうちに別の力を発揮してしまったのである。ゾーン＝レーテルはこのことが「市場の自由」の名において進捗《しんちょく》すると考えた。

そうだとすると、これまで西洋のロジックの多くが古代ギリシアからカントにいたるまで、人間と社会をつねに精神と肉体に分離し、それゆえ精神労働と肉体労働を分けて語ってきたことそのものが、いささか重大な問題なのである。そのような分離を前提にしたことが、近代社会に貨幣の力が登場したとき、社会と人間の関係を「物化された貨幣」のほうに物化させていったとも言いうるからである。

◆アドルノの弁証法的貨幣論◆

テオドール・アドルノの教授資格論文は『キルケゴール』だった。そのテーマは「近代に生きる私にとって、物象化の呪縛《じゅばく》を逃れることは可能か」というものだ。

キルケゴールが生きた十九世紀半ばの社会はすでにどっぷりと貨幣経済に見舞われていた。キルケゴールは、近代的交換社会では、自分自身には「物自体」を認識する能力が失われているか、奪われているだろうと実感していた。「私」がかかわりうるものは交換価値に媒介された「物化された現実」だけなのだ。

テオドール・アドルノ　アフロ
(1903－1969)

では、どうするか。仮にそのような現実を拒否できたとしても、社会の関係そのものが貨幣によって物化されているかぎり、そこから逃れることはとうてい不可能である。もし「私」がそれでも何かについて「物自体」をこえていきいきと感じられるとすれば、それはもはや「美」のようなものだけなのかもしれない。

アドルノは当初、このようなキルケゴール的判断を前提にしながら、ベンヤミンらとの交流を通して、ひょっとすると『パサージュ論』で言うように、過去のモードに本来の無階級社会のイメージ（美）を見いだすことの可能性があるのかとも思った。けれども、ベンヤミンが見いだしたパリのパサージュの物たちも、考えてみれば「商品」なのである。そこを突破するには、アドルノは美も商品も一緒に弁証法的に止揚していくしかないと考えた。

このとき、アドルノはゾーン＝レーテルの「ルツェルン報告」を読んだのだ。そして二人ながらに「間主観性」（共同主観性 Intersubjektivität）の発展という問題のほうに進んでいった。フッサールが言う「原体験」としての間主観性ではなく、「共措定」できる間主観性のほうへ。フッサールには貨幣論がなかった。

ここからぼくが好きな『ミニマ・モラリア』（法政大学出版局）までは一足飛びである。その二二番の「子供を浴槽に入れて」には、交換価値の原理に引きずられている知性の限界が語られ、「貨幣についての思考とそれに随伴するすべての対立は、最も柔らかでエロチックな、つまりは最も高尚で精神的な関係の中にまで、強制的に入りこんでくる」と書く。

◆デリダが読む「亡霊としての貨幣」◆

ボードレールの『パリの憂鬱』に「贋金《にせがね》」(La fausse monnaie)という散文がある。私と友人が煙草屋を出たところで、友人が貨幣を丹念に選《よ》り分けはじめた。そのあと二人は震える手で帽子を差し出す物乞いに会った。友人は私とは比較にならないほど多くの金を喜捨したのだが、あとで「あれは贋金だよ」と言った。私は、この贋金がいつか本物の貨幣になって殖えることはないだろうか、この贋金がちっぽけな投機家を数日のうちに巨万の富に誘うのではないかなどと思った、というような一節だ。

このボードレールのテクストを、ジャック・デリダが素材にしてメタテクスト『時間を与える』(未訳)を書いた。贋金を媒介にして誰が何を与え、誰が何を与えられたのかとか、贈与っていったい何なのかとか、「あれは贋金だったよ」という言葉が真実か虚偽かすらわからないとか、そもそも「信用」って何なのかとか、そんなことを綴《つづ》りながら、すべてはコンベンション(取り決め)によるのではないかといった思案をめぐらしたメタテクストだ。

そのうえでデリダは、貨幣的なるものが「閉ざされたオイコス」の内部を突き抜けて、外部の「物」の循環になっていくという構図を示し、「貨幣にひそむオイコス外部性」を論じた。貨幣がオイコス(生活空間)を突き抜け、まるでウィルスのように循環社会を駆けめぐっている光景だ。それは何かの「亡霊」であろうともデリダは『マルクスの亡霊たち』(藤原書店)に書いている。

まさに貨幣とは亡霊なのである。貨幣は亡霊のように自身の特性を失って透明になり、そうすることによってすべてのものに取り憑《つ》き、使用価値を捨象した一般的所有作用だけを相手に与えていく。そういう代物なのである。

そうであるなら、マルクスのように「貨幣を信仰するな」と言うだけでは足りない。デリダはマルクスを「亡霊を呼び出す魔術のテクスト」として読み替えた。資本主義の舞台で貨幣が何かを「みせかけ」にするために化けて出てきたのだと読み替える。貨幣だけではない。商品もまた市場という舞台で活動する亡霊の影なのである。

はたしてこのようなデリダのエクリチュールの連打によって、マルクスが脱構築されたのかどうかは確証はないが、マルクスの思想と貨幣の思想がこのように二重に差延されうるだろうことは、ゲーテがファウストとメフィストの二重性によって貨幣の物語を出現させていたことから言っても、しごく当然のことだった。

◆廣松渉の読み方◆

廣松渉がマルクスの『資本論』第一巻第一章第四節「商品の物神的性格とその秘密」に登場する「物象化」(Verdinglichung)の問題を、後期フッサールやアドルノやゾーン＝レーテルの「間主観性」と結びつけ、そこから「共同主観性」という考え方を披露したことは、よく知られている。

物象化とは、商品に結晶化される交換関係はそもそもが「物と物との関係」であるにもかかわらず、そこに労働を介して「人と人との関係」があらわれ、それによってあたかも物が人のごとくふるまうように見えることをいう。このとき、貨幣もまたいかなる種類の物とも交換可能な関係性を発揮するため、物でありながら物ではないふるまいをするように見えてくる。

かつてジェルジュ・ルカーチは『歴史と階級意識』(未來社)のなかで、物象化は商品を生産するプロセスが人間を労働の本質から疎外させていることと同じなのだから、「物象化」と「疎外」(Entfremdung)とはほぼ同じことがらの異なった言い方であると説明した。が、廣松渉はそうではなく、物象化は資本制に限定されない普遍的な現象として捉《とら》えるべきだと言明した。貨幣は社会の全歴史を通してすでに普遍的妥当性を獲得しているだろうから、物象化の論理もどこかの時点で普遍性に触知しているはずなのだ。

廣松はそのように推察することで、「共同主観性(間主観性)が物象化を構成している」というふうに見た。労働にもとづく使用価値が歴史の最初にあって、そこから普遍的な交換価値が出てきたというのではなく、交換関係のなかでの相互的で共同主観的な認知が価値を規定してきたにちがいない。そう、見たわけである。

そしてこれを貨幣にあてはめれば、貨幣にあらわれた交換価値の普遍的妥当性は、人間どうしの共同主観性がつくりあげたものだと見られていいはずであると考えた。意外な見方だった。

このような廣松の読み方は、「物質／意識」の二項対比のなかで語られてきたマルクスの思想を共同主観世界に拡張する可能性をもっていた。だがその反面、われわれのなかで物象化されていない「もの」を純粋に探そうとしすぎて、かえって旧来の労働価値説を引きずるようにもなってしまった。そのためか廣松はやがて、物的世界観（モノ）から事的世界観（コト）への展出というふうに進んでいった。

◆ロールズの『正義論』の見方◆

本書をおおざっぱに順約していくと、だいたいは以上のようなことになるのではないかと思うのだが、ぼくがあえて当時の仲正ふうの若書きを模したところもあるので、マルクス主義に慣れた読者ならともかくも、あれこれの用語がうまくハンドリングされていなかったかもしれない。これも千夜千冊の趣向のうちだと寛恕《かんじょ》されたい。

ところで、仲正は『お金に「正しさ」はあるのか』の最後では、ジョン・ロールズの『正義論』（一九七一）を持ち出している。そのことについて少々ふれて今夜を締め括《くく》っておきたい。

ロールズの正義をめぐる議論は、長らくマルクス主義系の知識人や活動家からは敬遠されるか、批判されてきた。廣松渉などはアリストテレスの正義論の焼き直しにすぎないと切り捨てた。

批判されたのは、ロールズの正義論が、人々の欲望の体系である資本主義的な市場を解体することなく、諸個人の「不公正」を矯正しようとする構想だったからである。資本主義的な欲望を制御しつつ最終的に人間の解放をめざす理論を含まない正義論なんて、マルクス主義系の思想にとっては資本の論理によるごまかしにすぎないからだ。

一方、ロールズやその擁護思想からすれば、疎外された意識の解放プログラムや決して自由ではなくなった自由市場の解体プログラムなどにかかわりなく、危機に瀕《ひん》した社会であれそうでないときであれ、社会における正義のありかたが公平に論じられるべきなのである。ロールズの『正義論』は、その地平を切り開いたところに意義があった。欲望の本質やその物化された商品や貨幣のふるまいに左右されることのない正義があるとしたら、それはどういうものかということが提起されていた。

そこでこの後者の視点からすれば、ロールズの『正義論』は「富の再配分」の問題と「正義の所在」の問題を、どのように矛盾なく合意させるかという方法を提起しているということになる。

はたして、そんなことが可能なのだろうか。この提起をもっともらしくするため、ロールズは「無知のヴェール」という巧妙なメタファーを考えた。人々が社会の構成原理を選択するにあたって、各人を他者と比較した競争能力や社会的地位についての知識からいったん切り離してみてはどうか、いったん遮断してみてはどうかというのだ。

菅直人の消費税発言ではないが、たとえば累進税率の例をとってみると、自分が他人にくらべて競争力があると判断できるなら、累進税率はできるだけ低く抑えるべきだと判断するだろう。自分の稼いだ富は自分で自由に処分できるほうがいい。他方、自分の社会力が劣っていると感じるのなら、累進税率をうんと高くしてそこから得られた税金の一部をなるべく多く再配分にまわしてほしい。

意見は両極化する。しかしこれでは事態はなかなか収まらない。菅直人の消費税率発言のように、両者に納得できるような発言をしようとすればするほど、ずれていく。では、これらに「無知のヴェール」をふわりとかければどうか。これがロールズの仮想装置による社会学の組み立てだ。各人はきっと「最も弱い私」を想定しつつ再配分のありかたをめぐって議論に参加し、やがて合意に達するであろうというのだ。

弱い立場の相手のことを考えたほうが自分自身にとってのリスク回避になるということで、ロールズは「無知のヴェール」がうまくはたらけば、「他者の痛みを共感する利他性」と「自己の利益の最大化をはかる利己性」という両極のあいだで、おそらくはベストな選択がされていくだろうという〝読み〟を展開したわけだった。

ちなみに、なぜ、このような正義論が貨幣の問題と関係があるかというと、資本主義社会でつねに最後の問題になってくるのは、国と地方と企業と家庭と個人をめぐる「所得と再配分の問題」なのである。このときどのような判定をするのが正しいのか、公正なのかという「問い」が生まれる。ここを詰めていこうとすると、つまりはどこに正義の論理があるのかという話が出てくるのだった。

ロールズの正義論の進め方には、自己と他者の立場の「互換可能性」を求めるという特色がある。だからそこには既存の「貨幣的な想像力」に代わる何かが起動しているともいえる。しかし、それはまた、今度は貨幣に代わって正義や公正を分配しただけだったのかもしれなかった。そうだとすると、ここには「正義」や「公正」をめぐるファウストとメフィストフェレスの魔術がふたたび姿を変えて動き始めたとも言えるわけである。さすが、仲正の議論の組み立てはおもしろい。

第一三七五夜　二〇一〇年七月三十日

参照千夜

九七〇夜：ゲーテ『ヴィルヘルム・マイスター』　七八九夜：マルクス『経済学・哲学草稿』　九〇八夜：ベンヤミン『パサージュ論』　一二五七夜：アドルノ『ミニマ・モラリア』　六〇〇夜：シェイクスピア『リア王』　三八〇夜：ブラム・ストーカー『吸血鬼ドラキュラ』　一三七四夜：ハンス・ビンスヴァンガー『金と魔術』　二六五夜：デュ・モーリア『レベッカ』　八九一夜：尾崎紅葉『金色夜叉』　七七三夜：

ボードレール『悪の華』二九一夜：アリストテレス『形而上学』

財産、人質マネー、そしてジェンダー・マネー。
なぜ、お金は「人にくっついてくる」のか。

ジェイムズ・バカン

マネーの意味論

篠原勝訳　青土社　二〇〇〇
James Buchan: Frozen Desire 1997

一九七八年、バカンはサウジアラビアの紅海に面した港町ジェッダにいた。「フィナンシャル・タイムズ」の記者だったが、当地の「サウジニュース」という新聞も編集していた。事件はたいしておこらないし、情報もうまく集まらない。この地で働く英国人、イエメン人、インド人、エジプト人にとって唯一の関心が、サウド国王やファイサル国王の肖像が印刷された紙幣だったことくらいは見えてきたが、これではニュースにならない。

バカンは時間をもてあましていた。市場のスークで買いたいものといえば望遠レンズ付きのカメラと一本二五〇〇リヤルするウィスキー程度で、この地が示すポジショナル・

グッズ（社会的なステータスを示す商品）には関心が動かない。ただ、スークに出るといろいろな国の紙幣が見えてくる。そうか、これがアラブの港町か。
悪戯《いたずら》でもするつもりで行き交う紙幣やコインを集めてみた。イエメンとイランのリヤル、クウェートとイラクのディナール、東西ドイツのマルク、アメリカ・ドル、フィジー・ドル、マリア・テレジアのターラー、ポーランドのズロチ、ロシアのルーブル、インドのルピー、イスラエルのシェケル、エクアドルのスクレ、メキシコとチリのペソ、フランスとスイスのフラン、そしてイギリスとトルコとエジプトのポンド……。バカンはしだいにマネーについて考えるようになる。アダム・スミスも読んでみた。

バカンがサウジに入った一九七八年というのは、カンボジアに隣国のベトナム軍が侵攻した時期にあたる。ベトナム軍がなぜこんなことをしたかといえば、毛沢東思想にかぶれた革命家グループ「クメール・ルージュ」が文明の象徴としての都市とマネーの廃止を宣言したからだった。

この事件には、いまから思えば、のちに二一世紀になって広がるさまざまな現実的象徴が隠されていた。「クメール・ルージュ」が荒々しく仕立てた強制労働キャンプでは、集散民たちが椰子《やし》酒づくりや金掘りをしながら、村の縁《ふち》では死体を洗っていた。カンボジアの統括者たちはその威光と勢力を金歯に光らせ、手に高級腕時計を付け口にタイ製のタバコをくわえてピカピカのホンダ・モーターバイクを乗り回していた。金《きん》がすべての頂点として君臨していた。金を紙のように薄いシート状にして、これをハサミで切って支払いに使う。その金は一ヵ所に滞留しない。カンボジアからしだいにタイのほうに流れていく。そのことでカンボジアに精米、缶詰、サロン(筒状のスカートのような男女の普段着)、化粧品、アルコール類が入ってくる。このことはのちのタイ経済を変えていった。

この〝特区〟では紙幣は役に立たない。基軸通貨がドルであろうとなかろうと、ユーロがどのように動こうとも停滞しようとも、こういうアンダーグラウンドな出来事はいまなお、どこでもおこりうる。ジャーナリストのバカンはそのような時代の淀《よど》みと歪《ゆが》みを横目で観察しながら、マネーの本当の忌まわしさと、そこにひそむマネーの意味を深く考えるようになっていく。

長大なエッセイだった。現実の貨幣を相手にしたこういう本はめずらしい。サバイバルナイフで二十世紀後半の光と闇のあいだを抉《えぐ》るような視点でマネーの意味を切り取り、それをもって古代ギリシアやギボンからシェイクスピアやデフォーをへて、ジョン・ロー、スミス、マルクス、ケインズをめぐっている。しかも、それらのマネーについての情報の獲得の仕方が逞《たくま》しい。

ぼくのように極端な出無精で、海外でのコミュニケーション能力がさっぱりで、つまりはサバイバル能力がマイナス値で、日常と思念を助けてくれる優しい誰かがいないと生きていけない者にとっては、バカンのような行動と思索は、そのいくつかの断片を知らされるだけでも、奇跡のような逞しさなのである。

港町ジェッダでのマネー・コレクションにしても、バルザックの『ウージェニー・グランデ』の神経症的なマニアが見せるような趣味ではない。サウジアラビアの現実を切り取って遊んでいる。ぼくはおおむね「目に見えないもの」のほうにずっと関心があるが、この著者は「目に見えるもの」や「その場を変えていく力」と向き合い、何かを考えていく。ときどきこういうものを読むのは、ぼくには抗生物質の治療か、それとも麻薬治療を受けているようなものなのだ。

こういう治療を受けているあいだなら、さすがのぼくにも、たとえば旧約聖書に出てくる「銀二〇シェケル」という記述が、ヨセフが兄弟たちに謀られてミディアン人商人によって売られたときの〝価格〟であったことを思い出せるようになる。また、十八世紀は「捨て子」が小説のテーマだったけれど、なるほど十九世紀は「マネー」が小説のテーマになったという読みも働きはじめる。

こういう治療を受けてみないと、『従妹ベット』でバルザックが売春婦から年金を騙《だま》し取っていたことを思い出せないし、そういえばプーシキンもゾラもモーパッサンも、フローベールやプルーストでさえ「物語の資本主義」をどんどこ描いていたのだということも、気がつかなかった。せいぜい『レベッカ』がユダヤ資本主義を衝《つ》いていたことを読んだ程度だった（→千夜千冊エディション『方法文学』参照）。

バカンはスコットランド生まれのイギリス人で、オックスフォード大学ではペルシアとアラブの東洋学を修め、この本の冒頭の奇妙な日々を記した一九七八年から「フィナンシャル・タイムズ」の特派員として、サウジアラビア、レバノン、ボン、ニューヨークの順に各地の経済現場を取材した。

バカンがスコットランド育ちであることは、文章を読んでいるうちにわかってきた。アダム・スミス、デヴィッド・ヒューム、アダム・ファーガソン、ジョン・ローに共通する血のつながりを感じさせるのだ。

そういうことをぼくにちょっとずつ気が付かせてくれたバカンが自由自在に横断した世界のマネーの現実史のようなものから、以下、二つだけ話題を採り上げる。

ドストエフスキーは『死の家の記録』で、「マネーは新鋳造によってつくられた自由であろうけれど、それだけに、束縛され自由を奪われた人間には十倍も貴重となる」と書いた。この自由とはリバティである。フランス革命が掲げた自由だ。ドストエフスキーがそれを「新鋳造によってつくられた自由」というマネーに代表させ、そんな紙幣によって保証される自由は、逆に自由を奪っていくと書いた。

この新紙幣は悪名高いアシニャ紙幣のことだ。アシニャ（assignat）は、もともとはロシアのエカテリーナ二世が一七六八年に発行した国債だった。それをバスティーユ襲撃ののちのフランス国民議会派が、危機的状態にある国家財政を立て直すため、導入した。国王と教会の所有地を没収して、その売却収入を見越して債券を発行するという計画だった。一七八九年十二月の布告で発表され、四億リーヴルのアシニャ債が発行された。

ところが翌年、八億リーヴルの追加発行をするとともに、アシニャ債は行政府による支払い法貨とみなされ、そのころ徴税不能になっていた国の経費を賄う手段になってしまった。のみならず、反革命的な侵略からフランスを守るための部隊員たちの給与や食料費の支払いにも当てられ、それをきっかけにアシニャ紙幣が五〇億リーヴル、四〇〇億リーヴル、六〇〇億リーヴルというふうに増発されていった。この狂乱は一七九六年に廃貨され、アシニャ紙幣に関する印刷器械のいっさいがヴァンドーム広場で燃え上がるまで続いた。

しかし、それまでアシニャは「自由の紙幣」の象徴であり、救世主だったのである。ミラボーは「アンシャン・レジームの解体と清算がここにある！」と演説した。

こういう事態を前にすると、昔も今もそうであるが、エコノミストという連中は役に立たない。貨幣数量説ばかりで事態を読もうとする。物価水準が貨幣供給量に正比例するという考えにとらわれてしまうのだ。

アシニャの欺瞞《ぎまん》をフランス革命の欺瞞として暴いたのは、かのエドマンド・バークだった。バークは『フランス革命の省察』（みすず書房・岩波文庫・PHP文庫）で、アシニャ紙幣が革命の美名に隠れた錬金術にすぎないと熱っぽく喝破した。またフランス革命の自由の戦士たちは、メフィストフェレスの錬金術にたぶらかされたファウストたちであると書いた。

アシニャの計画は「クメール・ルージュ」の〝金箔《きんぱく》シート〟と同断のものだったのである。しかし、この怪しい教訓は直後の新大陸アメリカ独立国家づくりに転移して、のちに「フェデラリスト」と呼ばれる指導者たちのドル紙幣計画を生んだわけである。ドルの歴史だって、叩《たた》けばかなりの埃《ほこり》が出るはずなのである。

世界のなかには、いまも「婚資」(bridewealth) というものがある。花婿かその身内の者が花嫁の親族に金銭などを支払う慣習だ。おそらくは花嫁をひどい目にあわせないという一種の誓約金か、または花嫁の身内への補償金という算段から発したのであったろう。日本でもいまなお「結納金」あるいは「結納品」として残っている。

かつて婚資は金銭でなくともよかった。旧約聖書にはヤコブの物語がそうなのだが、レアのために七年、ラケルのために七年、二人の父であるラバンに尽くすという奉仕になっている。バカンによると、一九二〇年代のナイジェリアでは蒸留酒のジンが婚資に使われていたという。

婚資にかぎらず、男と女をめぐるマネーの問題は、これまであまり議論されてこなかった。ぼくは求龍堂で「千夜千冊」を紙の全集にするとき、意外なほどに男と女と金をめぐる話が多いのに気がついて（たとえば『レベッカ』や『金色夜叉』）、あえて「男と女の資本主義」という巨《おお》きな一巻をもうけたのだが、そしてこのネーミングはいまなおたいへん気にいっているので「松丸本舗」の棚にも流用しているのだが、このときはまだ経済史にひそむジェンダー・マネーの問題には深入りできていなかった。けれどもその後、あれこれを読書渉猟するうちにいろいろな問題が見えてきた。

婚資が女性のためのジェンダー・マネーであるかどうかは、けっこう疑わしい。たとえば、イスラム社会では、妻が結婚後も自分の財産を保有できることになっていて、たとえ夫に管理をまかせていてもいつでも返してもらうことができる。開祖ムハンマド（マホメット）の最も斬新で画期的な社会改革だと言われる。

これに対してキリスト教社会では女性の基本的財産権はなく、イギリスで受託人の介在なく妻が財産を動かすことができるようになったのは、やっと一八八二年の既婚女性財産法が制定されてからのことだった。イスラム社会にくらべると一〇〇〇年遅れている。こういうことがいろいろあるのだ。

いったい女性にとってお金とは何なのか。家とはどんな関係をもつのか。主婦の経済学とはどういうものなのか。イリイチはそう言ったが、女性はシャドーエコノミーの担い手なのかどうか。もしそうだとすると、その歴史にはどんな変遷があったのか。こういうことはまだ議論されてはいないのだ。

ジェーン・オースティンの作品の冒頭はギニー貨と年金の話で幕開けていた。その後の筋書きでもさまざまなお金と男女差の議論が描かれていた。ヴァージニア・ウルフは『自分ひとりの部屋』（平凡社ライブラリー）でマネーはプライバシーであると書いた。

とはいえセックス＆マネーの議論はまだまだ本格的な俎上《そじょう》に載せられていないと言ったほうがいい。資産が公平に男女に分配されるかどうかが、経済史的なジェンダー・マネーの本質であるはずはない。カール・ポランニーふうにいえば、贈与が「経済を社会が埋めこんでいる」ものだとすれば、男女のあいだに婚資のような贈与関係があることは、むしろ資本主義以前の理想形ともいえるわけなのだ。けれどもだからといって、「結納」が何をあらわしているのか、まだ文化人類学も社会学も、まして経済学は何の発言もしていないのだ。

【おまけ】

本書の原題は“Frozen Desire”である。「フローズン・デザイヤー」とは「金に姿を変えた欲望」のことをいう。ミダス王の手に触れるものすべてが金に変わる話にもとづいている。ジェイムズ・バカンはこの「フローズン・デザイヤー」とマネーの関係を追って、実に二十年以上の読書を続けたようだ。けっこう広い世界読書だ。それゆえ、本書はあまりに知が陶冶《とうや》されていて、すぐに思想的な筋を追おうとしても、摑《つか》めない。味読する以外ないようになっている。時間がたっぷり余っているときの読書を勧めたい。

本書の第九章には「ガラスの向こう側」というチャプタータイトルがついていて、ジェイムズ・バカンの実家の歴史が語られている。大曾祖父の時代、英国史上最悪の銀行倒産事件に巻きこまれてバカン家が破産した話だ。一八七八年のグラスゴー・シティバンクの倒産だった。

バカンの大曾祖父は法廷外弁護士（イギリスでいうソリシター）だったのだが、ある事情で自分の財産目録に入ったシティバンクの記名株に翻弄されてしまったのである。この事件を祖父のジョン・バカンが回想録にしたらしい。『扉よ、しかと記憶を頼んだぞ』というもののようで、とても売れそうにもない題名だが、このあとバカン家にはその妹アンナ・バカンが作家になり、バカンの父も作家になるというような歴史がつづいたのだという。これでやっとジェイムズ・バカンが単なるジャーナリストではないことが見えてきた。

女性と経済のことについては、もっといろいろ議論があっていい。一三一三年のパリの税金調査記録を見ると、女性の納税者が一割を超え、女性が従事した職業リストも一三〇を下らない。錬金術師であって、十三世紀の博学の神学者であったアルベルトゥス・マグヌスは、中世の女性たちは有能な職能者であって、かつ「楽」を満喫していたとも言っている。こういう歴史には、もっと深く問えば、神話時代の物語からユングの議論まで、いろいろが控えているはずなのだ。たとえば〝出産の経済学〟がないことなんて、どこかおかしい。もっとジェンダー経済学の欠如を騒ぐべきである。

第一三八二夜　二〇一〇年九月六日

参照千夜

六〇〇夜：シェイクスピア『リア王』　一一七三夜：デフォー『モル・フランダーズ』　七八九夜：マルクス『経済学・哲学草稿』　一三七二夜：ケインズ『貨幣論』　一五六八夜：バルザック『セラフィタ』　三五三夜：プーシキン『スペードの女王』　七〇七夜：ゾラ『居酒屋』　五五八夜：モーパッサン『女の一生』　二八七夜：フローベール『ボヴァリー夫人』　九三五夜：プルースト『失われた時を求めて』　九五〇夜：ドストエフスキー『カラマーゾフの兄弟』　一二五〇夜：エドマンド・バーク『崇高と美の観念の起源』　二六五夜：デュ・モーリア『レベッカ』　八九一夜：尾崎紅葉『金色夜叉』　四三六夜：イリイチ『シャドウ・ワーク』　一七一〇夜：ヴァージニア・ウルフ『ダロウェイ夫人』　一五一夜：カール・ポランニー『経済の文明史』　八三〇夜：ユング『心理学と錬金術』

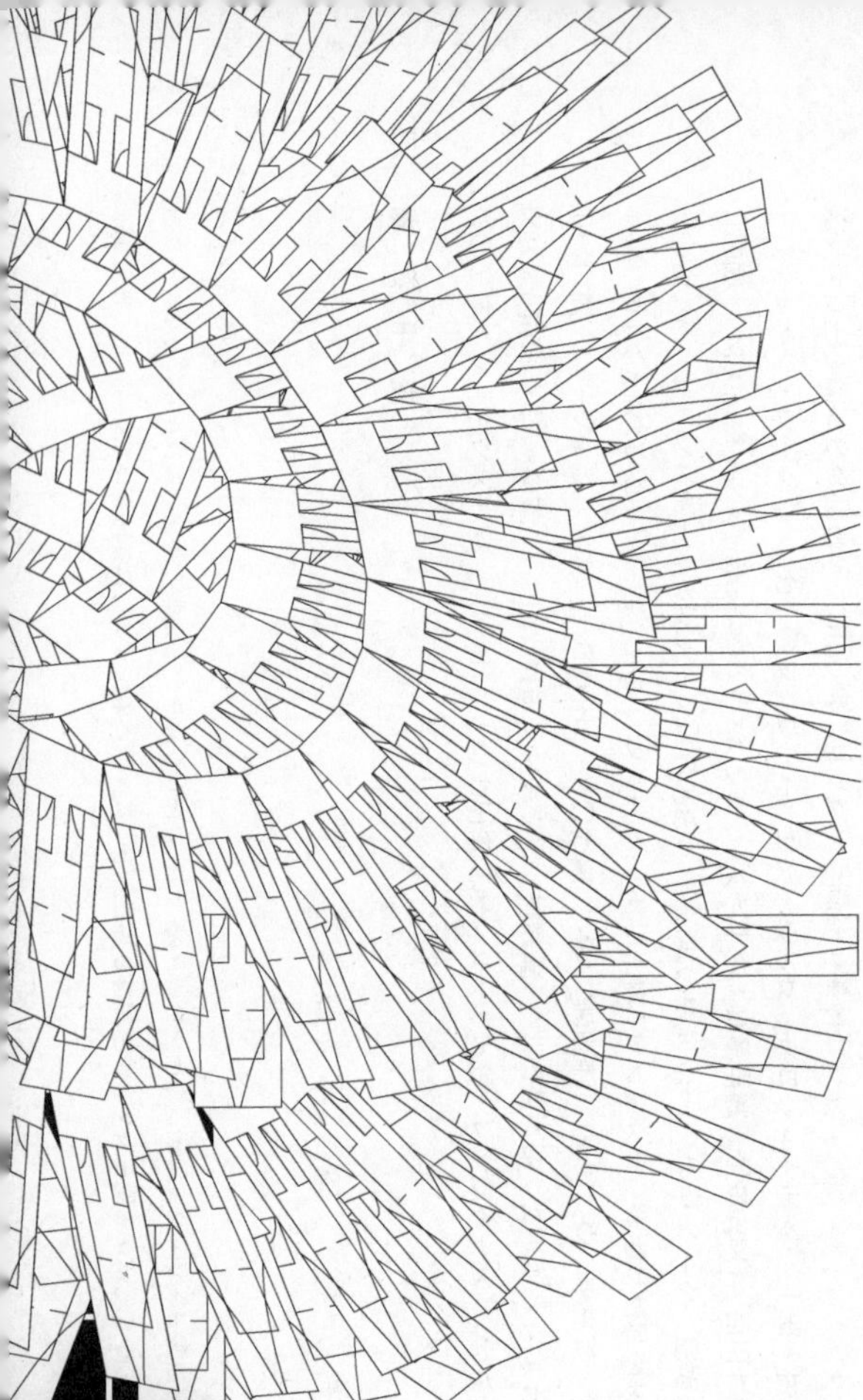

第二章　資本主義の歯車

ジェイコブ・ソール『帳簿の世界史』
ブライアン・リアマウント『オークションの社会史』
ゲルト・ハルダッハ＆ユルゲン・シリング『市場の書』
ジョン・ミクルスウェイト＆エイドリアン・ウールドリッジ『株式会社』
ダニエル・ヤーギン＆ジョゼフ・スタニスロー『市場対国家』
小林正宏・中林伸一『通貨で読み解く世界経済』

会計世界をつくりあげた複式簿記。
なぜ「もの」の出入りが、大小の「こと」の流れになったのか。

ジェイコブ・ソール

帳簿の世界史

村井章子訳　文藝春秋　二〇一五　文春文庫　二〇一八

Jacob Soll: The Reckoning – Financial Accountability and the Rise and Fall of Nations 2014

ジョゼフ・コンラッドは『闇の奥』(↓千夜千冊エディション『方法文学』所収)に、会計こそが人間の罪と懊悩《おうのう》を隠すと書いた。バルザックは『禁治産』のなかで「会計は人間の心の惨めさを測るのに一番適している」と登場人物に語らせている。

会計士は善意によって不運をもたらすか、あからさまな詐欺師になるか、非情な官僚として登場するか、そのいずれかになると書いたのはチャールズ・ディケンズだ。『クリスマス・キャロル』のスクルージとマーレイは共同経営者だが守銭奴でもあって、そのぶん忠実に帳簿をつけている書記のボブ・クラチットは善意ゆえの薄給に甘んじなければならない。善意か詐欺かは紙一重だというのである。そういうディケンズは、自身、歴史上最初に著者印税を手にした作家だった。

世の中での会計についての感じ方は、いろいろだ。ソローは『森の生活』に自然とのやりくりが会計に似ていることを示し、オルコットは『若草物語』で、家庭というものは会計から会話が生まれてきて成立しているのだということを下敷きにした。作家たちも会計感覚には萌《さいな》まれていたわけだ。会計のしくみに立ち向かっていった作家もいた。『ロビンソン・クルーソー』のダニエル・デフォーがその一人だ。『完全なるイギリス商人』（一七二六〜七）を書いて、単式簿記のニュースタイルを提案した。

どんな生活であれそこに「暮らし向き」というものがあれば、必ずや「会計の妖怪《ようかい》」が徘徊《はいかい》するのは当然である。会社の会計だけが会計であるはずはない。生活の中にだって大小さまざまなＣＦＯ（Chief Financial Officer）がいる。

いわゆる「会計」は生活者の知恵から生まれたしくみではない。イギリスやオランダの東インド会社の登場や、その前のジェノヴァやヴェネツィアやフィレンツェの交易コンパニアや商業ソキエタスとともに確立した。それも一三〇〇年ごろに登場した複式簿記とともに、近世ヨーロッパで確立した紛れもない新機軸のシステムなのである。

日本ではラーメン屋や居酒屋やレストランで帰り際になると、「お会計、お願い」とか「じゃ、お勘定」とかと言う。高校生のころ、そう言ってわざとらしく内ポケットから財布を出した大学生の兄貴分がいて、ついついソンケーしたものだ。

帰り際の「お会計！」は英語では“Check, please.”とか“Can I get the bill ?”とかと言う。ただしcheck や bill は請求書のことなので、これは「勘定書を見せて」という意味だ。英語の「会計」は“accounting”や“accountancy”である。フランス語が転じたもので、当初のスペルは“accomptant”だった。取引や仕事のやりとりをした原因と結果についての説明をする(account for)ことがアカウントだ。だからアカウンタビリティも会計説明の責任をとるという意味になる。

漢字熟語の「会計」のほうは「計は会なり」と訓《よ》む。「計」は「言葉を正確にする」という意味の文字で、「会」(會)は何かが増加するという字義をもつ。だから「会計」は何かが増加していく現象について正確な言葉を示していくことをあらわした。漢字文化圏の日々においても、やはり“account for”をすることが会計なのである。

ついでながら「勘定」という言葉は、奈良時代から使われていて、「いろいろ考え合わせる」ということを意味していた。それが中世には数量や金銭を計算するというふうに使われ、武家社会になって年貢などの税収を切り盛りする勘定奉行などがあらわれて、しだいに帳尻《ちょうじり》合わせのことを「勘定する」と言うようになった。

いま、経理や会計や財務処理や税理についての用語は国際会計基準(IFRS＝アイファース)にもとづいていて、かなり面倒なものになっている。監査も厳しく、担当者たちも訳知りになりすぎる。しかし、もともとは日々や月々のさまざまな増減現象を記録しておくための言葉が会計化していったはずなのだ。けれどもいまやどんな帳簿を見ても、勘定項目は記載されていても日常的な言葉（一般用語、語句、フレーズ）はつかわれない。いったいそこにはどんな工夫があったのか。

ぼくは子供のころから「進行図」「しくみ図」「見取図」「記録図」のたぐいの出来や成立や変化に関心をもってきた。たとえば、系統樹の変遷と変化、五線譜が生まれた背景、設計図や見取図の図法、XY座標によるマトリックス表示、舞踊家のためのコレオグラフ、元素周期表と化学式の成立の仕方、地図表記の工夫と確立、さまざまなスポーツのスコアブック、競馬や競輪の出走表、株式相場の表記などなどだ。いずれにも目を見張ってきた。

ノーテーション（notation）に興味があるからなのだろうと思う。観察したことや記憶したことを、どのように記録するのか、どんなふうにノートに採るのか、他人にわかるようにするのか、そこがおもしろかった。誰かがそういうノーテーションを思い付いたのだろうと想像すると、わくわくした。

いつごろそんな関心をもちはじめたのかちょっと記憶を辿《たど》ってみたら、小学校でソフトボールで遊んでいたときに運動場の土に上下二段の線を引いて、棒っきれでスコアを付けてくれた上級生を見たときに、なんだか大事なことをしてくれていると感じたのが最初だったような気がする。卓球やバスケットをすると、点数の付け方がいろいろ違っていた。父に連れられて西京極に行って初めてラグビーを見たら、トライやゴールの点数が違っている。なぜスポーツは別々のスコアになっているのか、気になった。

スポーツにさまざまなスコアリングがあるということは、ゲームごとにルールが違っていて、加点と減点の決め方が異なっているからである。それがスコアに反映する。だから、そのスコアブックやスコアボードがなければ（レフェリーも必要だが）、スポーツ競技は成り立たない。スコア・ノーテーションはスポーツの原理なのだ。

いろいろまわりを見てみればわかるように、多くの現象や出来事がスコアリングされてきた。地図の作り方や家の間取り図にも、楽譜や系統樹や数式にもさまざまなスコアリングがおこってきた。

父が家に持ってかえってきた競馬新聞を見てみると、出走馬の予想がレースごとにびっしり表組みされている。とても小さな活字で多彩な略式用語と記号が躍っていて、どきどきした。中学校で科学部に入ってみると、元素周期表やたくさんの化学記号や反応式に出会った。すべて記号やフォーミュラ（式）になっているだけでなく、それぞれ計算できるようになっていて、その結果が検証できる。起因と結果が一目でわかるのだ。ずいぶんすごいことを考えたものだと思ったものである。

そのうちインタースコア（interscore）の方法を追いかけるようになった。相互記譜のしくみだ。別々の多様な出入りを複合的に組み合わせて一目瞭然《りょうぜん》にしていくという方法だ。このインタースコアの起源のひとつに「会計」があったのである。

本書は歴史学と会計学を修めた研究者が、充分な調査と考察のうえ二〇一四年に書き上げた一冊だ。アメリカではすぐ話題になってベストセラーになった。日本でもこのあと似たような本が出回っている。

著者のジェイコブ・ソールは南カリフォルニア大学で、学生とともにルイ十四世の会計顧問コルベールの会計改革がその後のフランス絶対王政のなかで蝕《むしば》まれ、私物化されていったことを調べているうちに、なぜ会計作業には「記帳の欺瞞《ぎまん》」と「財務の陥穽《かんせい》」があるのかに興味をもつようになり、帳簿ノーテーションの一から十までの歴史に取り組もうと決意したようだ。

ぼくのように会計や経理にまったく不案内の者が本書を読んでもけっこうおもしろがれたのは、素人目だが、歴史の事態変化の帳合と会計のフォーマット変化の帳合がうまく入り交じって描かれていたからだろう。ソールには「社会文化に組み込まれた会計」という視点からの眼がゆきとどいていた。

会計の専門家たちが読んでおもしろいのかどうかはわからない。そこのところはぼくには判定がつかないので、本書が千夜千冊に採り上げるに足りるか、これを機会にその筋の本に少しだけだが目を通してみた。チャット・フィールドの『会計思想史』(文眞堂)、ベルナルド・コラスの『世界の会計学者』(中央経済社)、平林喜博の『近代会計成立史』(同文舘出版)、ジョナサン・バスキンの『ファイナンス発達史』(文眞堂)、慶應の友岡賛の『会計の歴史』(税務経理協会)や『会計学』(有斐閣)、渡邉泉の『歴史から学ぶ会計』(同文舘出版)や、ごく最近になって刊行されたばかりの『会計学の誕生』(岩波新書)などだ。

なかで渡邉泉の岩波新書は二〇一七年に出たばかりのものだが、複式簿記の歴史的特徴を理解するには、たいへんよく書けていた。今夜もときどき参照させてもらうことにする。バスキンの本は三十年近く松岡正剛事務所の経理事務を見てもらっている青山英男さんが監訳している。青山センセイには『複式簿記原理』(一九六六・税務経理協会)の著書などもある。

会計の歴史はそうとうに古い。本書もそこから書きおこしている。古代社会においてもすでにプリミティブな会計記録をしていた。在庫管理のためだった。

メソポタミアには契約・倉庫・取引の記録があり、穀物の余剰計算をちゃんとしていたことがわかっている。のみならずシュメール人たちは会計のための粘土コインを作って、出荷した物品や受け取った資材を数えるのに使った。トークン(token)である。トークンはしるし、象徴、記念品、証拠品を意味するが、ここでは代用貨幣のことをいう。そのうち粘土コインに代わって粘土板そのものを工夫して、在庫を記録した。この粘土板がノートの始まりだ。考古学者のデニス・シュマント＝ベッセラの『文字はこうして生まれた』(岩波書店)に興味深いヒントが詰まっている。

古代の会計はルールそのものだった。バビロニアのハンムラビ法典第一〇五条は、現金を受け取ったときにその場で確認して領収をサインしなかったばあいは、帳簿(粘土板)にその取引を記入してはならないと定めていた。「目には目を、歯には歯を」はハンムラビ法典の有名な戒律でもあったけれど、実は在庫管理のスローガンでもあった。

人類がどのように「記譜の基礎」を発見したのかというと、ひとつは神の言葉を刻もうとしたときに始まったはずだが、もうひとつは会計を発明したときに何かが始まった。シュメール人は楔形《くさびがた》文字をつくるとすぐに、エジプト人はヒエログリフ(神聖文字)をつくってまもなく、それぞれの会計を始めた。作業記録として記帳したわけだ。文字やイデオグラムや数字の発明は「もともと会計のためだった」「会計記録が文字を誕生させた」という説もあるくらいだ。工藤栄一郎の『会計記録の研究』(中央経済社)を読むと、おもしろい。

古代ギリシアになると国庫が出現し、監督官が登場し、何人もの記帳係が雇われた。

都市国家や帝国や領国が会計と監査をするようになったのだ。アリストテレスの最後の著作は『アテナイ人の国制』というものなのだが（諸説あり）、そこには監査官（logistai）の記述がある。"logistae"という綴《つづ》りを見れば見当がつくように、ロジスティックを見るのが監査なのである。

古代ローマには財務官（quaestores oerail）が登場して、国有財産は神殿に保管された。書記官がいて、取引記録を別の台帳に移し替えていた。国庫（国有財産）とはお金だけのことではなく、それを含む記録すべてのこと、つまり情報記録すべてのことだった。そこに誤記や不正があるかどうかを監査官が調べた。いま安倍政権と官公庁は情報記録の開示問題や改竄《かいざん》問題で糾弾されているが、そんなことはずっと昔からのことだった。

当時からおびただしい不正がはびこっていた。ポリュビオスは「監査官をいくらふやしても担当者が正直になるわけではなく、ずるがしこい者は必ず帳簿を操作する」と書いている。キケロはマルクス・アントニウスに対する弾劾演説のなかで、巨額の負債とあやしげな取引に文句をつけた。アントニウスはカエサルの資力を盗み、帳簿をごまかしていたというのだ。けれどもアントニウスはシラをきって執政官に就任すると、刺客を放ってキケロを暗殺した。

そのアントニウスを一掃したのはアウグストゥスである。不正の多い帝国帳簿を刷新した。のちに「皇帝の帳簿」として称《たた》えられる。こうして「帳簿を公開する」という伝統が始まったのだが、アウグストゥスの帳簿ほどの公明性が誇られたことはその後、めったになかった。バチカンから安倍政権にいたるまで。

四七六年に西ローマ帝国が滅亡した。簒奪《さんだつ》が横行し、古代会計の努力も不正もぐちゃぐちゃになっていった。新たな土地を占める（略奪する）ことのほうが生産や経済の努力をするよりも、ずっと効率がよかったからだ。

ヨーロッパはゴート族・フランク族・バイキングが次々に通過してはその土地を収奪しつつ封印していったので、会計どころではなくなっていた。わずかに民族と部族の移動と専横のたびに、キリスト教の宣教師がこれにくっついてその土地に入りこみ、教会や修道院をつくっていったことが、その地に例外的に古代会計の伝統を維持させた。

国王はどうしたか。征服地の統治を強化するためにも、教会勢力に遅れをとっているわけにはいかない。カール大帝、オットー大帝、イングランドのウィリアム征服王たちは、ふたたび法の力を強くするしかないと考えた。こうしてここにゲルマン社会の従士制度とローマ帝国の恩貸地制度が融合して、いわゆる「封建制度」ができあがる。

法の力は強めたが、この制度によって国家の土地を個人が封土として保有するようになったため、世代をまたぐ所有関係が煩雑になってきた。手続き、書類、会計事務がそのぶんふえた。そんなときである、ウィリアム征服王にまたとないチャンスがやってきた。一〇六六年にノルマン・コンクエスト（イングランド征服）が完了し、ここで新たな国土でゼロからまるまる制度設計をすることができるようになったのだ。封建制のモデルに従わずに、一から仕切りなおしてよくなった。

ここに登場したのが「ドゥームズデイ・ブック」(Domesday Book) だ。土地管理を一元化するための土地台帳である。検地の結果を記した世界最初の土地登記簿だ。一〇八六年に作成された。イギリスの歴史を読むと、どんな本にも、まず「ドゥームズデイ・ブック」が、次に「マグナ・カルタ」（一二一五）が出てくる。ドゥームズデイとは、かの「最後の審判」のことで、この名からしてみてもウィリアムの土地台帳は国王による認証を神の裁きと同等のものにしたかったわけである。

十三世紀に入って、ヨーロッパの社会経済は大きく変わる。日本もヨーロッパも十三世紀に大転換期がある。ヨーロッパでは、都合一八〇年ほどにわたった十字軍遠征の疲労がたまっていた。十字軍の騎士たちの移動と武器と食料品の調達のため、巨額が費やされたのだが、そんなものは戻ってこない。用立てた商人たちは、これを回収しなければならなくなった。

ここに北イタリアの商人たちが一斉に駆けまわる好機がおとずれる。騎士や兵士に用立てた貸付けを回収するため、次々に北西ヨーロッパに出向いていくのだが、その帰り

には フランドルやイングランドの毛織物や羊毛を持ち帰って捌《さば》くようになった。フィレンツェ、ジェノヴァ、ヴェネツィア、ミラノ、ルッカ、ピサなどの北イタリアの商業都市国家が、北海・バルト海の商業圏と地中海の商業圏とをつないだ。

かれらは君主制を敷かず、共和制を尊ぶ貴族たちをリーダーにして、交易に長《た》けていった。北イタリア商人はまとめて「ロンバルディアの商人団」と呼ばれもした。ジェノヴァやヴェネツィアは東方のコンスタンティノープルと船で結ばれた。コンスタンティノープルはビザンティン帝国（東ローマ帝国）の首都であり、イスラム商業圏とイスラム文化を背景にしていた。北イタリアの船は金貨ノミスマ、砂糖菓子、ナツメヤシ、アーモンド、絹、工芸品、書籍を積んで、これらを捌いて商業力と金融力を発揮した。

そこへ遠洋航海技術が発達して、さらに南方や東インド諸島への遠隔貿易が可能になると、インドや東南アジアの香料や胡椒《こしょう》や薬材が加わった。

交易商人たちの経済は、輸入品や輸出品の売買だけでは成立しない。船を建造する船主がいて、その建造のための出資者が必要だ。その船には乗組員を募集して報酬を払わなければならない。船の航海には難破もある。難破すればその損害はかなり大きい。『ヴェニスの商人』のアントニオはバッサーニオの船が次々に難破したため、シャイロックに肉一ポンドを払わなければならなかった。そのくらい船による交易はリスクを伴った。

船だけが出入りするのではない。交易には各国各都市のさまざまな通貨が出入りするので、換算と両替が必要になる。一気に両替商(金融銀行)がふえた。交易品の売買には代理人も必要だ。ヨーロッパ各地への販売にも代理人を使い、コンスタンティノープルでも代理人を雇った。集めた資金もほったらかしにはできない。金融業者に預金しておかねばならず、それには利子も生じた。出資者への利益の配分もかんたんではない。利益も分配しなければならないし、難破などによる損害も分担しなければならない。

かくて北イタリアの地に「通貨の流通量」が一挙に増して、多くの手書き書類が風魔のごとく飛び交った。許可証、証明書、書状、帳簿、貸借家計簿、裁判記録、年鑑、年代記、権利証書台帳、登記簿などなどだ。商人たちはこれらの多様な損益をトータルして計算しなければならなかった。ただ、その計算はあまりに煩雑だった。

一二〇二年に、歴史を画する一冊の本が刊行された。ピサの商人レオナルド・フィボナッチの『算術の書』(Liber Abaci)だ。フィボナッチはイスラム文化が発明した代数術(アラビア数学)を学んで、「位取り」による計算法を明示すると、加減乗除、分数、平方根、連立方程式の解法を説いた。画期的な算術法ガイドとなった。

それとともにこのころ、アバカスという算盤《そろばん》(計算のための卓上盤)が考案されて、出回った。シュメールの粘土板はアバカスにまで進化したのだ。ソロバンに似ているが、これをフィボナッチの算法と組み合わせると予想をこえる簿記技能がマスターできた。やがてトスカーナに算術と算盤を教える学校がどんどんできて、ここを出た商人たちが簿記能力を広めた。学校では商業技能やアルファベットや文章の書き方なども教えた。フィレンツェ出身のアバカスの教師たちがそういうふうにしたのだ。

これでなんとか計算はできるようになったのだが、厄介な問題がのこっていた。売り主と買い主とのあいだに頻繁に齟齬《そご》が生じるのである。両者のあいだに仲買いや両替や分配が加われば、もっと齟齬がふえる。働き手の賃金も動く。こうなるといったいどこで儲《もう》かっているのか、損をしたのか、実際の損益がなかなかわからない。

大金を借りたから損をしたわけではない。それを元金にして船を航海させて、積み荷が売れれば儲かるようになる。けれども積み荷をしばらく倉庫に寝かせているあいだは、どうなのか。そのときの貸倉庫代はどう見ればいいのか。ここで北イタリアの経済文化を背景に登場してきたのが、いわゆる「借方」(debit)と「貸方」(credit)で出し入れを対照させるという見方だ。複式簿記の考え方のデビューだった。

今日の複式簿記の基本は、かんたんにいえば一つの取引を、資産・負債・純資産(資本)・費用・収益という五本立てにして仕訳をするというふうになっている。その五つの分野にわたる仕訳伝票で、資産の増加および費用の発生を計上する左側を「借方」といい、負債・純資産の増加および収益の発生を計上する右側を「貸方」とするのだが、そのように整理できるまでには、帳簿の世界史としてはさまざまな紆余曲折《うよきよくせつ》があった。

簿記のことを英語ではブックキーピング（bookkeeping）という。帳簿（book）に記録する（keep）ための行為（ing）ということだ。古代このかた、簿記のしくみは「単式簿記」（single-entry）によっておこなわれていた。それが、ここにおいて借方と貸方による二重同時記録のアイディアが芽生え、ついに「複式簿記」（double-entry）へと軌道転回しつつあったのだ。うまくいけば、継続計算するフローから見る損益判定と、有高計算によるストックから見る損益判定が、両面から突き合わされる可能性があった。これはインタースコアの歴史にとっても、きわめて画期的だ。

ちなみに、英語の“debit”を「借方」と、英語の“credit”を「貸方」と日本語で名付けたのが誰だったか、御存知か。たいてい近代日本のシステム改革の先頭を切った福澤諭吉だった。念のため。

複式簿記《ダブル・エントリー》には商人が理解するための工夫を要した。十三世紀初頭に試みられたプレ複式簿記には、左の借方と右の貸方の両方がパラグラフごとに区切られて、それぞれに説明（キャプション）が入った。分節型複式簿記だ。当初は読める帳簿で、やがてそれらが勘定項目と数字だけになっていった。

そうした時期の記帳記録として、本書はトスカーナの豪商フランチェスコ・ダティーニの「大きな本」(libri grandi)を詳しく説明している。現金出納帳が日録と呼ばれ、それらがすべて項目別の仕訳帳に移し替えられたのち総勘定元帳に転記されるとき、いくつかの複式化を試みていたようで、その元帳が「大きな本」なのである。

複式簿記化は銀行業務のほうでも進んだ。銀行のもとは両替商であるが、それが銀行を意味する英語のバンク(bank)になっていったのは、イタリア語のバンコ(banco)に由来する。机、カウンター、ベンチといった意味だ。北イタリアの銀行で緑色の布をかけた机で業務をしていたからだった。

銀行が充実し、成長するには貸し倒れを防ぐ必要がある。これがなかなか難しい。そこで考案されたのが、貸付金のうち返済不能になりそうな不良債権を「控除する」というアイディアだ。これは複式簿記が秘めていた「評価替え」という方法で、これによって取得原価を時価によって評価替えすることが可能になった(今日でいう混合測定会計だ)。"banco"はそういうことを可能にした。

北イタリアのバンコを代表するのは、なんといってもコジモ・デ・メディチの時期に絶盛期を迎えたメディチ家だ。父のジョヴァンニがたっぷり蓄えた金融力を背景に、コジモはフィレンツェの金融を取り仕切り、史上最も有名な銀行家になっていった。

メディチ家の富と繁栄は桁外《けたはず》れだ。コジモが亡くなる一四六四年の時点でミラノ支店だけで六〇万フローリン近い資産を有していたという記録があり、孫のロレンツォの回顧録ではコジモの時代だけで四〇万フロリンもの寄付や税金を払ったという。フィレンツェの税収の大半をメディチ家が担当しているようなものなのだ。

そのメディチ家が複式簿記を重視した。有能な支配人ジョヴァンニ・ベンチが記帳と査定を差配した。実際には秘密帳簿と公式帳簿の二重帳簿を操作していたようだが（ダティーニもそうしたらしい）、それでも銀行としては複式簿記の徹底を課したので、メディチの銀行支店を通して北イタリア全域に複式簿記についての理解が広まった。

ぼくは複式簿記が広がった理由のひとつとして、この記帳性には一種の哲学、あるいは神学が伴っていて、それがメディチ家重視の人文主義や新プラトン主義の実践とみなされたからではなかったかと思っている。記帳が「聖なる行為」とみなされたのだ。コジモに言われて翻訳文化学院「プラトン・アカデミー」を主宰したロベルト・デ・ロッシやマルシリオ・フィチーノは、プラトンやアリストテレスの学問のラテン語訳やイタリア語訳を推進し、これをフィレンツェ市民にも無料で開放した主役であったのだが、その稀《まれ》なる律義には「聖なる簿記力」に通じるものがあったはずなのである。

しかし本書は、そう見ない。コジモの長男ピエロ、次男ジョヴァンニまではまだしも、孫のロレンツォの時期になるとあまりにもパトロネージュの度が過ぎて、さしものメディチ家にも翳《かげ》りが見えていった事情を分析し、「新プラトン主義がメディチ家を富から離れさせた」と書いている。

なるほどロレンツォ・デ・メディチはボッティチェリ、ヴェロッキオ、ヴァザーリらに自分の肖像画を競って描かせ、ダ・ヴィンチ、ミケランジェロ、ギルランダイオにふんだんの支援を怠らなかった。そのせいか、たしかにロレンツォ一代でメディチ家は変質していったのだ。ロレンツォが四三歳の若さで急死すると、長男ピエロの無能もあって、メディチ家は一四九四年にはフィレンツェから追放さえされてしまった。

それなら、かれらは無駄遣いをしたのだろうか。そういう批判も多い。サヴォナローラは「メディチがフィレンツェの社会を壊した」と言い、マキアヴェリは「メディチ家の富がフィレンツェに恐慌をもたらした」と責め、のちにアダム・スミスはフィレンツェの経済事情について言及して「君主や政府の位置にある者は会計を専門家に任せなければならない」と注意した。

本書もそこを咎《とが》めるのだが、ぼくの見方は少し異なる。乗馬・弓・ダンス・歌・楽器演奏のいずれもこなした鳶《とび》色

コジモ・デ・メディチ
(1389－1464)

のロレンツォのような素封家が（二十代で当主になった）、さまざまな芸術家たちのパトロンを積極的に買って出たからこそ、ルネサンスがあれほど開花し、今日にいたる美術・芸術・音楽業界の「ありかた」が生まれたのである。

それだけではない。コジモが惜しみなく資金を投じたサン・ロレンツォ教会の改築もそうであるように、今日、世界各地にのこる夥《おびただ》しい宮殿や寺院や公園を、われわれは「世界遺産」とか「観光資源」と呼んで利用しているが、その大半は君主や富裕家たちの豊饒《ほうじょう》で放漫な投資感覚によって培われたものだったのだ。放蕩《ほうとう》、どこが悪いのか。経済文化はどこかに放蕩や蕩尽をかかえこんできたはずなのである。

メディチ家は隆盛と没落を残響させて消えたが、複式簿記は残った。こうして一四九四年、ついにルカ・パチョーリが『スンマ』（スムマ）に複式簿記のあらましを記述した。『スンマ』は正式には『算術、幾何、比、および比例についての全書』というタイトルだが、その第一部第九章が「記録および計算について」となっていて、そこに複式簿記の基本が述べられた。前後を読むと、当時、なぜパチョーリがそんなものを書いたのか、どういう工夫をしたのか、誰のために仕上げたのか、いろいろわかる。

パチョーリはトスカーナの小邑《しょうゆう》で生まれ育って算盤学校で商業を学び、ピエロ・デッラ・フランチェスカの工房で働いて画法と数学を修め（フランチェスカは数学者でもあった）、ミラノやローマで遠近法を究めたアルベルティに出会うと、その後にいったん修道会に入った。そのころ数学と神学は隣り合わせのものだったので、パチョーリは修道士として各地で説教や講義をするうちに、「世界観を記述し尽くす」という作業に耽《ふけ》るようになっていく。それが『スンマ』として結実した。

「秩序だてて世界を説明すること！」。パチョーリが『スンマ』で果たしたのはこのことだ。だから『スンマ』にはユダヤ経典、パウロ、マタイ、ウェルギリウス、オリゲネス、ダンテまでがずらりと論述され、それらと同じ位置付けで複式簿記についての一章も記述されたのだ。哲学的で、神学的だった。

簿記論でパチョーリは、まずもって財産目録（bilancio）が一番重要だとみなし、そのうえで日録（memoriale）、仕訳帳（giornale）、元帳（quaderno）がこの順に記帳されれば、どんな資産と負債も必ず正確に把握できることを説いた。

パチョーリはフランシスコ会の修道士であって商人であり、数学者であって人文主義者でもあったが、いまではもっぱら「会計の父」と呼ばれている。ヤーコポ・デ・バルバリが描いた肖像画（一四九五）を見ると、法衣と頭巾《ずきん》をまとって幾何学の図版を指している。隣りには庇護《ひご》者のウルビーノ公グイドバルド・ダ・モンテフェルトロが立っている（ウルビーノ公の家庭教師もしていた）。会計士が貴族の上位者として描かれたのは史上これが初めてである。パチョーリはレオナルド・ダ・ヴィンチとも親しかった。ダ・ヴィンチは『スンマ』の愛読者だったのである。

もうひとつ、とても重要なことがある。グーテンベルクが『聖書』に次いで活版印刷に掛けたのは『スンマ』だったということだ。かなり特筆すべきことである。

中世イタリア語で書かれた『スンマ』の簿記論は、その後ヴェネツィア式複式簿記の指南書として換骨奪胎され、ドメニコ・マンツォーニの『複式簿記と仕訳帳』（一五四〇）に転用されると、多くの交易商人が「借方／貸方」で取引と損益のなりゆきを考えるようになった。

その後、イエズス会士も帳簿をつけ会計を学び、神聖ローマ皇帝カール五世時代のハプスブルク帝国スペインが北イタリアの銀行家とともに複式簿記を採用した。これによってスペインは五〜一四パーセントの売上税を巧みに吸い上げた。

勢いをさらに促進したのはカール五世の息子のフェリペ二世である。一五六一年にマドリードに宮廷を移し、ここを首都に定めてスペイン最盛期をつくりあげた。フェリペ二世は「太陽の沈まぬ国」の皇帝であり、シチリア王・ポルトガル王・ネーデルラント統治者・ミラノ公・イングランド王でもあった。領土はブラジル、マラッカ、ボルネオに及んだ。

たんに君臨しただけではない。フェリペ二世はすさまじい「書類王」であって、異様な「情報王」でもあった。マドリード近くのエル・エスコリアル宮殿にとじこもって、片っ端から書類情報を読んだ。驚いたことに、その数は年間一〇万通を超えていたらしい。あまりの書類の多さに、公文書をシマンカス城に、交易関係文書をセビリアの通商院に分けて保管した。この書類王は国王というブラウザーだったのだ。

とはいえ、さしものフェリペ二世も国庫は一人で仕切れない。ホアン・デ・オヴァンドに財務を託した。

スペイン軍とローマ教皇軍とヴェネツィア軍の連合艦隊がレパントの海戦でオスマン帝国軍を破ったのだが、その軍費が目が飛び出るほど高くつき、財政のコントロールが急務になったのだ。何度かバンカロータ（国庫支払い停止令）を出すのだが、うまくいかない。何か別の要因がある。オヴァンドはスペインの国家会計が滞っている原因をすぐに突き止めた。財務庁と監査院と財務顧問院の情報が相互流通していなかったのだ。

紆余曲折のすえ、オヴァンドは国家財務についての巨大なバランスシートを作成した。しかし、そこへアルマダの海戦での痛い敗戦である。無敵艦隊が壊滅した。フェリペ二世はペドロ・トレグロサにいっさいの実務を任せ、いよいよもって複式簿記による国家会計システムをつくるように命じた。

トレグロサは有能だったようだ。孫のソロルサノを抜擢《ばってき》して手引書をつくらせ、これを帝国内にゆきわたらせた。これが『スンマ』刊行九七年後にできあがったスペイン語による『商人および他の人々のための帳簿と会計の手引書』だ。けれどもフェリペ二世とトレグロサが相次いで亡くなると、後継のフェリペ三世もフェリペ四世もその栄華を保てなかった。メディチ家同様、太陽の沈まぬ国も沈んでいった。

スペイン帝国が凋落《ちょうらく》する時期、代わって登場してきたのは、いまさら言うまでもないだろうが、ネーデルラント（オランダ）である。まだスペインから独立していなかったが、ネーデルラントの中心地アントワープには、飾り付けた店舗、四二もの教会、株式取引所、ハンザ同盟の商館、会計学校、ラテン語学校などがずらりと立ち並び、かつてのヴェネツィア、トスカーナ、マドリードに勝る殷賑《いんしん》をきわめた。

オランダ人は知恵に富んでいた。スペインが課してくる重税に対して、終身年金債を富裕層に買わせてその代金を国庫に入れた。利付き年金債だ。購入者はのちのち年金あるいは死亡時の保険金として受け取ることができた。国庫としてはその収入をスペインへの支払いにあてた。オランダ語の簿記入門書も刊行された。ヤン・インピンの『新しい手引書』（一五四三）である。評判になった。

しかしオランダ独立戦争（八〇年戦争）が始まって、一五八五年にアントワープが陥落すると、ヨーロッパの会計センターは一気にアムステルダムに移っていった。一六〇二年にはオランダ東インド会社（VOC＝世界初の株式会社）が設立され、一六〇九年にはアムステルダム銀行（Wisselbank）が創業されている。

十七人会によって仕切られていたVOCはアジアからカリブ海にまでその手を伸ばした国際商社であり、ウィッセルバンクはオランダに初の株式取引をもたらす国際為替銀行となった。のちにアダム・スミスはオランダ銀行の発展は複式簿記を導入したおかげだと書いた。

オランダ（ネーデルラント連邦共和国）の初代君主になったのはオラニエ公ウィレム一世（オレンジ公ウィリアム）である。カトリック教徒に暗殺され、息子のマウリッツが継いだ。マウリッツはハイデルベルクとライデンの大学で古典・数学・工学を学んだ当代最高の教養人で、オランダ総督となった。ライデン大学で天文と数学の教官だったシモン・ステヴィンに出会ったのが大きく、ステヴィンに学んで会計学にも通じた。ぼくは本書で初めて知ったのだが、ステヴィンの『数学の伝統』の中の「皇子のための会計」は「バランスシートの帝王学」ともいうべきすばらしいものになっている。

ジェイコブ・ソールはオランダ人が宗教に寛容で、自由と責任を重んじて、かつリスクを恐れない性格だったことが、アムステルダムとこの共和国を繁栄させたと見ている。徳川幕府が鎖国をしながらもオランダのみを信用した理由（オランダ風説書など）がわかるような気がする。

本書はこのあと、フランスとイギリスで「会計国家」がどうなっていったかという話に転じていく。会計の世界史はオランダからイギリスへ移って資本主義を確立させ、そのイギリスの資本主義が産業革命を得たのちアメリカに転じて怪物化していったのだが（一言でいえば、会計センターの歴史は、北イタリア都市群→アントワープ→アムステルダム→ロンドン・シティ→ニューヨークと中心が変遷した）、そこには未曾有《みぞう》の矛盾と陥穽《かんせい》が待っていたのである。

フランスについては、ブルボン王朝の会計顧問ジャン＝バティスト・コルベールがマザランを継いでどのように太陽王ルイ十四世を支えたかという事情を、本書は詳細に追う。イエズス会に財政や会計を学んだこと、大蔵卿《きょう》ニコラ・フーケを巧みに外していったこと、商事法令ともいうべきジャック・サヴァリによるサヴァリ法典を運用していったこと、ルイ十四世に小型の帳簿を持ち歩かせたことなどを詳しく綴っている。

著者はコルベールの実務力を評価するとともに、その後の絶対王政がフランス革命に向かって崩れていった理由と背景をかなり研究したようだ。

イギリスについての記述は、主にはイギリスがスペイン継承戦争で莫大《ばくだい》な債務を負ったことをどのように脱していったのか、そこにロバート・ウォルポールのペテン財政やジョン・ローの南海泡沫《ほうまつ》事件がおこりながらも、つまりは史上最初の「バブル」がおこりながらも、イギリスがその危機をどのように脱出して産業革命に至り、それらがのちにイギリス式の公認会計士を生んで、プライスウォーターハウスなどの大手会計事務所の謳歌《おうか》につながったのか、その曲折した変転を解説した。

ここには、ロジャー・ノースの『ジェントルマン会計士』（一七一四）、ジョン・メイヤーの『組織的簿記』（一七三六）、ウォルドー・トンプソンの『会計士の知恵』（一七七七）、蒸気機関車のジェームズ・ワットの会計的格闘、クィーンズウェアの陶器で鳴らしたジョサイア・ウェッジウッドの工場会計改革、ジェレミー・ベンサムの功利主義と経理思想の関係などが述べられていて、なかなか興味深いくだりなのだが、今夜はそのあたりの経緯は省くことにする。

こうして本書は終盤の二章をアメリカの繁栄と、それにもかかわらず大恐慌やリーマン・ショックを免れなかった矛盾を、評価と批判を加えてともに叙述する。

著者がアメリカに問うたのは、絞れば五点に集約できる。

第一には、メイフラワー号での入植者たち（ピルグリム・ファーザーズ）は新大陸にどんな会計意識を持ち込んだのかということだ。トーマス・サージャントの『実務会計入門』（一七八九）を読むかぎり、かれらが「実務会計術」を最初から重視したのはまちがいないというのが著者の見解だ。

第二に、「時は金なり」の名言をのこしたベンジャミン・フランクリン、農園経営者でも奴隷所有者でもあったトマス・ジェファーソン、個人帳簿を付けるのが熱心だったジョージ・ワシントン、フィラデルフィアを繁栄させた実業家ロバート・モリスらの〝アメリカ建国の父〟たちは、はたして勤労と会計をどう結び付けたのか、それはアメリカの民主主義と関連したのかどうかということである。著者はこれについては深い関連性を見いだせなかったと言っている。

第三の議論点は、ウェーバーの言うプロテスタンティズムと勤労と資本主義が結託してアメリカの経済力をつくったのかどうかということだ。これについても著者は、強く説明できることが少ないと述べている。むしろ「権力とは財布を握っていることだ」と言ったアレクサンダー・ハミルトンの言葉に象徴されるように、アメリカの経済と経営は「会計力の独占」を争うことで発展したのではないかというのだ。著者は鉄道会社の粉飾会計の仕方にその証拠が出ているということを挙げていた。マーク・トウェインはこう書いた。「鉄道は嘘に似ている。建設しつづけないと維持できない」。

著者は今日のアメリカ財務システムに疑問をもっている。そこで第四には、なぜアメリカにデロイト、プライスウォーターハウス、アーンスト&ヤング、トウシュなどの巨大会計事務所が集中し（いずれも発祥はイギリス）、その上に株式市場主義の拡張とともにゴールドマン・サックスやアーサー・アンダーセンやリーマン・ブラザーズなどの巨大コンサルタントが覆いかぶさり、結局はこれらが総じてのちのエンロンやワールドコムなどの不祥事を招くエンジンになってしまったのかという問題に入る。これについては、アメリカの会計事務所の収益の半分以上をコンサルティング業務が占めた時点に針を戻し、大恐慌の経験をいかせなかったアメリカの問題を指摘している。

第五に、ここから現在につながるのだが、二〇〇二年に成立したSOX法（サーベンス＝オクスリー法）で、はたして世界の経済は正常化するのかどうかということである。

SOX法（正式名称は上場企業会計改革および投資家保護法）は、公開会社会計監視委員会の設置、監査人の独立性の確保、財務ディスクロージャーの拡大、内部統制の義務化、経営者の不正行為に対する罰則強化といった、それこそ日本が右にならえをした今日のグローバルな会計問題につながるところになるのだが、著者はそのあげくが二〇〇八年のサブプライムローン問題に端を発するグローバル金融危機になったのだから、とうていこの基準を強要したところで、新たな改善はおきないだろうと見ている。

以上がジェイコブ・ソールが書きたかったことのあらましだ。本書は、そのうち必ずやってくるだろう「清算の日」のために、二〇二〇年代を迎えるわれわれは何をなすべきか、何を考えるべきかという、いささか警告じみた一節で閉じられる。

著者は、自分が書いてきた「会計の世界史」をあらためてふりかえって、もしこのような歴史から学ぶべきことがあるとすれば、それは「会計が文化の中に組み込まれた社会をこそ、真の繁栄とみなせるということだろう」と結んでいる。

会計が教育に取り入れられ、会計にそれぞれの民族や国家や共同体が培った宗教や倫理思想が反映し、芸術や哲学や政治思想が会計と並んで語られるような社会を、会計の歴史が望んできたはずだというのである。

おそらく会計というものは、「ものの出入り」を「ことの流れ」で説明するためのノーテーションとして発達してきたのだろうと思う。「ものの価値」を「ことの大小」で決めるためではなかったはずである。そのために“should give”としての「借方」と“should have”としての「貸方」を対照的に措《お》いたのだ。そこには“should”があった。

このような認識がどこかで捩《ねじ》れて、会計行為の多くが表示の大小を競うゲームになってしまったのだ。それも自己表示のための自己同定ゲームであって、社会の中の相互表示のためではない。

株式会社の例でいうのなら、企業自己が前期や前年の自己と競わざるをえなくなった自己実現のための自己表示ゲームなのだ。これはジコジコしすぎている。しかもそのために努力を強いられる自己実現の基準は、プロポーションがよいかどうかばかりに求められ、もっぱら外の会計基準や投資家の意図によって決められる。これではあまり愉快ではないはずだ。

ルカ・パチョーリが複式簿記を説明していたとき、簿記に何を示すべきと期待していたかというと、パチョーリはそこに「社会の数学」があらわれると確信していたのである。複式簿記にはプラトンやアウグスティヌスやダンテと同様の世界記述力があると確信したのだ。

いま、株式会社の会計はそういうものになっていそうもない。どこかの会社の財務諸表から「社会」を導き出せそうもない。導き出せるのは美しいか醜いかはともかくとして、会社のプロポーションという比例値だけである。その諸表はジコのためのジコを刻印するジコであるからだ。社会のほうもそんな財務諸表から何かを見いだせない。それなのに、膨大な時間と人員がその監査のために投与されるのだ。歴史の中の会計はインタースコアのすぐれた例であったのに、いつのまにか自己内部インタースコアに閉じ込められてしまったのである。

会計からはもっと愉快な複数の物語が導き出されるべきだ。かつてはそうだった。たとえばフィレンツェの会社組織は期間組合（マグナ・ソキエタス）で、ヴェネツィアの組織は血縁によって構成されていた家族組合（ソキエタス）だった。そのためフィレンツェでは実地棚卸しで総資産と総負債を時価評価したビランチオを作成して、両者の差額として純資産を求めればよかった。ビランチオは今日のバランスシートの語源である。

一方、ヴェネツィアは家長がリーダーとなって荷口《にぐち》別に損益計算すればよかった。一年ごとに決算するのではなく、荷口の有高の仕切りで会計を締めていけばよかったのだ。当然、近世商人世界ではこれらを混在させた商業組織がいくらも出来たのである。ぼくは、フェリペ二世などもエル・エスコリアルの机で、そんな物語をいくつも描いていたのではないかと想像する。世界中がマネーの取り合いをまだまだ続けようというのなら、もう一度、バルザックやコンラッドも必要なのである。

第一六七六夜　二〇一八年五月二六日

参照千夜

一〇七〇夜：コンラッド『闇の奥』　一五六八夜：バルザック『セラフィタ』　四〇七夜：ディケンズ『デイヴィッド・コパフィールド』　一一七三夜：デフォー『モル・フランダーズ』　二九一夜：アリストテレス『形而上学』　三六五夜：カエサル『ガリア戦記』　四一二夜：福澤諭吉『文明論之概略』　七九九夜：プラトン『国家』　六一〇夜：マキアヴェリ『君主論』　三四五夜：オリゲネス『諸原理について』　九一三夜：ダンテ『神曲』　二五夜：『レオナルド・ダ・ヴィンチの手記』　六一一夜：マーク・トウェイン『ハックルベリイ・フィンの冒険』　七三三夜：アウグスティヌス『三位一体論』

稀覯本、ゴッホ、大統領のネクタイに、値がついていく。
競売とバンド・ノワールと落札。経済とはオークションの拡張だ。

ブライアン・リアマウント

オークションの社会史

中村勝監訳・中村真貴子・下山晃共訳　高科書店　一九九三
Brian Learmount: A History of the Auction 1985

経済学がオークション（auction）を無視してきたのはとんでもないミスである。オークションは市場取引以前の重要な経済行為であり、所有や富がどのように発生したかということについての根本秘密のなにがしかを握っている。それを経済史や経済学が無視してきたことは、よほどにこの学問が狭隘《きょうあい》なものであることを示している。

今日、サザビーズやクリスティーズでおこなわれている旺盛《おうせい》な美術骨董《こっとう》のオークションの背景には、またイーベイやヤフオクをはじめとするネット・オークションの背景には、ありとあらゆる物品と価値をめぐっての意外な経済があった。

大きな変遷もあった。ヘロドトスが書いたオークションは、紀元前五〇〇年ころのバビロニアで行われた年に一度の少女のセリ（ビッディング）のことだ。最初は器量のよい少女がセリ上げされ、それがおわると不器量な少女がセリ下げられて、男たちの結婚の対象になった。このセリ下げのときにセリ上げの売上げの一部が補塡《ほてん》されたのが「持参金」の起源である。アポロ誕生神話の原郷であったデロス島にもこうした少女奴隷の競売場があった。

オークションの語源はラテン語の“auctio”である。「ふえていく」とか「増加」を意味する。商品の売り手はドミヌス、競売の主催者はアルゲタリウス、その経費を払う実業家はプラエコ、最高額入札者はエンプトールといった。ローマ帝国はやはり奴隷競売がさかんで、それに税金を課した。アウグストゥスの時代は買い手が払い、ネロの時代はドミヌスが税金を払い、カリギュラ時代は税金が撤廃された。

このほか古代文明のいたるところでオークションがおこなわれていたが、その実態はまだあきらかにはなっていない。漢帝国では僧侶《そうりよ》が死ぬとその所有物がオークションにかけられ、シルクロードや南海交易の商人たちの大半の高額商品はオークションの対象だったことがわかっている。

多くの近代社会の兆候がそうであるように、オークションについてもサミュエル・ピープスの『日記』全十巻（国文社）が記していることが多くのヒントになる。ピープスが記しているのは「キャンドル方式」とか「イングリッシュ方式」とよばれたオークションで、一インチのロウソクの火が消える直前に値をつけた者が落札者になる。船舶や材木なども競売にかけられた。

この方式はコーヒーハウスでオークションが頻繁におこなわれるようになるまで続いたが、いかんせん時間がかかる。そこでしだいに「セリ上げ値付け方式」に変わっていった。一六八九年のバルバドス・コーヒーハウスでの油画と水彩画のオークションでは、適当な価格のところで「マイン！」(私のもの)と叫ぶ方式が採用された。いわゆるマイニング方式である。オランダからやってきた方式らしい。

このあとオークションは新たな段階を迎えて広がっていく。不動産から家財まで、香料から奴隷まで、ともかくありとあらゆるものが競売にかけられた。なかでも三角貿易の媒介商品に何をもってくるかということがオークションをいやというほどに発達させた。アメリカが初期の富を蓄えたのは、この三角貿易に奴隷オークションを組み込ませた成果によっている。リンカーンの奴隷解放とは解放ではなくて、奴隷オークションの禁止のことなのである。

こうしたなか、ロンドンのサミュエル・ベーカーがジョン・スタンリー卿《きょう》の所蔵図書を売却するため一七四四年に開催した書籍オークションこそは、オークションの歴史を画期した。ベーカーはのちのサザビーズの創立者になっていく(ベーカーの甥《おい》がジョン・サザビー）である）。また書籍オークションの六年後にジェームズ・クリスティがベーカーのもとで見習い奉公をはじめた。のちのクリスティーズの創立者になる。

ベーカーの書籍オークションは、その紳士的な競売方法と書籍という知識を刺激する商品を前面に押し出すことで、またたくまに人気オークションになっていった。ベーカーの書籍オークションがその後のサザビーズやクリスティーズの原型となったのは、書籍には投げ売りや残品競売が少なく、つねにほしいものをちょっとくらい高くても入手したいという本好きの客がいたせいだった。ベーカーは歴史上最初に〝知財〟をオークションにかけたのだ。

ジェームズ・クリスティが独立した一七六六年のロンドンには六〇をこえる競売業者が乱立していた。当時のロンドンっ子の話題の中心になった。土地、建物、家具、家畜、食器、陶磁器、オルゴール、毛皮、綿布、刺繡《ししゅう》、指輪、靴下、ワイン、ジン、煙草、彫刻、絵画、オレンジ、リンゴ、植木もの、クリの木、ブナの木、干し草……。ともかくなんでもが競売の対象となった。もしオークションがなければ、財産の処理の仕方もわからず、引っ越しもできないありさまだったのである。

一七八五年に創刊された「ザ・タイムズ」はたった四ページの新聞だが、その最終ページの半分が読者の欲望を煽《あお》るオークションの広告で埋まっていた。

サザビーやクリスティが成功した理由には「バンド・ノワール」を排することができたことがあった。バンド・ノワールとは共謀仲間のことで、いわゆる「リング」によって価格を調整してしまう連中のことをいう。リングというのは日本語ではずばり「談合」にあたっている。日本的経営が世界で袋叩《ふくろだた》きにあい、また取引学習の手本ともなったとき、日本のＤＡＮＧＯが国際的に問題になったことがあるが、実は談合はイギリスやフランスのバンド・ノワールによるリングがルーツだ。このあとオークション各社はバンド・ノワールとの闘いにあけくれる。

　オークションの歴史には、経済行為や商取引のほとんどの局面が浮き彫りになっている。たとえば「セール」という言葉はもともとが競売のことであって、たんに物品を売るという意味などもっていなかったのだし、現在ではみんなが血眼《ちまなこ》になっている価格付け《プライシング》とは、まさにオークションでのセリ値のことをさしていた。オークションなき経済史なんてありえない。

　一般的にオークション（競売）の原理は「入札」と「落札」で決まる。ただし入札と落札のプロセスや明示の仕方によって、いろいろなルールがつくれる。

　イングリッシュ・オークションは、入札する買い手側が価格を釣り上げながら、最終的に最高額を示した買い手が落札者になる。ダッチ・オークションはその逆で、売り手が設定額を下げていき、買い手がその安値で落札する。バナナの叩き売り方式だ。

シールド・ビッド・オークションは、入札者どうしの提示価格が見えないままに進む封印入札方式で、裁判所での不動産競売はこの方式を使う。ただし、べらぼうに高ければ勝てるのが当たり前なので、セカンドプライスで落札させる方式もある。

そのほか、売り手と買い手が双方で価格を見せあうダブル・オークション（証券市場に多い）、売り手を決めるリバース・オークションのように、政府や地方公共団体の物資調達や工事担当の決定のために使う逆オークションなどがある。インターネット上のペニー・オークションでは入札ごとに手数料を取るようになっている。

本書にはふれられていないが、オークションでセリ落とされた商品や美術品の価格が、その後の市場価格を牽引《けんいん》してきたことは見落とせない。オークショナーやオークショニーはつねに価格リーダーだったのである。逆に、たとえゴッホの《ひまわり》を四十億円で買おうとも、次に《ひまわり》がどのような価格になるかは、オークションにかかってみないとわからない。だからこそ美術界にも農産物の業界にもバンド・ノワールが暗躍し、オークションにかからないルートでの取引による価格調整がたえずまかり通ってきた。

ぼくは長らく、オークションが経済文化に対して新たな様相を呈する可能性をもっているのではないかと思ってきた。そのひとつがインターネットの普及とともに広がってきたオンラインオークションだ。ここには売買のための情報編集力や「もの」の価値が相互に決まっていく原初の姿や、フェティシュ(物神力)や稀少性《きしよう》の語られ方、そもそも所有情報とは何か、個人と「もの」との関係とは何かということがひしめいていて、ひょっとすると今後の経済学を一新してしまうものがあるはずなのである。もっともっと多くのオークション・スタイルが開発されてよいと思っている。

たとえば、オークションは売り手が提供する物品にたいして複数の買い手が群がるという関係なのだが、まったくその逆に、一人の買い手の前に多くの売り手が別々の物品を提示することがあったってよい。また、物品はこれまで必ずお金の「値段」によってのみセリ落とされてきたのだが、買い手の資質や才能によって決定したってかまわないはずである。平安時代の「物合わせ」ではないが、物品を物品がセリ落とすことがあってもいいだろう。

さらにしかるべきハンディキャップをつけるオークションがあってもいいし(たとえば年収で限定するとか、一人は一回の掛け声しかかけられないとか)、賞味期限や発効期間がついているオークションがあってもいい。これらは「時計をもちこんだ経済文化」だ。また、物品とは関係のない「才能の将来性」についてのドネーション(助成)のためのオークションがあってもいいはずだ。

広い視野でみれば、選挙だってオークションである。そうだとすれば、いま選挙は一人一票という民主主義によって守られているのだが、国政選挙はともかくとして、適当なコミュニティや適切なコモンズなどではもっと新たな投票、たとえばトーナメント型や段階式の投票があったってかまわない。

ところで、ぼくは取引や売買そのものよりも、そこにつねに介在してきたであろう「聞き耳をたてる第三者」に関心をもってきた。この第三者を語り部にするか、銀行家にするか、政治家にするかによって時代が動いてきたと思ってきた。できうれば、この第三者にふたたび千利休やロドルフ・サリが登場することを期待する。

第七二九夜　二〇〇三年三月十日

参照千夜

四九一夜：小林章夫『コーヒーハウス』

市、市場、メッセ、マーケット。
いつオイコスが巨大な世界市場になったのか。

ゲルト・ハルダッハ＆ユルゲン・シリング

市場の書

マーケットの経済・文化史

石井和彦訳　同文舘出版　一九八八

Gerd Hardach & Jürgen Schilling: Das Buch vom Markt – Eine Wirtschafts – und Kulturges chichte 1980

久保田早紀の歌に《異邦人》がある。一番がいい。「市場《いちば》へ行く人の波に　からだをあずけ　石畳の街角をゆらゆらとさまよう」と始まり、「祈りの声　ひづめの音　歌うようなざわめき　私を置きざりに過ぎてゆく　白い朝」と展開し、ここで転調、「時間旅行が心の傷を　なぜかしら埋めていく不思議な道」というふうに、市場から時間旅行がするりと抜け出す。

最後は一番が「ちょっと　ふりむいてみただけの　異邦人」、二番が「あとは　哀しみをもてあます　異邦人」となって、印象的なコーダがファンファーレふうにチャンチャンチャン、チャンチャカチャンと入って、それが繰り返されてぶつっと終わる。

さっき調べてみたら昭和五四（一九七九）年のヒット曲だった。ぼくはカラオケで唄ったことはないが、だれかがこれを選ぶとつい同調して口を動かしてしまう。

それはともかく、この歌の異邦人はカミュの異邦人でも金子光晴の異邦人でもない。路上の異邦人であって、旅先の市場にさしかかった無名の異邦人だ。どこの市場かはまったくわからないけれど、石畳、白い朝、ひづめの音、時間旅行といった断片がなんとなく市場らしさを伝えている。キャラバン・サライのようにも、ビザンティンのバザールのようにも想像できる。この歌はそんな市場に紛れこんだのだ。ぼくはこの歌を聞くたび、無名の異邦人になるということって、ひょっとすると市場の本質なのではないかと思っている。


市場の歴史というもの、すべての歴史の根幹である。いまではアナール派の研究がゆきとどいていて、市場がどの時代にどんな様相であったかはかなり詳細にわかってきたが、その一方で、そのいちいちの市場に深く入りこむのではなく、久保田早紀の歌ではないが、その市場をさあっと時間旅行したくなるときもある。古代日本なら歌垣《うたがき》とともに市場が開かれていた、そのあたりへ。

本書はドイツの研究者たちによる市場史で、こういう気分になったときの一冊にふさわしい。翻訳に当たった石井がニュルンベルクで出会った一冊らしく、「あとがき」に「市場と文明の旅に行き暮れた異国の旅人の前に姿をあらわした一冊」だったと書いている。今夜、この本を選んだのは、ひとつにはそんな気分で歌が紛れこむ市場を時間旅行したかったからで、もうひとつには先日、修善寺温泉でこれを替え歌にした三菱商事の中村一剛君がいたからだった。

うんと古い話からすると、最初に農業革命があった。メソポタミアとイラン高原とレバノンを結ぶ肥沃な三日月地帯だ。

農業は紀元前六〇〇〇年にはレヴァント地方に、紀元前五〇〇〇年にはエジプト、バルカン、南ロシアに広がり、さらに一〇〇〇年をかけずにイタリア、イベリア半島、フランス、スイスに達した。次の五〇〇〇年くらいのちにはインド、極東、アメリカ、イギリス諸島、バルト海沿岸にまで届いた。この時期の五〇〇〇年はあっというまの時間旅行だといってよい。

農業の伝播《でんぱ》は各地にその風土にふさわしい村落共同体をつくりあげた。それとともに農業がもたらした小麦粉や穀物は、それが手に入らない地域とのあいだに独特の交換をもたらした。火打石・貝殻製装身具・琥珀《こはく》・黒曜石などが好んで小麦などと交換された。むろん物々交換である。その交換の場が初期の市場になる。

意外にも、市場は最初からけっこう厳密なルールのもとに発生していった。厳密でなければ、価値や身分を混乱させることになる。ごく初期の市場は「儀礼市場」であり「身分市場」であった。かれらにはそれも異国情緒だったのである。つまり、そこは異国のものを見るための「制度が開催された場」であった。自由な交換ではない。管理された交換だった。

市場の発生と発達は、生産の余剰と不足が見えはじめてからおこる。生産物や収穫物が豊饒《ほうじょう》になっていって、市場が必要になった。豊饒でなければ余分なものを交換できない。そこに貨幣の発達と生産手段の私的所有という経済事情の変化が加わった。

貨幣は、交易の媒介を担う能力をもったこと（記録性をもった）、価値尺度として公認されていったこと（代価力をもった）、その価値の貯蔵に役立ったこと（時間性をもった）、この三つの機能がしだいに重なって飛躍的に波及した。アッカド帝国の金属、古代エジプトの環状貨幣、クレタ島の棒形貨幣はそれらの原形をあらわしている。

初期古代社会は共同所有社会である。その共同所有社会の単位のことを古代ギリシアでは「オイコス」（oikos）といった。もともとは家や家族や生活者のことだったが、ノモス（nomos：法）をとりこんで家政力をあらわすようになった。オイコスはのちの「エコノミー」（economy）と「エコロジー」（ecology）の語源になる。

そのオイコスがポリスの発達とともにしだいに組み合わさって、ついで分配社会になった。「全体としてのオイコス」が「家々のオイコス」に分離されたのである。こうした生産手段の私的所有の起源は実際には紀元前二五〇〇年くらいのオリエント社会にすでに認められるもので、奴隷に関する売買契約の記録として歴史に姿をあらわしている。けれどもオイコスが分離分配されるには、ちょっと時間がかかった。

このような歴史を見ていてすぐにわかることは、市場というものはオイコスの代用だった、すなわち家政の代用だったということだ。初期の市場は商業の場ではなく、家政の集合場だったのだ。

それがしばらくするとフェニキア人の交易に見られるように、各地の市場をまたぐ商人たちが登場してきて、市場の汎用《はんよう》性のようなものを高からしめていった。地中海のテュロス、シドン、ビブロス、カルタゴ、イビサ、カディスは互いにつながり、市場としての統一性を発揮するようになった。フェルナン・ブローデルの大著『地中海』（藤原書店）に詳しい。『旧約聖書』にもそのことは明示されている。

フェニキア人はダビデやソロモンの時代のイスラエルの地に、穀物との交換を条件にレバノン杉をもたらしたのである。

こうなると、何が価値があるのかという意識が市場を通してその地の住民に芽生えてくる。多少のフェティシュ（物神性）を伴った物品価値の芽生えであろう。ホメーロスの

『イーリアス』には、シドンの銀の水差しが最も高い競争価値をもっていたと語られているし、ヘロドトスの『歴史』には北アフリカ沿岸の沈黙交易《サイレント・トレード》によって、ある種の形をした壺《つぼ》が人気商品になったことが記されている。

古代経済の理想は、大家族が必要とするものをすべて自給生産するという閉鎖的なオイコスにあった。それが現実にはとうてい不可能であることをプラトンもアリストテレスもよく理解していながら、自給自足経済をまっとうすることは倫理の代名詞となったほどだった。いや、ヨーロッパの精神史にしばしば自給自足のイデアが出入りするのは哲学上の問題であるとともに、もとはといえば経済学上の問題でもあったのであろうと、ぼくは思っている。のちにアナルコサンジカリズムやアナキズムやマルクス主義がヨーロッパに登場したときも、それが経済思想と倫理思想の両輪をもっていたことは、そのことをあらわしている。

しかし経済というもの、そこにひそむ理念はどうあれ、結局は水が低きに流れるように現実の変化と交じっていく。アテネだって、アテネ全体が不足していた物品を購入するためには、何千という奴隷が働いたラウレイオン鉱山から採れる銀を用意しなければならなかった。理念は美しいものではあるけれど、歴史を見ていると、たいていは支払い能力によってその姿を変貌《へんぼう》させている。

支払い能力との闘いを最も劇的に示したのが古代ローマ帝国である。帝国は租税・貢物・小作料・贈物によって潤うはずであったのだが、しだいに輸入超過に泣かされる。第二次ポエニ戦争のあとでオスティアがローマの外港となり、市内のテヴェレ川沿いにも船着場・倉庫・市場が並び、それが未曾有《みぞう》の活況を呈したのではあるが、あまりにローマ人の飽食と欲望が勝りすぎた。なにしろこの船着場には、大理石がトスカーナやヌミディアから、錫《すず》がブルターニュ諸島から、琥珀《こはく》がバルト海沿岸から、ガラスがフェニキアやシリアから、絹はシルクロードを通って極東から、塩漬けの肉はイベリア半島から次々に運びこまれていたのだ。ほとんど今日の東京人の欲望が満たされる光景と変わらない。

しかしこれらがバランスよく輸入され交易されていればいいけれど、そこになんらかの片寄りが始まると、事態はたちまち悪化した。古代帝政ローマのばあいは穀物輸入超過が経済を破綻《はたん》させた。

古代ローマ時代は帝国そのものの経済を破綻させたかわりに、周辺地域に市場経済を拡張させた。ローマ帝国の属州と自治都市である約一〇〇〇におよぶキウィタス（ラテン語の「都市」のこと）は、各地に都市とも市場とも自治区ともつかない様態を次々に発達させ、領主による八日ごとのヌンディナエという定期市が周辺地域の活性をもたらした。

こうして、かつての古代ギリシアのアゴラが変質して公共広場「フォーラム」(フォルム)となった。フォーラムは「フェア」(市)の語源になっていくもので、歴史の流れからいえば、かつてのアゴラの政治的性質はフォーラムによって削り取られていったのである。いつの時代も交易と商業と欲望が政治を置き去りにさせるのだ。そうなってから政治があわててやることといえば、昔も今もその取引や売買に売上税や消費税をかけることでしかなかった。

広場としてのフォーラムは賑《にぎ》わいや売り買いだけではなく、さまざまな部分品を生んだ。そのひとつが「ストア」である。ストアとはもともと歩廊をあらわすギリシア語なのだが、ヘレニズム以降はそこに何かが展示され、触発を促すものと理解されるようになり、ついには店舗を意味するようになった。

フォーラムがストアを派生しながら生きもののごとく活動していくと、皇帝や領主や城主も交換による活況を放ってはおけない。というよりも、自分の威厳のためのフォーラムにしたくなる。すでに古代ローマではカエサルによるフォルム・カエサリスや皇帝トラヤヌスによるフォルム・トライアニなどが出現していたのだが、これらは中央に軍神マルスの神殿やイオニア様式の列柱を配した巨大な結構をもっていた。

こうした威厳を伴ったフォーラム型の市場構造こそ、そこに複合施設をもたらし、たとえば一階ストアには「タベルナ」(店舗)を、二階には「ロッジア」(吹き流しの列柱廊)と

「アーケード」を配するというような、つまりは古代スーパーマーケットやその後の中世モールの母型をつくりだした。

市場の歴史では古代と中世の区分は明確ではない。明確ではないのだが、組合の誕生やギルドの組織化が古代と中世を分けている。とくにコンスタンティノープルとバグダードにはあきらかに中世市場独特の繁栄が突出した。

コンスタンティノープルがヨーロッパとオリエントの交差点にあったこと、ギリシア正教の主座でありながら、のちのイスラム商業圏を迎えられたこと、それでいてもともとは古代ローマの経済文化を踏襲していたことは、この都市を世界一の商業都市にも交易都市にも市場都市にもする格別な理由となった。そこにはフォーラムはむろん、異国のバザール様式やキャラバン・サライ様式などが投入され、野菜市場も食肉市場も奴隷市場も娼婦《しょうふ》市場も踵《きびす》を接して並びあい、加えてキリスト教徒とゾロアスター教徒とイスラム教徒とありとあらゆる異教徒たちによる宗教交易市場の様相さえ呈した。久保田早紀の「異邦人」の感覚はコンスタンティノープルの片隅にこそふさわしい。

同じことがバグダードにもあてはまる。ここは代々のカリフの都市であるが、アレクサンドリアのムセイオン（ミュージアム）に匹敵する図書館とアーカイブを備えた「知恵の館」（バイト・アル・ヒクマ）を中心にもった「知の都市」であって、また東は長安から西はコルドバにおよぶユーラシア全域の産物交易物を集散させる「商の都市」であって、かつ、ありとあらゆる人種が行き交う「人の都市」だった。

ぼくは長らく古代ギリシアや古代ローマの哲学・科学・芸術がいったんヨーロッパを離れてビザンティン圏やイスラム圏に移り（たとえばアリストテレスの哲学やユークリッドの幾何学）、それがずいぶんあとになってルネサンスに逆輸入されたことに関心をもってきたのだが、その謎の一端は、ひとつには地中海ユダヤ人の活躍が、ひとつにはコンスタンティノープル型やバグダード型の市場の形態が解いていた。そこには「哀しみをもてあます異邦人」がいっぱいいた。

コンスタンティノープルやバグダードが世界一の取引富裕を誇っていた時期（長安もそういう都市だった）、ヨーロッパはネットワーク状に散らばるフォーラム市場と定期市フェアをもって、この富裕に対抗するしかなかったのだが、しばらくすると修道院や教会に付属する定期市が、少しずつその意義を発揮しはじめていた。

それが「メッセ」（messe）である。メッセはその名から由来が想像されるように教会の「ミサ」（missa）とともに開かれた市《いち》が発展したものだった。とくにサンドニ修道院はその規模で最もよく知られた。メッセはやがて修道院から流出して、パリやトリーアやケルンやレーゲンスブルクといった司教座都市に移出する。そこはかつてのキウィタスがあったところでもあったし、また年市や週市の定期市場の名残りでもあって、キリスト教の拡張と充実にしたがって、ビザンティンやイスラムにはまだまだ劣るものの、それなりの市場モデルを組み立てはじめていった。

十字軍の時代になると、このようなメッセがヨーロッパとエルサレムを結ぶ各点に急造されるようになる。そこにはたいてい遠征軍の兵士や騎士を宿泊させ、食事を提供する施設が生まれた。これが「ホスピタル」の起源であって、そのホスピタルで兵士や騎士をもてなすことが「ホスピタリティ」というものだった。ヴォルテールが説明してみせたことだ。

十字軍の遠征時に商業活動を伴わせることを思いついたのは、ヴェネツィアやジェノヴァの商人たちである。遠洋航海や遠隔商業をこそお手のものとするヴェネツィアやジェノヴァの商人は、十字軍にとっては仇敵《きゅうてき》のイスラム商人にも加担して、ちゃっかりかれらの簿記のスキルを持ち出し、これを利用するようになった。複式簿記の起源だ。

一方、十二世紀のリューベックやハンブルクやブレーメンに生まれたハンザ同盟(Hanse)は主としてバルト海沿岸のドイツ商人たちが結集してつくったもので、毛皮・蜂《はち》蜜《みつ》・木材・ニシンなどを交易しつつ、互いの利益結合を誓いあった。われわれは今日、いっぱしの公正取引委員会の立場にたって裏取引や談合や独占を厳しく糾弾するようになってしまったが、当時のハンザやツンフトなどの同盟はまさにこうした行為であったとともに、そこに中世独自の「誓いの文化」を用意することになってもいたことを思い出さなければいけない。のちのフリーメーソンや「ヴェニスの商人」たちも、この「誓いの文化」の発展したものだったのだ。

交易商人のためのハンザや職人のためのツンフトに対して、小売人たちも同盟を組んだ。こちらはギルド（guild）である。ギルドの役割と機能はなかなか複雑でいちがいに説明しがたいのだが、市場においてのギルドの役割は一般人に先買い権を与えることによって、かえって自分たちの利益を確保するというような、なかなか達者なルールを発案したりもしていた。

これはハンブルクの話だが、市場が午前六時にあくと、十一時までは一般人が自由に買い物ができるようにしたのだ。ただし、その値段はギルドがつけた。午後からはギルド商人の買い付けや卸売りである。かれらは午前中の動きを見て品物を調整し、値動きを調整したのだ。

中世から近世にかけて市場に大きな変革期がくるのは、中央市場と積み替え市場が機能分化してからである。主に取引量の増大や取引量の単位の大きさがもたらしたもので、たとえばわれわれが東京の築地中央市場で買い物をすることは許されてはいるものの、そこで実際に取引されるのはその日の値動きを伴う大量の売り買いなのである。

それと同じことが近世にむかって市場におこったのだ。つまりは、包括的な市場制度の発生であり、それが経済史でいうところの「商業革命」のスタートなのである。商業革命とは市場制度と市場権によっておこったものなのだ。そしてこのとき、「市場の平和」（マーケット・フリーダム）という思想と政策が芽生えた。のちのアダム・スミスの「神の見えざる手」の発想がここに由来した。

いったん商業革命の引き金が引かれると、市場は一挙に多様化する。市場に旧市場と新市場ができ、かつてのフォーラムに代わるメッセ会館ができ、都市ごとの商館、ニシンや麻や毛織物のためのニシン会館、麻会館、織物会館などが建つようになった。ぼくが京都から横浜に越したとき、いちばん異邦人感覚をおぼえたのは山下町にある「シルクセンター」（シルク・ホテルを併設していた）だったのだが、それは京都の西陣織会館や織物会館とくらべて、ずっとずっとエキゾチックなものだった。

このあと、市場は世界市場時代に入っていく。資本主義が大鉈《おおなた》をふるう時代だが、それはいってみれば異邦人を抹殺するシステムだった。こうしてチャーンチャンチャン、チャンチャャカチャーン、なのである。あとは、哀しみをもてあます異邦人、ちょっと、ふりむいてみただけの異邦人。

［追記］市場の歴史とその検討については多くの本が著されてきたが、フェルナン・ブローデルの『物質文明・経済・資本主義』（みすず書房）が大定番である。コンジョンクチュール（変動局面）という視点で刻々変化する経済社会の複合性を描き出した。第二巻「交換のはたらき」に市や大市の変遷が詳述されている。千夜千冊エディション『文明の奥と底』第四章に収録した。

第一一三三夜　二〇〇六年四月十四日

参照千夜

五〇九夜：カミュ『異邦人』一六五夜：金子光晴『絶望の精神史』一三六三夜：ブローデル『物質文明・経済・資本主義』九九九夜：ホメーロス『オデュッセイアー』七九九夜：プラトン『国家』二九一夜：アリストテレス『形而上学』三六五夜：カエサル『ガリア戦記』二五一夜：ヴォルテール『歴史哲学』

会社は資本主義がつくった化物《ばけもの》である。
東インド会社→シアーズ→GM→そしてGAFA。

ジョン・ミクルスウェイト&エイドリアン・ウールドリッジ

株式会社

日置弘一郎・高尾義明監訳　鈴木泰雄訳　ランダムハウス講談社　二〇〇六
John Micklethwait & Adrian Wooldridge: The Company 2003

資本主義を用意したのはアダム・スミスではなく、株式会社である。株式会社は世界中の社会のどこにでも棲息していて、多くが抜きさしならない綻びを見せているにもかかわらず、最も上質な経済組織であるかのように思われてきた。それが現代最新の組織のありかただろうとも思われている。
むろん最新であった時期はあった。しかし、その後の株式会社の形態と機能が最新のままであったかといえば、そんなことはない。たとえばピーター・ドラッカーの『会社という概念』(最新訳では『企業とは何か』ダイヤモンド社)が説明しようとしたものよりも、現状は往時が思い出せないほど後退していることがあきらかだ。ドラッカーは第二次大戦末期の絶頂期のGM（ゼネラルモーターズ）を雛型《ひながた》にしてあれを書いたのだ。

会社という概念は長い歴史をもってきた。それも地域や民族や宗教や時代によって、さまざまな多様性をもってきた。まだまだ変化発展しうるはずだった。それが今日のような儲《もう》かる仕事しかしない汲々《きゅうきゅう》たる姿に収斂《しゅうれん》してしまったのである。なぜそうなってしまったのか、その経緯の一端を以下にかいつまんで紹介しておきたい。本書の性格上、ヨーロッパとアメリカを中心とした話にならざるをえない。

紀元前三〇〇〇年、メソポタミアでおこなわれていた商取引には、すでに物々交換ではない取引がおこっていた。シュメール人は財の所有関係を証明する契約を考案していたし、寺院の一部は銀行っぽい役割をはたしつつあった。

フェニキア人やアテネ人が投資と交易をなんとかつなげようとしていたことも、あきらかになっている。リスクの高い海上交易にはそれなりの取り決めが必要だったからだ。古代ローマではソキエタス（societas）という株めいた権利を分有する組織が芽生え、職人や商人が集まって公認の組合コレギアやコルポラをつくっていた。ソキイとよばれた共同出資者も出現している。かれらはその運用をマギステルに委任した。ソキエタスはのちのソサエティ（society）の語源になる。

ローマの没落後、経済組織はいろいろな形態を試みる。中欧都市のギルド、イスラムのムカーラダ、地中海沿岸のフィレンツェやヴェネツィアに発達したコンパニアなどだ。なかでもコンパニア(companhia)は一三四〇年には確立していた複式簿記を導入して、バンコ(銀行)に資金力を集中させ、やがてメディチ家のような資産家がさまざまな金融のライセンス(使用権)を握るようになった。コンパニアとは「クム」(分ける)と「パニス」(パン)というラテン語を組み合わせたもので、「パンを分かちあう」という意味をもっていた。お察しの通り、ここからのちに「カンパニー」(会社)という英語が派生した。

他方、北ヨーロッパにも、たとえばドイツのマグナ・ソシエタスのような巨大貿易会社があり、バルセロナ・ジェノヴァ・パリなどに子会社を持ち繁栄した。さらには初期特許会社、さきほどのギルドなども北ヨーロッパに発生し、これがヨーロッパ各地の都市国家にも流れこんできた。

ギルドというのはアングロ・サクソン語(古英語)の「支払う」を語源とするもので、統治者に相当額の金銭を寄付する見返りに、都市を囲む城壁内での商売を独占する権利をもっただけでなく、品質基準を制定し、構成員を教育し、公証人や仲買人を指名して、それなりの懲罰をつくった。ロンドンではギルドで七年間をおくれば自由市民になれるというルールもあった。

ひとまずこの程度の事例をあげるだけでも、ことほどさように株式会社のルーツめいたものをヨーロッパの歴史のなかにいろいろ拾うことができる。いまでも古色蒼然《そうぜん》とした施設が残っているコーポレーション・オブ・ロンドンは、十二世紀に設立され、現在でも三つの私立学校と四つの市場とシティの土地の四分の一を所有している。ヨーロッパで最も古い現存の民間会社は一一三六年設立のアバディーン・ハーバー・ボードとされていて、大陸に絞ると一二八八年に最古の株式を発行したとされるストラ・エンソ（本社フィンランド）だろうという説もある。

いろいろのしくみがけっこう早くから始まっていたわけである。最近は「ピア・レヴュー」とよばれている同業者どうしの相互評価などは、いくつかのギルドのなかで定期的におこなわれていたし、それによってコンソーシアム（共同事業体）の組み合わせが変化していくこともあった。

しかし本格的な株式会社の発端というなら、やはり東インド会社などの特許会社からである。国王から世界の特定地域と独占的な交易をする特許状を与えられ、政府と商人が共同で設立した。特許会社は公共部門と民間部門にまたがって、株式と有限責任という二つの特徴をもちはじめた。

株式会社は四つの機能によって飛躍し、制度として定着したものだ。第一には古代社会に始まった「共同出資」の制度。第二には中世に発生した「法人」の成立。これは教会財産を教会という法人格に帰属させたことが先駆例になった。第三には「有限責任」

の制度化だ。出資者が出資の範囲だけの責任を負担すればすむという制度は、株式会社の基礎である。

そして第四に、これらにもとづいて「準則主義」への移行が重なっていったというふうになる。持分を自由譲渡できるようにして、所有権と経営権を分けるようにした。おおむねはイギリス・ヴィクトリア朝の会社法改正がその基礎になった。これらが東インド会社の運用によってモノを言いはじめたのだ。

東インド会社ほど化物じみたものはない。二〇〇七年刊行された羽田正の『東インド会社とアジアの海』(講談社)を読んだときも、四十年近く前の永積昭《ながづみあきら》の『オランダ東インド会社』(近藤出版社・いまは講談社学術文庫)を読んだときも刺戟《しげき》をもらった。横井勝彦の『アジアの海の大英帝国』(講談社学術文庫)にも考えさせられた。イギリス人というもの、よくもこんな化物を思いついたものだと思う。

イギリス東インド会社は一五九九年九月のこと、八〇人の商人がロンドン市長スティーブン・ソーンを議長とする集会を開き、エリザベス一世に東インドとの貿易をおこなう会社の設立を請願することで同意したのが発端だった。翌年、二一八人の出資メンバーによる会社に特許状が与えられ、この会社は「一航海一事業制」で、そのたびに株主を替えるシステムを採択した。それだけではなかった。強力な軍隊をもち、広大な海外植民地を支配し、世界一の行政事務能力を駆使して、平均一五〇パーセントの利益を上げていった。

オランダ東インド会社、いわゆるVOCのほうは少し遅れて一六〇二年に誕生し、すべての航海を二一年間におよぶ計画のもとに組み立てた。この先導性がアムステルダム市場を活性化させ、株式をVOCのそばに開設した常設取引所で売買するようになった。いっときはチューリップ投機熱が大暴落して（一六三七）、早々に資本主義には〝きまりの悪い弊害〟がこびりついていることを露呈したが、VOC自体は四十年間にわたってモルッカ諸島の香料貿易を独占し、成功を収めつづけた。そのためポルトガルはアジア交易から撤退して、さすがのイギリスも東南アジアを撤退してインドに集中せざるをえなくなったほどだ。有名な話だが、香料一点ばりのVOCはナツメグがわんさと採れるルン島ほしさに、北米の交易中心港だったニューアムステルダムを交換のために手放してしまった。これが今日のニューヨーク、つまりはマンハッタン島だ。

東インド会社に似た会社は各国各地につくられた。モスクワ会社、レヴァント会社、ハドソン湾会社、ヴァージニア会社、マサチューセッツ湾会社等々。いずれもしくみは似てはいるが、なかには外郭のシンジケート（事業家連合）のほうが資金調達をして、会社はこれを管理するだけというものもあった。

国が介入して会社を踊らせることは、早々におこっている。フランス政府とイギリス政府がミシシッピ会社と南海会社をつかったのが、その悪名高い例だ。フランスもイギリスも一六八九年から一七一四年の戦争で累積した膨大な債務を整理するため、固定金利の元利均等払いの国債を利回りが低い株式と交換することで国債金利負担を軽減しようとしたのだが、裏目に出た。そこでふんだんに大暴れしたのがジョン・ローだ。

スコットランドの資産家の子であったローはロンドンで数学と女とギャンブルを学び、決闘で相手を殺してアムステルダムに逃亡、そこで金融投機によってしこたま財産を手にした。資金が入れば捲土重来《けんどちょうらい》、国王から恩赦を得て紙幣発行権をもらおうという野心を抱いてスコットランドに戻るのだが、恩赦が見込めず、紙幣発行計画を携えてフランスに渡った。

ローはルイ十四世の実質後継者であるオルレアン公フィリップと知り合いになり（賭博《とばく》場で）、発券銀行としてのバンク・ジェネラルを設立する許可をもらった。一七一六年のことだ。ローの魂胆はインフレと硬貨不足に悩むフランスに紙幣を導入して経済をたてなおし、自分も一獲千金を得ようというもので、オルレアン公はこの新銀行にさっそく一〇〇万ルーブルを預金し、あまつさえ収税官に対して財務省への送金を紙幣でおこなうように指示すると、さらに国民には納税を紙幣でするように呼びかけた。

一七一八年暮れ、新銀行の資金量が一〇〇〇万ルーブルを超え、同行をバンク・ロワイヤル(王立銀行)に改組すると、ローはフランスの通貨供給の決定権を握った。それでもローは手を休めない。貿易会社コンパニ・ドクシダンを買収し、これを「ミシシッピ会社」というふうに改称して多額のフランス国債を同社の株式と交換する一方で、このミシシッピ会社を舞台に次々にほかの海外貿易会社を買収、ついには王立造幣局まで併合した。一七一九年には国債の全額を同社の株式に交換する提案をして、国王の徴税権すら莫大《ばくだい》な対価で買い取ることを申し入れた。

いずれも株式を大量に発行して資金を賄《まかな》ったのだが、ローはそのたびに多額の配当を発表した。それこそ二一世紀の金融市場を悪名高いものにしたサブプライム・ローンの証券や債券ではないが、投機熱をたくみに煽《あお》っていったのだ。ローの株式に群がったヨーロッパの投資家は二〇万人にのぼった。

一七二〇年、同社の発行紙幣の総額は二六億ルーブルに、ミシシッピ会社の株価は一株一万ルーブルになった。さらにバブルが進むと、ローはコールオプション(一定期日内に決められた価格で買う権利)を売り出した。一〇〇〇ルーブルの保証金を見返りに、株式を一万ルーブルで購入できる権利を六ヵ月間だけ投資家に与えるというものだ。しかし、このあたりでバブルがはじけていった(バブルは必ずはじけるものだ)。ミシシッピ株を売却する投資家が急増し、財務総監となったローは資本流出をあの手この手で食いとめようとするのだが、もはや遅かった。紙幣は廃止、銀行は閉鎖。ローは偽造パスポートでこっそりブリュッセルに逃げた。

株式会社はそのしくみが確立してすぐに煮え湯を吞《の》まされたことになる。アダム・スミスは東インド会社のベンガルでの乱行ぶりを非難して、株式会社は所有者が経営する個人経営システムよりも非効率だと詰《なじ》った。

このためイギリスではしばらく株式会社よりもパートナーシップによる共同経営主義が流行するのだが、しかしパートナーシップ制は無限責任だったから、資金調達能力に限界があっただけでなく、重要な共同出資者や相続人が死亡すると、そのまま会社そのものの存続が危うくなることが多かった。チャールズ・ディケンズの『ドンビー父子』では、ドンビーは息子の死によって問題をかかえる。

一方、独立したばかりのアメリカではそうとう事情がちがっていた。新生アメリカは国家のシステムと会社のシステムが本質的に同じものだったので、新国家の根幹となるインフラは、銀行・運河・道路・市役所・教会・大学のいずれの設立も特許会社が請け負い、市民ともどもその完成を待ち望んだのだ。わかりやすい例だろうが、一七八五年設立のポトマック社はジョージ・ワシントンが社長で、トマス・ジェファーソンが取締役だったのである（大統領と総理大臣で会社をつくったようなものだ）。

このことが何を示しているかといえば、イギリスの失敗は必ずしもアメリカの失敗ではなかったということである。そしてこの英米のくいちがいこそが、その後もずっと続いた世界資本主義システムの跛行《はこう》現象となっていく。

十九世紀に入ると、株式会社の設立に最初の「規制緩和」がおこる。今度はアメリカが先頭を切るのだが、そこには連邦制度があったため、またまたアメリカ式の奇妙な基準がつくられていくことになる。

そこに加えて鉄道をめぐる各州の政治家の利権が絡まった。企業の政治献金もおびただしい。「アメリカの自由」というもの、ハナからこういうお国の事情でできていたわけだ。それはもとよりグローバル・スタンダードではなくて、最初からアメリカン・スタンダードだったのだ。

発案者のほうのイギリスはといえば、商法の自由化、団結禁止法の廃止、保護貿易的だった穀物法の廃止……というような順の、どちらかといえばゆっくりとした規制緩和になった。イギリスはアメリカとちがって中世からの法治国家だったから、その法の撤廃や改良こそが緩和であったのだ。

一方アメリカは、地元の裕福な社会をつくるための緩和政策それ自体が、その後のアメリカ式国際化のための身勝手なエンジンになった。くりかえすようだけれど、この英米のちがいこそ、その後の資本主義の凱歌《がいか》がどこに動いていったかを暗示する。かくてアメリカン・カンパニーを代表する企業がいよいよ登場してくる。

一八八〇年代、リチャード・シアーズはミネソタの小さな町で駅長をしていた。地元の農家をまわって木材と石炭の行商をしているうちに、あるときシカゴの会社から託送された腕時計の引き取りにトラブルが出た。シアーズは代わってその腕時計を購入し、鉄道沿線に転送して売ることを思いつく。

一八八七年、ここに腕時計屋のアルヴァ・ローバックが加わって、二人は腕時計と宝石の通信販売に乗り出した。これがシアーズ・ローバックの発端だ。シアーズはライバルのモンゴメリー・ウォードのカタログで通信販売をするのだが、自分でもカタログをつくりだし、銃からストーブまであらゆるものを情報販売することを思いつく。

GRANGER.COM/アフロ
リチャード・シアーズ
(1863－1914)

シアーズは商品のための宣伝文句をつくるのはうまかったけれど、経営能力はからっきしだった。それがアメリカの資本主義に有効にはたらいた。一九〇一年にローゼンワルドに組織運営を委《ゆだ》ね、〝専門経営者による経営〟という機能を誕生させたのだ。マネジメントの誕生だ。アルフレッド・チャンドラーは「市場の見えざる手よりも、経営者の見える手が現代企業のモデルをつくった」と、のちに褒めあげる。

一九〇六年、ローゼンワルドは株式公開に踏み切り、まずは商品機能のための検査室を設け、ついで円滑な受注処理が加速するように機械式配送システムを開発して、すべてを一貫した流れ作業にしていった（ローゼンワルドは従業員のための年金基金も創設した）。シアーズ・ローバックは新しい輸送システムと通信システムと機械管理システムに、経営ノウハウを直結させたのだ。新たな工場管理型会社の成立だった。この機械施設を若くして見学に行ったのがヘンリー・フォードである。

この時代、鉄道会社がアメリカのすべてだった。一八九八年にはアメリカ全土の公開株の六〇パーセントが鉄道株で、ウォール街も投資家もほとんどは鉄道会社のために生きていた。初期の鉄道は互いにつながっていない箇所も少なくなく、このバラバラのシステムを何かでつなげば、一獲千金になるのは目に見えていた。

コーネリアス・ヴァンダービルトやJ・P・モルガンはこれで大儲けした。線路ではない。金《かね》が鉄道をつなげた。こうしてかれらによって鉄道会社の規模はべらぼうに大きくなった。そのころアメリカの陸軍・海軍・海兵隊は全部あわせても四万人程度の要員であったのだが、ペンシルヴァニア鉄道は一社で一一万人の従業員を誇った。

シアーズ・ローバックの機械施設はすぐにアンドルー・カーネギーによって標準化さ

れた。ついでフォードがT型フォードの工場でフレデリック・テイラーのストップウォッチ思想をとりいれて、ベルトライン型の組立ラインに仕上げていった。チャップリンの《モダン・タイムス》で皮肉られることになった例の方式だ。

こうしてアメリカン・カンパニーは、大量生産と大量販売を組織にとりこんで「マスプロダクト&マスセール」を打ち出した。自動車だけをマスプロダクト&マスセールしたのではない。タバコも朝食用シリアルもカメラも缶入りミルクも呑みこんで、大衆に供給した。これはヨーロッパに先駆けての総合型製造企業の登場だ。これらの企業は製造工程のできるだけ多くの部分を所有することを求め、フォードにあっては、なんと車のシートカバー用の羊毛のためのヒツジ牧場まで所有した。

この動向に輪をかけたのが企業合併だ。一九一〇年までにアメリカの産業基盤の大半が約五〇のトラスト（企業合同）の傘下に入った。USスチール、GE、アメリカン・タバコ、AT&T、ユナイテッド・フルーツ、アメリカン・コットン、そしてスタンダード・オイルが合併につぐ合併でバカでかくなった。

ジョン・D・ロックフェラーはトラストだけではまだ足りなくて、スタンダード・オイルを多くの産業とのカルテル（企業連合）に持ち込み、傘下メンバー四〇社がスタンダー

ジョン・D・ロックフェラー
(1839－1937)

ド・オイル・トラストに変じるように仕掛けていった。もっともこの動きにはいったん待ったがかかる。反トラスト運動（のちにシャーマン反トラスト法）である。けれども、ニュージャージー州がトラストを許容する州法を用意すると、多くの大企業はニュージャージーにちゃっかり移転して、そこで新たなアイディアをつくりだした。

これが「持ち株会社」（ホールディング・カンパニー）の発案になっていく。GEを引き留めたいニューヨーク州も、同社を特別扱いをする特許状を発行せざるをえなくなった。

金融業界が目をつけた。アメリカには中央銀行がない。そこで持ち株会社をうまく利用して、銀行の株式投資の禁止条項をすり抜けられるようにした。いわゆるモルガン商法（モルガニゼーション）である。株式プロモーターが暗躍した。こうして持ち株会社と株式プロモーションを通して、カーネギーやロックフェラーやモルガンが肥大する。株式会社はメフィストフェレスになったのだ。

驕慢で敬虔なロックフェラーは嘯《うそぶ》いた、「まわりの蕾《つぼみ》は小さいうちに摘みとるべきだ。ビジネスに邪悪だからそうするのではない。自然の法則と神の法則がそうさせる」。自由主義経済とアメリカン・ビューティフルは、ここにおいて神と悪魔の両方に結びついたのである。

アメリカの自由主義経済や自由資本主義は、いくつかのトラブルや悲劇をかかえはしたが、そんなことにおかまいなく猛然と驀進していった。労働組合もできたけれど、その労働者の夢というのが結局は経営陣に加わることだったのだ。

　なぜ、こんなに楽勝が続くのか。三つの理由がある。第一に、大企業が政治をよく弁《わきま》えていた。上院には材木議員や鉱山議員などの族議員がちゃんといて、各州の代表などそっちのけで「百万長者クラブ」を操っていた。ここに広報アドバイザーや広告代理店がくっついた。第二には、これらの大手は企業の社会的責任に対して大衆が拍手したくなる姿勢を示してみせていた。シアーズは従業員向けの厚生施設に年間一千万ドルを供出し、インターナショナル・ハーベスターは利益分配制度を導入し、カーネギーは三億五〇〇〇ドル（いまなら三〇億ドル）の基金をもって、二八〇〇の図書館と七六〇〇台のオルガンを寄付してみせた。このやたらに目立つ社会貢献のスケールとPR作戦にアメリカ人は弱かった。

　第三に、これらの企業は本気でアメリカを豊かにし、偉大なフリをした。アメリカの社会に社会主義がなぜ根付かないのかという質問をうけたヴェルナー・ゾンバルトは吐き捨てるように、こう言ったらしい。「ローストビーフとアップルパイがゆきわたっている国で、革命が期待されるはずがない」。

　イギリスはアメリカに完全に遅れをとった。世界に冠たる大企業がほとんど生まれなかったのだ。それにも理由がある。(1)資本主義の先行国として初期資本主義の形態にこだわった、(2) 小さな国だったので大企業がなくともやっていけた、(3) 創業企業・同族企業・個人経営に誇りをもちすぎた、この三つが邪魔をした。

ユニリーバやインペリアル・タバコやICIやシェルなどの例外はあるけれど、そういう企業は敬服されなかった。ドナルド・コールマンが「イギリスの会社でいまいましいのはジェントルマンとワーカーとの区別がありすぎることだ」と言ったように、イギリスは気取りすぎたのだ。

ドイツは十九世紀最大の工業国となっていた。それはアルフレート・クルップの化学・鉄鋼・機械を擁した大工場群と、フリードリッヒ・リストの国民経済学とに象徴されている。

ドイツでは最初の最初から「経済は国家と国民のため」であって、企業家のためのものではなかった。だからカルテルもシンジケートも国家と国民のためならいくらでも認められていたし、商業銀行と投資銀行と投資信託を兼業するユニバーサルバンクが機能して、ドイツ銀行やドレスナー銀行を活躍させた。ドイツ全体の投資額の半分をユニバーサルバンクが提供できたのである。

そのうえドイツ独特のインテレッセン・ゲマインシャフト（利益共同体＝IG）が、特許や規格などの協調をはかっていた。ゲマインシャフトでは構成会社はたいてい互いの株式を持ち合っている。ファルベンは創業まもないバイエルやヘキストなどの化学会社を集めてIGをつくり、一九二五年に向かってゆるやかな統合をはたしていった。三〇年代には染料で九八パーセント、フィルムで七〇パーセント、医薬品で五〇パーセントのシェアを確保した。

ドイツの株式会社は、先行イギリスとも爆発アメリカとも異なっている。いくつもの特徴があるけれど、著しいのは次の三点だ。(1)企業教育に熱心で、とくに科学学習と職能習得を重視した。大学研究機関や工科大学との連携も強かった。(2)経営陣が尊敬され、社会的にも官僚には譲らぬほどの力をもっていた。(3)労働者に対して社会民主主義あるいは国家社会主義にもとづくような配慮をした。たとえば一八九一年には「共同決定」という労働者の経営参加制度が、ビスマルクによって導入されている。

しかし、これらのドイツ式もナチスの台頭とヒトラーの戦争によって、その国家性ゆえにあっけなく国の宿命に巻き込まれることになった。いや、ヒトラーがそこを活用したわけだ。ここから先はルキノ・ヴィスコンティの《地獄に堕ちた勇者ども》が耽美《たんび》的に描いた、あの出来事になっていく。けれども、いまはまたこのドイツ方式が復活しつつある。

英米と異なっていたのはドイツだけではない。日本の会社がやっぱり異質だった。本書には「武士が実業家になった」と書かれているけれど、そういうわけではない。秩禄《ちつろく》処分の見返りにもらった補償金で会社をおこした者もいたが、むしろドイツ式に国家と官僚とともに日本の会社は鍛えられていった。

ドイツのように会社の〝組織〟が鍛えられたのではない。会社が勢力を傾注したくなるような〝仕事〟が、国や役人によって用意されたのだ。戦後の高度成長期や通産省全盛期まで続いた日本資本主義のありかただった。これで一八八六年のときは日本の糸の三分の二が輸入ものだったのに、一九〇二年にはほぼすべてが国産化できた。第一次世界大戦のときには、世界の綿糸輸出の四分の一を日本が占めた。

とくに国際的に目立ったのは、会社や工場の「電化」を強力に促進したことだ。一九二〇年の時点で工場の動力源の半分が電気になっていた。このときアメリカは三分の一以下、イギリスは四分の一以下。この電化にあたるような日本得意の「一斉主義」は、戦後のオートメーションやTQC（Total Quality Control）にもあらわれる。

こうした日本式仕事術に、さらに日本式コングロマリットというべき「財閥」が加わった。財閥は、株式の同族所有と番頭による能力主義経営という独自の方法を練りあげた。三菱は岩崎一族の二つの家系が経営権を交互に握り、三井は一族の五つの家系が所有権を分散させた。財閥はのちにGHQによって解体されるけれど、それで日本の企業力が低下していったかといえば、そうではなかった。財閥は「系列」としてくみなおされていったのだ。

時代は二つの大戦のほうに向かっていく。アメリカは軍需産業と石油産業を中心とする大企業が引っ張った。この国は建国このかた「孤立した共同体の寄せ集め」こそが本質だったにもかかわらず、二つの大戦のうちに「均質の国家と企業の共同体」になっていったのである。

なぜ大企業がこのような力をもちえたかといえば、集約すれば「事業部制組織」と「経営管理主義」が両輪となって、強力なカンパニーマン（会社人間）の集団を増産し、それらがつねに「意思決定とその行動化」によって貫かれたからだ。事業部制を導入したのは、GMのアルフレッド・スローンである。スローン自身がカンパニーマンのかたまりのようなもので、ピエール・デュポンと組んでGM株の三七パーセントを所有して、あらゆるものを価格ピラミッドに応じたシステムにしていった。

©MIT Museum
アルフレッド・スローン
（1875－1966）

一言でいえば「管理された分権化」を徹底した。

この「管理された分権化」はやがて流通メカニズムや消費者にまで浸透し、アメリカ人はスローンが言うとおりに、金持ちはキャデラックを、裕福だが控えめ派はオールズモビルを、働きざかりはビュイックを、中堅でプライドが高いのはポンティアックを、大衆はシボレーを好んで買った。

すぐにコカコーラとP&Gがこの真似をして、マーケティング戦略を「ブランド・マネジメント」へと発展していくと、そこへハーバード大学のビジネススクールが「経営のプロ」の養成を始め、アーサー・リトルやジェームズ・マッキンゼーらの創業した「コンサルティング」が覆いかぶさっていった。ハーバード・ビジネススクールにはシュンペーターを初代所長とするアントレプレナーシップ（創業者精神）育成のための研究所も増設されたのだが（一九四八）、これはロックフェラー財団とカーネギー財団の抜け目ない寄付によっていた。

こうなればあとはカンパニーマンを、ピカピカの〝アメリカ人間像〟の理想に磨きあげるだけである。こちらのほうはトマス・ワトソンが立て直したIBMが引き受けた。ダークスーツと白いシャツを着たIBM社員は、強い酒は絶対に飲まず、創業者を称《たた》える社歌はどこでも歌い、トップレベルの成績を発揮した者だけが入れる一〇〇パーセントクラブの会員になることをめざしたのである。

この時期、アメリカ以外の他のどこの国でもたいして興味をもたれなかった「経営学」も勃興《ぼっこう》した。これは会社を褒めるための学問で、経営（マネジメント）と組織戦略と市場対策（マーケティング）を一緒くたにしてみせた。

ロナルド・コースは『企業の本質』（一九三七）で「市場の不完全性」に着目し、会社というのは一人が市場で費やす「取引コスト」をいちじるしく節減しているすばらしいものをもっていると説き、バーリとミーンズは「コーポレート・ガバナンス」(企業統治論)を強調して(一九三〇年代)、まるで政府のように会社を運営できる可能性があることを予告した。これがのちの監督官庁やSEC(証券取引委員会)の新設につながった。

このようなマネジメント手法やコーポレート・ガバナンスによって会社が発揮した社会性は、これまたアメリカらしい話だが、独占企業が中小企業を締め出さないようにするというよりも、小口投資家を保護するという流れを次から次へと生み出した。

ドラッカーが書いた『産業人の未来』(一九四二)はスローンの目にとまった。スローンはドラッカーにGMを好きなように研究させるチャンスを与えることにしたのだが、その成果が今夜の冒頭でのべた『会社という概念』(一九四六)になったわけである。しかしこれもいま読むと、会社員を経営資源とみなすという先駆性はあったものの、「大きいことはいいことだ」と言っているにすぎなかった。

ドラッカーは次の『現代の経営』(一九五四)では、「経営戦略思考」なるものの可能性の開陳におよび、長期戦略はつねに短期的な達成目標に落としこむべきであることを謳《うた》い、六〇年代には「知識労働者」という概念を導入して、新たな会社像や経営者像を練りなおしていった(この本はアメリカよりも日本でよく読まれた)。

経営思想は上級管理職たちによるエリート集団の必要性をことさらに説いた。すかさずマッキンゼーらのコンサル屋がこれをとりいれた。SBU（戦略事業単位）がもてはやされるようになったのはこのときからだ。六〇年代のGEには、独立した予算をもつ一九〇の部門と四三のSBUがあって、これをトップマネジメント集団が徹底的にコントロールするというシステムができあがっていた。

経営資本主義とコングロマリット（多国籍企業）は、それまでの国家主導型の資本主義をほぼ完全に呑みこんだのである。大企業はアメリカ社会の前面に華々しく躍り出た。カンパニーマンはオーガニゼーションマン（組織人間）と呼ばれ、ガルブレイスは『新しい産業国家』（一九六七）において、「アメリカは適度な善意による寡占企業によって運営されている」とみなした。

政府もこの圧倒的な進捗《しんちょく》を見逃さない。P&Gのニール・マッケロイ、GMのチャールズ・ウィルソン、フォードのロバート・マクナマラはいずれも国防長官として鳴り物入りで迎えられ、ベトナム戦争の遂行にマネジメントの手腕を発揮した。今日、新任大統領のオバマに苦い顔をさせているビッグスリーの愚かしいほどの凋落《ちょうらく》とはくらべようのないほどの輝かしい時代だったのだ。一九七三年には、アメリカ製造業の上位二〇〇社のうち、一五社がコングロマリットだったのである。

シアーズがシカゴに世界一の高さのビルを誇らしげにオープンさせたのも、この七三年のことだ。しかし、これが良きアメリカの絶頂だった。一二八五夜に詳しく紹介したが、中谷巌がハーバードに入った年でもある。

七三年を境い目に、アメリカにベトナム戦争の傷とオイル・ショックとドル・ショックがやってくる。ニクソンはミルトン・フリードマンの助言で変動相場制に転じて乗り切り、各国はびくびくしていたが、イギリスは捲土重来に向かった。七九年にマーガレット・サッチャーが政権をとると、彼女に特段の知恵をさずけたキース・ジョセフのシナリオにもとづいて、「小さな政府」による「規制緩和」と「民営化」を連打した。北海の原油と天然ガスの政府持ち分がまず民間に譲渡され、ブリティッシュ・テレコム、英国ガス、英国航空、ブリティッシュ・スチールが相次いで民営化され、水道供給事業や配電事業が民間企業に移管され、イギリス国鉄も分割された。九二年までに、国有事業のなんと三分の二近くが民営化されたのである。

これをまねて、アメリカで規制緩和と民営化に最初に着手したのはジミー・カーターで、航空業界・鉄道・運送業の順に手をつけたのだが、これを本格化したのはロナルド・レーガンだ。何十年にもわたってパートナーシップや共済組合方式をとっていたゴールドマン・サックスなどが株式会社化されたのもこのときだ。のちの小泉改革の郵政民営化はその踏襲だった。

この、のちに「グローバリズム」とも「市場原理主義」とも、サッチャリズムともレーガノミクスとも名付けられた動向は、とめどもなく世界中を駆けめぐった。ヨーロッパ各国でもフォルクスワーゲン、ルフトハンザ、ルノー、エルフ・アキテーヌ、イタリア炭化水素公社が民営化され、ドイチェ・テレコムなどたちまち全欧最大の会社になった。日本の電電公社がＮＴＴになって最大規模になったのも、同じでんだ。すぐには成功しなかったけれど、ロシアの一九九二年も、エリツィンによる国有事業体の民営化が始まった年だった。ロシアでは一挙に一八〇〇〇社が「民」になったのだ。

しかし、こうなってくると、過去の栄光をもつ企業が好成績を維持しているなんてことは、よほどの努力がないかぎり難しい。次々に「官から民へ」の掛け声によって巨大企業が出現し、一方では規制緩和が広まってベンチャーやＩＴ企業の急成長がおこっていったのだから、既存業界も業界再編成をせざるをえなくなってしまった。

すでにＩＴ産業という新たな一角から産業界を高速に変更しつつあったシリコンバレーの勇者たち、たとえばインテル、ヒューレット・パッカード、アップル、マイクロソフト、シスコ、オラクル、イーベイ、ヤフーの急成長に対抗するには、銀行も保険会社もメーカーもサービス業もなりふりかまわずどんどん合併し、既存勢力の結集をはかるしかなかったのである。日本の例でいうのなら三井住友銀行とか三菱東京ＵＦＪ銀行といったワケのわからない名前の結合組織になっていくしかなくなった。大丸と松坂屋とが、伊勢丹と三越とが一緒くたになってしまったのだ。

いったい何が始まってしまったのか。ひとつには経営資本主義だけに陽が当たり、もうひとつには投資家や投資機関が荒稼ぎをしたと言うしかないだろう。一九八〇年のウォール街の株式の機関投資家による保有は三〇パーセント前後だったのに、それが二〇〇〇年には六〇パーセントを超えたのだ。

そこへもってきてデリバティブ（金融派生商品）が乱打され、精緻《せいち》な金融工学はヘッジファンドのからくりを考案して、社会の生産力や製品の実態とはほとんど無関係な債券市場が巨大化していった。かくてカリフォルニアの公務員の退職年金でつくられた「カルパース」のような投資組織がとほうもない影響力をもち、フィリップスをさえ動かした。いや、かれらはイラン・イラク戦争の資金さえ動かした。

それで何が出てきたかといえば、ファンド・マネジャーたちが寵児《ちょうじ》になっただけである。かれらは四半期ごとの利益を稼ぐのが目的だったから、いくらだって株式を投げ売りしてよかったのだ。

ニューヨーク証券取引所の出来高は一九六二年の九億六〇〇〇万株から八五年の二七五億株へ、さらに二〇〇〇年の二六〇〇億株へと跳ね上がって、ピーター・リンチほどんな経営者よりもずっと有名になった（マゼラン・ファンドを運用したファンド・マネジャー）。ファンド・マネジャーが有名になっただけではなくて、マネーゲームがトランプのスートを変えるように経営者の首をすげ替えもした。GM、IBM、ウェスチングハウス、アメックス、コダックの解任劇はこうして日常茶飯事となった。

企業買収劇も日常茶飯事だ。ここにはもはやイギリスもアメリカも日本も韓国もない。ハンソン・トラストの買収は企業の買収ではなくて資金力の買収であり、ピケンズの買収は石油会社の買収を仕掛けて、それに失敗することでガルフの株価を上げればよかった。KKR（コールバーグ・クラビス・ロバーツ）はもっと巧妙だ。企業買収を目的とするファンドを生み出しさえすれば、ナビスコもベアトリス・フーズもセーフウェイもなんとでもなることを証明した。LBO（レバレッジド・バイアウト）の登場である。

経営資本主義は金融資本主義と見分けがつかなくなっていった。ジョージ・ブッシュがアメリカ初のMBAをもつ大統領になったときには、政治と戦争と外交とビジネスの区別がつかなくなっていた。

いつ首をすげ替えられるかわからない経営者たちは、自分がトップの座にいるときだけのことを考えて、会社を一方ではよく見せかけて（監督官庁のために）、他方では自分と自分の周辺の高収入をはかる以外のことを考えなくなったし、LBOの仕掛け人たちはオファーの価格で相手をピンタしておいて、超高額の収入をファンドしていった。

それでも金融トレーダーが支えるエンロンが二〇〇一年末に崩壊し、そのコンサルで巨額の利益をあげていたアーサー・アンダーセンが解体したとき、事態がかなり異常な「暴走する資本主義」に向かっているのはあきらかだったはずである。「会社は誰のものなのか」という議論は、アメリカでも日本でもおきた。

だが、異常はとまらない。ワールドコムの総額三八億ドルにおよぶ粉飾決算によって、投資家が一七五〇億ドルもの損失を被り、経営者バーナード・エバーズが会社を貯金箱のように私物化していたことがあきらかになっても、依然として異常は続いた。問題は「腐ったリンゴ」のような経営者のせいだとみなされた。事実、ゼロックス、AOLタイムワーナー、タイコ、イムクローン、アデルフィアなどは、一握りの「腐ったリンゴ」たちによっておかしくなったと言われた。しかし問題は「腐った根っこ」のほうにあった。

ただこうなると、どのように企業を監督していくかということばかりが問われていった。二〇〇二年七月にはSOX法（サーベンス・オクスリー法）が成立し、企業は厳しく監査され、コンプライアンスを求められ、コカコーラがすぐにそうしたわけだが、ストックオプションまで費用計上するしかなくなっていく。適切な経理、多くの社外取締役、十分な企業年金ばかりが重視されていった。

けれども、この方向だけで「腐った根っこ」の土壌が回復するわけではなかった。それでもこの程度の改善ですむと思われていたのは、そこにはいまだ「市場には自浄作用がある」という神話が生きていて、政府も中央銀行も経済団体も、企業の体質改善をやっておけば、あとは健全な市場がわれわれを救ってくれると思っていたからだった。

こうして健全な市場はなく、そこは企業を救ってくれるわけではなかったということがサブプライム・ローンの虚業化の実態によって露呈し、リーマン・ブラザーズのクラッシュによってついに白日のもとに晒《さら》されたのは、ごく最近のことである。しかし、あまりにも遅すぎた。アメリカもイギリスもフランスも日本も、信じがたいほどの公的資金を導入してこの危機を回避しようとしているが、それでビッグスリーがよくなるわけはなく、市場さえ「腐った根っこ」を抜くわけにいかなくなっていたのである。

株式会社の将来がどうなっていくかということは、かなりヤバイ問題になっている。社会と市場と組織の関係の根本的な問い直しからしか問えなくなっている。それには「意味の市場」を掘りおこし、つなぎなおすしかなくなっている。近頃のぼくはずっと、そう思っている。

第一二九三夜　二〇〇九年四月七日

参照千夜

四〇七夜：ディケンズ『デイヴィッド・コパフィールド』五〇三夜：ゾンバルト『恋愛と贅沢と資本主義』一六七八夜：吉村信次郎ほか『ヴィスコンティ集成』一二八五夜：中谷巌『資本主義はなぜ自壊したのか』一二七五夜：ロバート・ライシュ『暴走する資本主義』九三七夜：岩井克人『会社はこれからどうなるのか』

この本は、日本のグローバル資本主義のドタバタが、なぜおこっていったかを厳しく説いている。

ダニエル・ヤーギン＆ジョゼフ・スタニスロー

市場対国家 上・下

山岡洋一訳　日本経済新聞社　一九九八
Daniel Yergin & Joseph Stanislaw: The Commanding Heights 1998

一九二二年にレーニンがペトログラードで開催された第三インターナショナル第四回大会で、前年に採用した新経済政策をどのように展開するかという演説をした。新経済政策が資本主義との妥協ではないかという非難を退けるためだった。

そのとき、「コマンディング・ハイツは国が握っている。これこそが決定的なことだ」とレーニンは強調した。この言葉が大戦間の時代にあったイギリスに伝わり、フェビアン協会とイギリス労働党がつかうようになった。インドではネルーや国民会議派もつかった。それがアメリカに飛び火して、コマンディング・ハイツは国が握るという経済政策が確立されていった。

コマンディング・ハイツとは「管制高地」のことである。もとは軍事用語だが（そこを押さえていれば戦略を見失わないロケーション）、市場主義が蔓延《はびこ》っても大丈夫だという政府指導の領域のことをいう。のちにイギリスが混合経済から脱出するときにマーガレット・サッチャーとキース・ジョセフが成功を収めたヴィジョンともなった。

ところが、いまやコマンディング・ハイツは大売り出しされている。どこの資本主義国家の政府も国の資産を売却し、多くの事業から撤退しつつある。郵政事業を手放したばかりの日本も、やみくもにこの路線を突っ走っている。早とちりしないように言っておくが、これは「政府の終焉《しゅうえん》」を意味しているわけではない。「小さな政府」が確立しつつあることも意味してはいない。政府支出がGDPに占める比率は各国ともほとんど変わっていない。多くの資本主義国家ではあいかわらず移転支出や福祉予算などの社会政策予算が嵩《かさ》んでいる。

これは社会解決には国家が必要だということ、そのかわり経済解決には国家がそれほど寄与できないことを示しているだけのことなのである。コマンディング・ハイツの旗印はグローバル経済の波濤《はとう》で消されたかのようだということをあらわしているにすぎないのだ。

今日の資本主義国家では、経済政策とはインフレと失業率のトレードオフの関係を政治的に破綻《はたん》をきたさないようにたくみに管理することをいう。これは市場を管理するということではない。市場管理はとどのつまりは完全雇用をめざす。このケインズ主義をぶった切らないかぎり、グローバリズム下の経済政策は成り立たない。

本書は日本がバブル崩壊後の「失われた十年」(九〇年代)を経験しているときに、日本を含む各国の政府がどんなふうにケインズ主義を脱却してどのようにコマンディング・ハイツの訂正をしようとしてきたかを、それぞれの政治経済上の起伏を浮き彫りにするように記述してみせている。

トニー・ブレアの労働党は綱領第四条を放棄した。「生産・流通・交換の手段の共同所有」という項目である。フランス社会党のリオネル・ジョスパンは市場の力をうまく誘導するには「フランスという文明」が必要だとして、ウルトラ資本主義に歯止めをかけようとした。ドイツのゲアハルト・シュレーダーの社会民主党は統一ドイツの行方をまだ模索しているが、少なくともアメリカに追随するグローバル資本主義のシナリオにはときどきいちゃもんをつけることにした。

エリツィン時代に国民一人当たり一万ルーブルのバウチャーを発行したロシアでは(それが流動的証券と民営化を促進した)、その後は債務返済停止とルーブル切り下げで混乱したのち、二〇〇〇年からは柔道有段者のウラジーミル・プーチンが「強いロシア」に切り替えている。二十年にわたっての高度経済成長がとまりつつあったマレーシアのマハティール・モハマドは、あえて「市場に友好的な政府指導」を回復することを意図して、国内を保護しつつ国外で競争させるという方針をあらためて強化した。インドではナラシマ・ラオが一九九一年から歴史的な改革にとりくんで、コマンディング・ハイツを低地に移動させ、許認可制に隙間をあけていった。

各国はそれぞれのコマンディング・ハイツの訂正をしつつある。メキシコもブラジルもアフリカ諸国も管制と開放のはざまで手を打ちつづけた（本書はアジアや南米やアフリカにおける市場と国家の闘いにも詳しくふれている）。中国では経済特区が、韓国では五つの財閥が長らくコマンディング・ハイツとなった。

こうした動向の一方で、一九九一年のマーストリヒト条約にもとづいて市場統合と通貨統合がはかられ、共通通貨ユーロの導入が決行された。それであきらかになったのは市場のことではなく、ヨーロッパでは各国ともに福祉コストをかけすぎているということだった。福祉国家はコマンディング・ハイツを取りにくくなってきた。

アメリカはどうかといえば、説明するのも面倒だが、一九九六年にビル・クリントンが「大きな政府の終息」を宣言し、財政赤字を三〇〇〇億ドルから二二〇〇億ドルまで削減したにもかかわらず、若造のほうのジョージ・ブッシュによって国威発揚国家が再浮上して、「誤った情報政治主義」に対するに「制御型の情報資本主義」の組み立てに向かわざるをえなくなっている。今日のアメリカは「規制緩和から規制改革へ」に軌道を変えて、いったいいつ「モンロー主義」という伝家の宝刀を抜くか、おおいに迷ったままである。

こういうことが日本の参考になるかどうかは、GHQの指導によって造成された戦後日本の社会と経済や軍備がどのように自民党や公明党や民主党によって訂正されるのか、それとも維持されるのかに、いまなお依存しているといっていい。

いま紹介してきた各国と日本とが決定的にちがうのは、そこに戦後憲法や安保条約が控えているということである。いったい今日の日本人が享受しているシステムの、何を生活の自由だとかどこを資本主義の快楽だと感じているのかということだ。

敗戦で打ちのめされた日本がドッジ・ラインと朝鮮戦争の特需でやっと息を吹き返したとき、獅子文六《ししぶんろく》の『大番』の主人公のギューちゃんは株で大儲《もう》けをして、ダットサンをフォードに買い替え、次にリンカーンに買い替えて、「フワフワワや、フワフワワや。まるで雲の上を飛んでるようや」と叫んでいたものだった。現在の日本はこのようなギューちゃんの数をもっと多くして、森ビルの住人やパソコン投機家に鞍替《くらが》えさせているだけなのかもしれない。

日本人はいったい何を「フワフワワや」と思いたいのであろうか。少なくとも団塊の世代までの者には、もう「フワフワ」はどうでもいいだろうという気がするが、そしてその連中が日本のシステムを気にいっていないだろうことも予測がつくのだが、けれどもその「気にいらないシステム」を次々に解体してみせようと言う小泉体制にも乗れず、むろん五五年体制にも日米安保にも乗れず、株主主権社会にも乗れずに、ただ困っているだけだとも見える。なぜこうなっているのかということについては、少しだけだが情状酌量の余地もある。

池田勇人が高度経済成長と所得倍増を叫んで、金持ちと貧乏人を分断してでも国の財力をつけようとしたとき、日本は五五年体制（保守合同）をバックにした政界・財界・官界の〝鉄の三角形〟を確立した。かつて岸信介らが満州で夢見た「日本株式会社」の誕生である。

このとき日本は消費者物価を抑えずに、生産者を支援した。このコントロールにはきわどい能力が要請されたので、あらゆる産業のジャンクションにエリート官僚が跋扈《ばっこ》した。これを当時は「需給調整」とよんでいた。日本の経済社会のコマンディング・ハイツを主に通産省と大蔵省が握ったのだ。

それでどうなったかといえば、価格決定、輸入割当て、市場シェアの配分、免許、品質基準、業界団体の結成、学閥との連携、行政指導といったことのすべてが、ほぼ通産省の管轄になった。二輪車の限定を勧められてこれを蹴《け》ったホンダなどを例外とすると、産業界もこの方針にくっついた。これが日本がグローバルな自由主義市場競争に勝つための戦略だったのである。そして、談合と天下りによるものではあったが、成功した。

ところが七〇年代のオイル・ショックとドル・ショックとスミソニアン体制（変動相場制）をへて、日本はこの「苦労と快楽のバランス」の大半がアメリカの手に握られていることに気がつきはじめた。面と向かってトヨタやソニーやホンダをアメリカ中で売ってはならなかったのだ。ロックフェラーセンターを買ってもいけなかったのだ。ときどきはカリフォルニア米も危ない牛肉も食べなければならなかったのである。

こうして日米は同じアジェンダのもと、日本は金融ビッグバンにとりくみ、構造改革にとりくんで、グローバリズムと情報資本主義でいこうと決めたのではあるけれど、それが日本の国家と市場がドイツや中国やインドやメキシコと結びついたわけでも、ユーロの動きに呼吸を合わせたのでもなく、ましてや日本の伝統社会や生活産業の技と連動したわけでもなくて、しょせんはアメリカン・グローバリズムの只中《ただなか》にいただけのことだったということは、たちまち世界中の政治家とエコノミストが知るところとなった。その直前に、日本経済のバブルが吹っ飛んだ。

どうやらわれわれは、戦後のGHQ政策も、高度成長期のオンリー・イエスタデイでオールウェイズな日々も、通産省時代の戦略も、あれはあのときのこと、いまはこのときのことで、ほとんど現在のシナリオにいかすことなく二一世紀を迎えてしまったようなのだ。きっと情状酌量の余地もすっかりなくなってしまっただろう。そこで本書が控えめに提案するのは、日本株式会社はせめて五つの基準だけは守ったらどうですかということだ。

①その政策はおそらく民営化・規制緩和・自由競争に向かっているのでしょうが、いったいどの程度の雇用を創出できたのですか。
②その政策によって成果の配分に公正を期そうとしているはずですが、それを運用する制度は公正なのですか。
③いったいそんなに自由市場と資本市場を広げていって、国家のアイデンティティをどこであらわすんですか。
④その政策が拡張していったとき、環境の保全や保護のコストはどこでまかなうのですか。
⑤いったいその経済政策のどこに人口動態の調整が入っているんですか。

どの国であれ、この五つの基準に危機が迫れば、外国為替市場、国際債券市場、国際株式市場にたちまちに変異があらわれる。かつてはそれが数週間かかっての波及であったけれど、いまではその危機の伝播《でんぱ》はわずか数時間である。そこへもってきてネットワーク事故と計算ミスと大衆と機関投資家の〝狂った欲望〟が加わってくる。むろんそういうことを避けることは不可能だろうけれど、本書はこの五つの基準のプラスマイナスの幅を組み込まない国家と市場は、同時にクラッシュを体験することになるのではないかと警告する。

こうして本書は「信認」こそ国家と市場の両方をつなぐ唯一の懸け橋なのではないかと、ありきたりに結ぶのだ。

一九三六年、ケインズは『雇用、利子、貨幣の一般理論』の結論部分で、こう書いた。「世界を支配しているのは考え方以外にはないといえるほどである。権力の座にあり、天の声を聞くと称する狂人も、それ以前に書かれた学問的な悪文からその錯乱した思想を導き出している。ほんとうに危険なのは、既得権益ではなく、考え方なのである」。ケインズ主義こそ今日の資本主義の欲望を支えた装置ではあった。ただしケインズ自身がその「見えざる手」の持ち主だというわけではなかった。ケインズはケインズで、このあと資本家たちの既得権益がどう語られるのか、その考え方や語られ方にきっと資本主義の問題が起爆するだろうと予言した。

そうだとすれば問題がどこから噴き出てくるかは、一目瞭然《りょうぜん》に見えるはずである。たとえば、現在驀進《ばくしん》中の金融自由主義をそれで儲けた連中がどういう考え方でごまかそうとするのか、資本集中の論理にすぎない行為をいったい何を金科玉条にして言い逃れしようとするのか、そこを見ればいい。しかし、もうひとつ見ておかなければならないことがある。政治家と企業家が国家をどう語ろうとするかということだ。日本はこのジャパン・スタイルのための両方の語り方がいっこうにお粗末なままにある。いまやアメリカの注文は半分くらい保留にし、五分の一ほどを拒否してみるといい。

第一一〇八夜　二〇〇六年二月十四日

参照千夜

一〇四夜：レーニン『哲学ノート』　一三七二夜：ケインズ『貨幣論』

プラザ合意とユーロ危機とリーマン・ショック以降、SDRと代替勘定と自由通貨ばかりが求められている。

小林正宏・中林伸一

通貨で読み解く世界経済

ドル、ユーロ、人民元、そして円

中公新書　二〇一〇

二〇〇八年十一月のワシントンの金融サミットの直前、フランスのサルコジ大統領が「ドルはもはや基軸通貨ではない」と言い、中国人民銀行の周小川総裁が「米ドルの代わりにSDRを準備通貨にすべきだ」と発言した。SDRはIMFの特別引出権のことをいう。

二十世紀前半までは、英ポンドが基軸通貨の地位にあった。戦後、ブレトン・ウッズ体制（一九四四年からの世界通貨体制）とともにドルが躍り出た。一九七一年、ニクソンがドルと金との兌換《だかん》を停止して（スミソニアン体制＝変動相場制）、ドルがデファクトの基軸通貨になった。それがずっと続いていたのだが、サブプライムローンの破綻《はたん》に発した世界金融危機の後、その震源地がアメリカだったこともあって、いよいよそのドルも凋落《ちょうらく》するだろうという予想が駆けめぐった。

ドルの流動性が確保できないと見られると、欧米では大手金融機関が次々に国有化され、FRBとヨーロッパの中央銀行のあいだで通貨スワップが創設された。ギリシアのように国の財政がおかしくなるところも出てきた。アメリカでもSCAP（ストレス・テスト）が実施され、金融市場の透明性が検査されるようになった。

しかし、いまのところドルはまだその地位をほとんど失っていない。国際取引上、あいかわらず支払い手段と計算単位の王座に君臨しつづけている。世界の外貨準備の六割以上がドル建てなのである。ゴールドマン・サックスは二〇〇九年に過去最高益を叩《たた》き出した。だとすると、事態は何も悪化していないのか。

今日の世界経済の最大の謎のひとつは、なぜドルが基軸通貨の位置を維持できているのかということにある。グローバル・インバランス（世界的な経常収支不均衡）がはたらいているからだという説明がある。アメリカが巨額の経常収支赤字を計上する一方で、アジア諸国や産油国が経常収支黒字をはじきだしていることがグローバル・インバランスとして機能しているというのだ。

アメリカの経常収支の赤字は一九八〇年代前半に拡大したのち、後半にプラザ合意後の円高ドル安を受けて対日貿易赤字が減ってくるとともに、いったん縮小に転じた。それが二一世紀に入ると強い内需に押されて赤字幅がふたたび急速に増加して、二〇〇四年から五年にわたって六〇〇〇億ドルを超えた。かつて財政赤字と合わせて「双子の赤字」と騒がれた八〇年代前半ですら三パーセント強だったのが、二倍に近い。

ここでアメリカは強気になった。アメリカの懸念はただひとつ、ドルが暴落するという心配を海外投資家が抱いて、乗り換え(ロール)分を含む新発の債券を買ってくれなくなるということだけにある。そういう懸念が現実味を帯びると、ドル防衛のために金利を引き上げなくてはならなくなる。それがおこったのが「双子の赤字」の時代の八〇年代前半で、そのときは二桁《けた》のインフレになった。それを見たアメリカは、逆に強気に出ることにした。

二〇一〇年代、アメリカがドル防衛のために金利を引き上げるかどうかは、微妙だ。だいたい利上げがドル防衛になるかさえ、いまとなってはその効果はわからない。しかしそれでもグローバル・インバランスがはたらいているうちは、ドルは基軸通貨としての地位を保つだろうと言われている。まったく妙なことなのだ。

基軸通貨には、グローバルな価値貯蔵手段・決済手段・計算単位としての役割が求められてきた。そのためには国際取引の決済手段を海外に提供するべく、基軸通貨国の国際収支は赤字になっていなければならない。

これは国際貿易が拡大するにつれ、その決済に要する国際流動性の量が拡大するので、その国際収支赤字がますます拡大しなければならないからだ。しかし対外純債務が増大していくと、基軸通貨の対外的な価値を維持することが困難になる。これが「トリフィンのジレンマ」である。誰もこの難関を突破していない。

ジレンマが生じたのはだいぶん前にさかのぼる。アメリカでベトナム戦争の戦費が嵩《かさ》み、資本移動の自由度も高まっていてアメリカからの投資や資本輸出もふえていたので、それが国際収支の赤字を膨らませた。そこで利子平衡税をかけてドルを防衛しようとした。ついでに、ベトナム戦争は自由主義陣営のための戦争なのだから、西側諸国もドル防衛と基軸通貨制度維持コストを分担するべきだと主張した。

いつものアメリカの手だ。しかし、ドルの国際流動性の増大とアメリカの金保有額との差が拡大するにつれ、ドルと金との平価の維持がますます困難になった。当時のドイツはインフレ抑制型の政策だったので、マルクの切り上げをおこなった。折から田中角栄の日本列島改造が進捗《しんちょく》するなか、日本はドイツとは対照的に円切り上げを心配して、一九七一年のニクソン・ショックまで自主的な平価の切り上げをしなかった。

だが、事態はいっこうに収まらない。こうして七三年以降、主要国の為替レートが変動相場制へ移行せざるをえなくなっていった。シカゴのミルトン・フリードマンがこの変動相場制を強力に進言していた。これでブレトン・ウッズ体制が瓦解《がかい》した。

国際金融の動向には矛盾がひそんでいる。「資金の自由な移動」と「為替の安定」と「国内金融政策の自由度確保」を同時に満たすのは困難であるというトリレンマだ。ジレンマよりもっと厄介だ。

そこでユーロ圏は前者二つのほうを選択して、金融政策をＥＣＢ（欧州中央銀行）に一元化した。ユーロは最適通貨圏を重視してつくられた。最適通貨圏とは通貨統合のメリットが通貨統合のコストを上回る地域のことをいう。

一般的に、通貨統合を実施すると、参加国間で異なる経済ショックがおこったときに為替調整や独自金融政策がしにくくなってくる。このデメリットを克服するには、労働転移や政治統合による財政転移が必要になる。たとえばドイツとフランスの間でドイツ製品の需要が高まったとすると、放っておけばドイツの雇用が高まり、それが完全雇用の水準をこえると物価上昇がおこる。フランスでは失業が生じて貿易赤字になる。このときはマルクとフランの為替レートを切り上げれば、両国のバランスが回復しうることがある。

通貨統合をすれば、そういう独自の手が打てない。そこでフランスからドイツに労働力が移動するとか、ドイツとフランスの上位政府のもとでの財政統合をはかる。通貨統合にはこのような新たなマクロ経済上のしくみが必要になってくる。こうしたハンドリングの難しさとともに、加えて九二年には欧州通貨危機がおとずれていたのだが（ジョージ・ソロスのポンド売りで有名になったが）、それでもEU諸国は紐帯《ちゅうたい》を強めてマーストリヒト条約の締結を了《お》えると、九九年には一一カ国を対象に共通通貨ユーロの導入に踏み切った。いよいよECBの歯車が動き始めたのだ。

しかしイギリスはユーロには与《くみ》しなかった。欧州通貨危機の直後に欧州通貨制度から脱退した。ユーロに加入すれば欧州向けのビジネスは為替リスクがなくなるぶん、長期的な採算計算が容易になるが、一方、ドイツと共通の為替金融政策をとることになる。これをイギリスは嫌ったのだ。金融業の比重が大きいイギリスと製造業が大きいドイツでは経済構造がかなり違うので、イギリスでは現在もなお独自のフロート制をとっている。おっつけEUから脱出したいのだろう。

このところギリシアの金融危機が浮上して、話題になっている。そのちょっと前まではギリシアの国債は利回りがいいらしいという噂が立って、欧州域外からも投資資金が向けられていた。それが二〇〇九年半ばくらいから国債が売りさばけなくなった。ユーロ圏で最も弱体であると言われてきた部分に亀裂が生じたのだ。

ギリシアでは公務員を中心とした労働組合の力が強く、労働の生産性の伸びにくらべて賃金上昇を抑えることができなかった。二〇一〇年四月下旬に財政赤字を一三・六パーセントに上方修正したと欧州統計局が発表すると、国債金利が九パーセントを超え、CDS（クレジット・デフォルト・スワップ）のドイツ国債とのスプレッド（取引コスト）が六パーセントを上回るようになった。たまらず政府がユーロ参加国とIMFに支援要請をおこなったのが、ついこの前のことである。

もともとECBでは、金融機関への流動性供給の手段として域内の国債を担保として受け入れてきた。担保となるには、最低でも投資適確の格付けを大手の格付け会社から得なければならず、それゆえECBの健全性を示すには格付けは一定でなければならないのだが、ギリシアへの配慮で格付けを緩和した。それがギリシア危機が深刻になってきたので格下げをせざるをえなかった。これが危機をいっそう深めた。

こうしてユーロ圏についに「ソブリン・リスク」の恐れが生じてきた。国家リスクの発生だ。ソブリン・リスクが思ったよりも大きく、EUやIMFの支援表明にもかかわらず、ギリシアが債務不履行の気配などを見せれば、その影響は南欧にまでたちまち広まっていく。抑制は難しい。ECBもリスクの高いギリシア国債のような資産には手がつけられない。これでは事態が座礁する。

この件だけではないが、ユーロと欧州経済はいま大きな試練を受けている。まとめてPIIGS《ピッグス》（ポルトガル・イタリア・アイルランド・ギリシア・スペイン）の危うさと呼ばれる。二〇

○九年十一月のドバイ・ショック（ドバイの債務不履行）を機に、この危うさはしだいに本格的なものになっている。

政治統合の限界があらわれてきたのである。これではユーロがドルに代わる基軸通貨になるとは見通せない。

オードリー・ヘップバーンの『ローマの休日』のラストシーンは、グレゴリー・ペックに正体がばれたアン王女の輝かしいばかりの記者会見である。記者が次のように尋ねる。「欧州連合が欧州の経済問題の解決策になりうるとお思いになりますか」。するとヘップバーンが毅然《きぜん》として答える、「欧州諸国家の協力を密にする方策にはすべて賛成します」。

『ローマの休日』の公開は一九五三年だ。その前年に欧州統合の最初の基盤となるECSC（欧州石炭鉄鋼共同体）が発足したばかりだった。なんとも粋《いき》なはからいのラストシーンだが、これは当時のヨーロッパに復活しつつあった「汎ヨーロッパ主義」を巧みに描いたものだった。これを溯ること三十年、リヒャルト・クーデンホーフ＝カレルギーが提唱した汎ヨーロッパ主義を踏襲したわけだ。カレルギーの母はほかならぬ青山光子だった。

この汎ヨーロッパ主義を、まずフランスの実業家のジャン・モネがECSCに組み上げ、そこに独アデナウアーと仏ドゴールが登場してきて「欧州共同体」（EC）にし、さらに独シュミットと仏ジスカール・デスタンが一九五七年のローマ条約をへて「欧州通貨制度」（EMS）に仕立てていった。

この計画に通貨統合の項目が入ったのは、アメリカでプラザ合意が交わされたのちの一九八五年十二月だ。サッチャーは警戒したが、ドロールEC委員長、仏ミッテラン大統領、西独コール首相が合意した。コールは「さあ、おやりなさい。私は欧州に犯されてもいいと思っている」と言った。ジャック・アタリの『大統領日誌』に残された一場面だ。これでEMU（欧州通貨同盟）ができた。その後は欧州通貨危機などに見舞われはしたが、ついに一九九九年にユーロ誕生までこぎつけた。

ユーロが動き出したことについては、ECU（エキュー）のはたらきが見逃せない。ジスカール・デスタンが発案した通貨バスケットである。

フルーツバスケットに林檎《りんご》やパイナップルやバナナを入れておくように、ECUにドイツ・マルク、フランス・フラン、イタリア・リラなどを入れ、そのそれぞれに林檎2＝パイナップル1＝バナナ3といった連接単位を明示していこうというものだ。

これが民間金融機関によって予想外に利用された。為替変動リスクに対するヘッジ効果が期待され、八〇年代以降にはECU建ての債券の発行が広がり、銀行預金にも重宝がられた。このような通貨バスケット、あるいはバスケット通貨が現実性を帯びたことは、ユーロの歴史的誕生を確定的にした。

バーチャルな計算単位であったユーロが、長い準備期間をへて現実の共通通貨となった意味はかなり大きい。最近の調査では、参加国の六八パーセントの国民がユーロの流通に満足しているという。二〇〇八年九月のリーマン・ショック後はドル高ユーロ安も到来した。

しかしながら、いまのところユーロの未来はまだまだはっきりしない。PIIGSの動静、ユーロ導入をめざしているバルト三国の動静、ハンガリー・ブルガリア・ルーマニアなどの東欧諸国の動静、なによりロシア経済圏との関係がはっきりしない。逆に、湾岸戦争期の前後に中東諸国がドル・ペッグ制に代わってバスケット通貨にペッグ制をとったようなことが今後もおこると、基軸通貨ドルも安穏とはしていられない。ユーロはまだ最適通貨圏の条件を満たしてはいないのだ。

一九九三年、世界銀行が提出した「東アジアの奇跡」というレポートによって、香港、インドネシア、日本、マレーシア、韓国、シンガポール、台湾(中国)、タイが脚光を浴びるようになった。輸出志向の経済発展モデルが注目されたのだ。いまではそこにインドが加わっている。

東南アジアには、一九九七年のタイ・バーツの切り下げに端を発したアジア通貨危機のような、いくつもの不安定な要素があった。しかし総じてアジア諸国はドル・ペッグ制によって自国通貨をドルに固定しているため、外貨を積極的に導入し、安い労働力と高度な技術化を携え、自国経済の超近代化のシナリオに邁進《まいしん》するのにはうってつけだったのである。タイなどは金融自由化の急速の実現のために、早々にバンコクにオフショア金融センターを設立した。

こうしたなか、日本は「アジア通貨基金構想」を発表した。ASEAN諸国は日本のリーダーシップを期待したが、中国は強く反対し、アメリカもそっぽを向いた。しかし通貨危機の再来を恐れれば、妥協案としての東アジア経済サーベイランス（監視）を強化する必要もある。アメリカはASEAN＋3に巧みに加わり、マニラ・フレームワークなどを工作した。

もっと積極的なのはチェンマイ・イニシアティブ（CMI）で、二〇〇〇年五月にASEAN＋3の財務大臣会議で採択された。対外支払いが困難になった国に対して外貨準備をつかって、短期的ではあれ二国間通貨スワップのネットワークをつくろうというものだ。日中韓・インドネシア・マレーシア・フィリピン・シンガポール・タイの八カ国間で一六本の取り決めが結ばれ、それが二〇〇八年五月には新たなロードマップに発展していった。しだいに東アジア型の通貨バスケットの下地ができていったのだ。

しかしながら、この動向に大国が参画してこない。アメリカではない。中国だ。中国はあくまで独自の路線を驀進《ばくしん》中なのである。

一九九四年、中国は二重相場制を廃止して為替相場を一元化すると、名目上は管理相場制を敷きながらも、事実上はドル・ペッグ制に移行した。

このとき、割高だった市場実勢レートを鞘寄《さやよ》せして、実質的に四〇パーセントもの切り下げをしたため、中国輸出力が急激に競争力をもつようになった。そして一九九六年のIMF八条国への移行と、二〇〇一年のWTO（世界貿易機関）への加盟である。人民元がものを言いはじめた。

中国経済の強みは、低賃金で強靭《きょうじん》な労働力とよく整備されたインフラによって外国資本を引き寄せ、最新の技術システムによって第二次産業の国際競争力を高めたことにある。その貿易構造は、工作機械や製造装置などの資本財と部品などの生産財を輸入し、部品を組み立てて最終製品を送り出していくことに特徴をもつ。発電や高速道路などの公益事業は国有企業がもっているため、エネルギー効率のよい資源エネルギー多消費型の経済構造が仕上がっている。このため中国の成長が加速すると、原油や鉄鉱石の輸入が伸びて一次産品価格が上昇し、輸出国に恩恵がまわる。

他方、その高い輸出力は競合する諸国にとってはきわめて脅威であって、たとえば多国間繊維協定が廃止されて北米やEU向けの繊維品輸出が自由化されたときは、中国が文字通り世界市場を席巻した。

二〇〇五年七月、中国人民銀行は「通貨バスケットを参照しつつ、市場の需要にもとづく管理変動相場制に移行する」と発表して、人民元の対ドルレートを一ドル八・二八元から八・一一元に切り上げた。通貨バスケットにはドルだけではなく、ユーロや円などの複数の通貨を入れ、加重平均して相場をはじこうということだ。いよいよ中国が国際市場を計算に入れてきたわけである。

もっともこれは、中国が貿易摩擦の解消や貿易黒字で生じた過剰流動性の解消を目的にしていたのだとすると、よくて中途半端、悪くすると逆効果だった。いろいろのことがおこりうるが、人民元の急激な切り上げを防ぐため、ドル買い介入を続けなければならなくなっていく。そうした紆余曲折《うよきょくせつ》にもかかわらず、中国はリーマン・ショック後にただちに四兆元の景気対策を実施して、どこよりも先駆けて景気を回復させる体力を誇示した。

誇示しなければならないのは、中国の場合は海外ばかりではない。国内の労働者の不満が政治批判にならないようにもしなければならない。二〇一二年に政府はついに「二〇二〇年までに所得倍増」という目標を打ち出した。けれども、もしもこの国内誇示を本気で進めるなら、毎年一五パーセントの賃金引き上げが必要になる。そうなれば、人民元の相場が上昇し、安価な製品を大量に輸出してきた労働集約型の産業は立ち行かなくなってしまう。

中国の有為転変は、そのまま東アジアの通貨問題の核心にゆさぶりをかけてくる。そういうなか、では円はどういう方向に進むのか。いつまで円高デフレが続くのか。

一九八五年のプラザ合意で、日本はその後の円高不況の幕を切って落とされた。プラザ合意前が一ドル二四〇円前後、翌週に二二〇円、年末に二〇〇円を割り、八六年には一五〇円の攻防戦、八七年には一二〇円割れ寸前に至った。そこに一九八六年にGDP成長率がマイナスに転じたから、円高不況がジョーシキになってしまった。

その後、前川レポートをへて、低金利局面と過度の貸出が重なって過剰流動性を招き、バブルが膨れた。土地は高騰し、日経平均は八九年十二月の大納会で三万八九一五円の史上最高値をつけたのち、なんと翌年冒頭から暴落を始め、その後の一年間で四割近くを下げた。すべてが異常だったのだ。

九〇年代初頭、統計上では日本の土地の時価がアメリカの四倍に達し、一説では皇居の土地価格だけでカリフォルニア州が買えるところまで進んだ。こうして資産価格が一般庶民の手の届かないところまで上昇しきったところで、バブルが破裂した。外国為替市場では円高ドル安が進行し、イラク戦争とともに日本は「失われた十年」を迷走することになる。

九五年は消費者物価指数がマイナスに転じ、就職氷河期がおとずれ、日本のマクロ経済の多くの場面で「合成の誤謬《ごびゅう》」がおこっていった。金融二法（金融再生法・早期健全化法）が成立した九八年には日本長期信用銀行、日本債券信用銀行が国の管理下に入り、そこをなんとか不良債権処理で凌《しの》ごうとしたのだが、りそな銀行の対応問題などを機に、その後はずるずると円高デフレを引きずっていく。

人口も二〇〇五年を機に減少に転じた。もう戻るまい。バブルの後遺症は企業各社を設備と雇用と負債の削減に追いこんだ。一人当たりGDPはOECD加盟国三〇カ国中の一九位（二〇〇八年）、アジアでもマカオに追い抜かれた。日本はひたすらデッド・デフレーションから逃れられないでいる。

本書は以上のような日本やアジアの実情、あるいはドルやユーロの実情に向けての処《しょ》方箋《ほうせん》を書こうとしているのではない。近過去の変遷から現状をできるだけ正確にレポートしているにすぎない。

それでも最終章になって「国債金融システム改革」をもうけて、国際通貨制度を改めてみなおすべきだという視点を加えている。もはや一国ずつの財政・金融政策を議論しているだけでは事態が好転しないのではないかという見方を示したのだ。

問題点は、まずもってドル一極体制でいいのかということだ。いいわけないだろうけれど、国際金融システムの安定性については「トリフィンのジレンマ」を解消する必要があって、これは基軸通貨の動向だけでは乗り切れない。しかも他方では、グローバル資本が世界中をかけめぐっている事態のなかでは、準備資産としてのドルの需要は欠かせない。こうなると、アメリカがドルの国際的な役割低下によって利益がもたらされると判断できるかどうかということが、クリティカルな分かれ道になるけれど、そんなことも読み切れない。

次に、SDRの役割を強化するという方向も検討すべきだと書いていた。すでにケインズが「バンコール」を提唱して、三〇種の商品を基礎とした国際通貨の可能性を訴えたが、冒頭に紹介した周小川は、これを新たに組み立てなおして、①SDRと他国通貨との決済システムを構築する、②SDRによる貿易・投資・商品価格設定・企業会計への応用を試みる、③SDR建ての金融資産を創設する、④SDRの評価と構成通貨の改善に着手する、といった提案をした。

いわゆる「代替勘定の設置」である。黒字国が保有しているドルをそのままIMFに持ち込まずに、SDR建ての資産を受け取ったらどうかというのだ。この資産はドルだけでなく、ユーロ・円・ポンドなどを一定比率で合成した資産なので、ドル安を招くことなく、外貨準備資産をユーロや円やポンドに多様化できるだろうというものだ。もっとも、これは「合成通貨」を認めるということなので、民間取引に使えるSDR紙幣やSDR硬貨が生まれるわけではない。

こうして最後には、やはり次のことを検討するべきであるのだろう。ひとつには「複数基軸通貨システム」である。複数の代替的な準備通貨を用意して、取引コストの効率性は低下するものの、一国の通貨ばかりが積み上がることを避けようとするしくみだ。これをどう準備実現するか。そして、もうひとつが「新たな世界通貨」や「新たな共通貨幣」をつくってしまうことだろう。けれどもこの話は、ここからふたたびシルビオ・ゲゼルの議論に戻っていくことになる。そこまで、各国政府やエコノミストに通貨の本質を問う覚悟があるとは思えない。

【おまけ】

シルビオ・ゲゼルについては、一三七八夜の『エンデの遺言』と翌夜のゲゼル『自由地と自由貨幣による自然的経営秩序』に書いておいたのだが、両夜とも文章量が多いため、本書のエディションに収録できなかった。そこでごく簡潔ながらゲゼルの仮説についてまとめておく。

ゲゼルは、ケインズの『雇用、利子および貨幣の一般理論』でとりあげた「スタンプ貨幣」の発想者で、ケインズは「いずれマルクスの思想以上のことを人びとは学ぶだろう」と、アインシュタインは「貯めこむことができない貨幣の創出は歴史が培ってきた所有観を一変させるだろう」と絶賛した。その発想の原点には「指数通貨」と「自由通貨」の両様というアイディアがあり、そこから「スタンプ貨幣」「エイジング・マネー」「世界通貨」などのしくみを考案した。ゲゼルはまたスイスに土地を入手して農耕に携わりながら、「自由地」について構想していった。貨幣が土地支配に結びついている以上、土地と通貨の関係にクサビを入れなければならないと感じ、自由開墾による土地経済システムの可能性を説いたのである。このことはルドルフ・シュタイナーを驚かせ、『モモ』の作家ミヒャエル・エンデの自由経済思想に影響を与えた。

第一三八一夜　二〇一〇年八月三一日

参照千夜

一三三八夜：フリードマン『資本主義と自由』　一三三二夜：ジョージ・ソロス『グローバル資本主義の危機』　六三二夜：『クーデンホーフ光子の手記』　七六四夜：ジャック・アタリ『情報とエネルギーの人間科学』　一三七二夜：ケインズ『貨幣論』　一三七九夜：シルビオ・ゲゼル『自由地と自由貨幣による自然的経営秩序』　三三夜：シュタイナー『遺された黒板絵』　一三七七夜：ミヒャエル・エンデ『モモ』

第三章 君臨する経済学

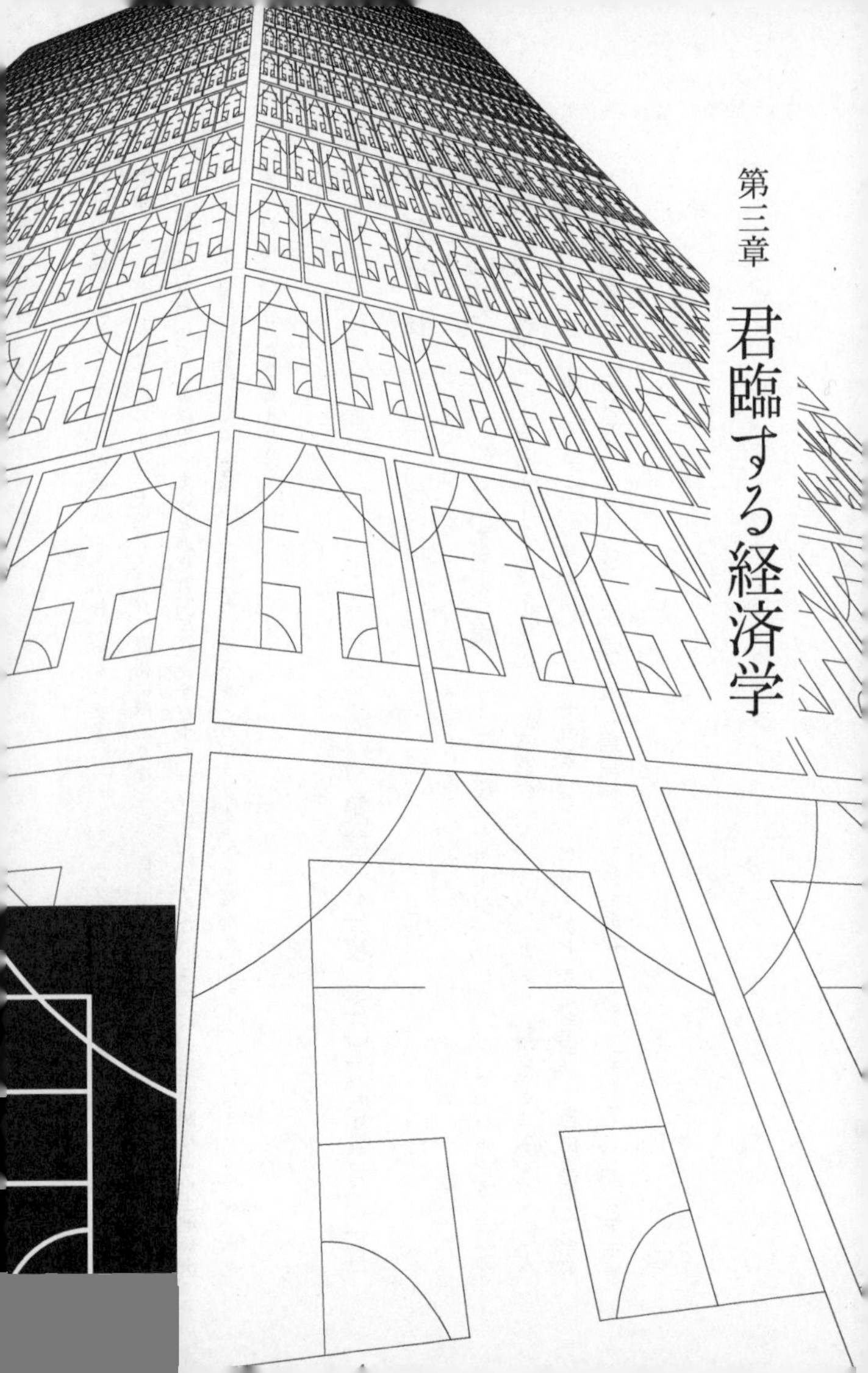

間宮陽介『市場社会の思想史』
ジョン・メイナード・ケインズ『貨幣論』
フリードリヒ・ハイエク『市場・知識・自由』
イマニュエル・ウォーラーステイン『史的システムとしての資本主義』
ミルトン・フリードマン『資本主義と自由』
ロバート・スキデルスキー『なにがケインズを復活させたのか?』

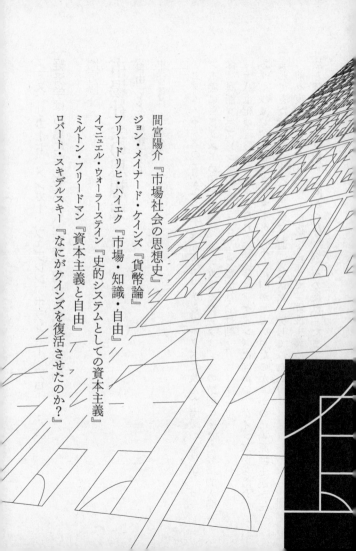

スミス、リカード、メンガー、ヴェブレン、ポランニー、アロー……。経済学は市場に学んだのか、社会に何かを教えたのか。

間宮陽介

市場社会の思想史

「自由」をどう解釈するか

中央公論社　一九九九

アダム・スミスの「見えざる手」。リカードからマルクスに及んだ階級の経済学。ロマン主義によるリストの国民経済学。メンガーやジェヴォンズの数理に変じた経済的人間像。異能ヴェブレンや異才ポランニーの経済社会批判。

十八世紀の理性から解き放たれた経済学は、ケインズに向かい、ケインズから離れ、あげくのはて、なぜにまたマネタリズムに向かっていったのか。かの市場原理主義が生まれてきた背景を今夜から数夜にわたってスケッチしてみたい。

前々夜（イアン・ハッキング）と前夜（木田元）で「理性主義の十八世紀」がどのように「偶然と確率の十九世紀」に向かったのか、その後は「たまたま」の正体がどう哲学されてハイデガーなどに至ったのかをあらまし瞥見《べっけん》した。ここに加えなければならないのは、同じ時期に併走していた経済思想のストリームと、自由主義をめぐるストリームと、個人主義思想に関するストリームである。

なぜこの三つなのかといえば、この三つの奇っ怪な接ぎ木によって資本主義のマッドマネー的歪曲《わいきょく》がおこったからで、それだけにこの思想ストリームを三つまとめて矯正する目をもつことがそのうちきっと重要になるだろうからだ。このことを実感するには経済思想史があらかた見えていなければならないのだが、ただしこれが紆余曲折《うよきょくせつ》がありすぎて見えにくい。ぼくが案内することもないだろうけれど、不案内の読者もいるだろうとの老婆心で今夜は仲立ちをしておくことにした。

紆余曲折を見るには簡潔に通史を述べている本がいい。ところがこの手の本はありそうで、ない。経済学史には対立しあう流派があって、取り扱う内容の軽重が甚だしい。何かないかと左見右見《とみこうみ》するうちふと思い出して、本書にした。京都大学の間宮陽介さんが放送大学で「経済思想」を講義したときのテキストにもとづいて書いたものである。一度だけだったが放送大学を見たときの語り口の印象がよかったのと、本書に「「自由」をどう解釈するか」というサブタイトルがついているので、選んだ。

スコットランド生まれのアダム・スミスが『国富論』を発表したのは十八世紀後半の

一七七六年である。アメリカが独立して〃新世界〃が出現し、ヨーロッパでは産業革命の波濤《はとう》が強くなっていく矢先だった。

スミスがスコットランド出身だったということはけっこう重要だ。近代的自由の思想を準備したのは三人のスコットランド人、デヴィッド・ヒュームとアダム・スミスとアダム・ファーガソンだった。三人はいずれも「経済的な自由なくしては政治的自由もなく、個人的自由もない」ということを訴えた。このあとすぐに千夜千冊するつもりだが、ハイエクやフリードマンの自由論もほぼここに起点をおいている。

『国富論』の先蹤《せんしよう》はバーナード・マンデヴィルの『蜂の寓話』（一七一四）にある。マンデヴィルは医者で、当時の医者はヤブ睨《にら》み万能の社会観察者でもあって、人間社会をつくりあげるものは交際心や善良さや哀れみや温和さなどではなくて、人間のいちばん下劣で忌まわしい性質であることを見抜いていた。マンデヴィルはそこを風刺して、経済社会の特色を蜜蜂《みつばち》に託した寓話《ぐうわ》に仕立てた。ここに「私悪は公益になる」という有名なロジックが表明された。

当時のヨーロッパ社会を主導していた経済思想は重商主義である（その前はケネー型の重農主義）。ここには貨幣ばかりを操る「巧みな手」（skillful hand）が大手を振っていた。このことに疑問をもったアダム・スミスは、マンデヴィルの衝撃的なロジックをヒントに、ひとつには分業が、もうひとつには利己心や自愛心が、それぞれ自由に発揮されれば、それらがおのずから「大きな社会」(great society)の積極的な構成ファクターになるだろうと考えた。分業によってさまざまな職種と技能がいろいろな社会的可能性と照応し、個人一人一人の功利の意図が市場にはたらいていきさえすれば、そこに神かとおぼしい「見えざる手」(invisible hand)が動いて、きっと大きな社会が生まれていくはずだというのだ。大きな社会とは「市場社会」のことである。これは一人一人の「たまたま」が好き勝手に動いていきさえすれば、その偶然の束が大きな必然に転化するということで、その調整と合理を司《つかさど》っているのが市場だろうということだった。

スミスには『道徳感情論』という著作もあって、そこではシンパシー(同感・共感)もまた個人を社会に統合するファクターになると書いていた。そのため、いっときはアダム・スミスは二つの矛盾した原理を持ち出していると議論されたこともあるのだが(いわゆるアダム・スミス問題)、いまではこれは、スミスの利己心は「啓蒙《けいもう》された利己心」のことで、スミスの功利主義は行為功利主義ではなくて規則功利主義のことだというふうに好意的に調合されて、めでたし・めでたしになっている。

スミスが発見したのは「自己利益が社会利益に転化する」という法則である。そこに見えてきたのが「自然的自由の制度としての市場社会」というものだ。自然的自由というのは「自然権としての自由」のことをいう。

この見方はのちのちの社会経済思想にとって重要な分岐点になった。当時はトマス・ホッブズが『リヴァイアサン』において、自然的自由は統治契約にもとづいて実現されるという見解を表明していたことがそのまま踏襲されていて、スミスの市場主義は初めてこれに真っ向から対立することになったからだ。

ホッブズは、自然権としての自由が帰結するのは戦争状態にほかならず、その戦争状態を克服するために統治契約というものがあるとみなしていた。統治契約があれば、その後の自由が臣民にもたらされる。そう、考えていた。自由は大事だが無制限の自由は社会を戦争状態（あるいは無政府状態）にするから、それを契約によって制限することが真の自由だと考えたのである（→千夜千冊エディション『神と理性』参照）。

スミスはこれに反対だった。契約は契約参加者だけを拘束するのみで、後世の社会を拘束する理由を与えないようにするべきだと考えた。そんな中途半端な契約で人民を縛るべきじゃない。スミスは、主権者（国家・政府・権力）が私人の経済活動に介入することの愚かさを説いて、主権者は防衛と司法行政と限定的公共事業くらいをしていればいいとみなしたのである。この見方は、すぐに見当がつくように今日の「小さな政府」論につながっていく。

こうしてホッブズとスミスの分岐点が、このあとえんえん今日にいたるまで、経済社会思想の最も基本的な対立点になったのである。

整理していうと、アダム・スミスは「理性」よりも個人の「感情」や社会にひそむ「偶発性」を重視した。これは新しい思想の登場だった。十八世紀の理性主義からの早々の脱却であり、同時に十九世紀以降の資本主義市場の本質を予告したものだった。

そうではあるのだが、そこにはまだまだ議論の対象になっていない問題がいくらもあった。たとえば、『国富論』から約半世紀後に出版されたデヴィッド・リカードの『経済学および課税の原理』(一八一七)は、社会が市場によって形成されるのだとしても、その生産物がどこにどのように分配されるかが未解決だと考えた。生産物は地主・労働者・資本家に分かれ、地代・賃金・利潤に分かれるだろうというのだ。

リカードは経済の行為者が同一パイを競いあうのでは、利潤と賃金は一方が増加すれば他方は低下する関係になると見て、そこに階級対立が生じるだろうと予想した。そういう状況では理想的分配なんておこらないのではないか。

リカードがこんなふうに考えたのは、産業革命がいよいよ進行するなか、一八〇二年にイギリス最初の工場法が施行され、一八一一年に織物工場の職人が機械を壊したのがきっかけにラッダイト運動が広まっていた時期にあたっていたからだった。

リカードの経済学にこのような苦悩の姿が滲《にじ》み出たあと、リカード的な柔らかい社会主義と働きものたちの空想的社会主義の思想が発芽してきた。ネルヴァルが『幻視者 あるいは社会主義の先駆者たち』(現代思潮社)で讃《たた》えた連中だ。かれらはいずれも、市場が自由に形成されたとしても社会のほうはきっと不平等になっていくだろうと予想した。「市場の繁栄と社会の充実は重なるまい」という見方だ。

ここに、市場モデルと社会モデルを独自に組み合わせた、小さめのコミュニティ(共同体)や集団的なアソシエーション(組合)が必要だろうと主張する思想があらわれてきた。ロバート・オーウェンの「ニューハーモニー」、サン＝シモンの「産業組合主義」、シャルル・フーリエの「ファランジュ」「ファランステール」などの提唱と実験だ。ぼくは思想史上ではとくにフーリエに着目してきたが、ここでは省略する。

このあと、マルクスとエンゲルスによってまったく新しい経済思想が体系化されたことについても、今夜は省略する。人間の意識(上部構造)というものは、社会の生産経済活動(下部構造)によって歪《ゆが》められるもので、そこから生み出される価値も大半が剰余価値として資本家に蓄積され、すべての労働は疎外されて商品になるばかりだという、世に名高い唯物史観の構図が提供されたわけである。

スミスからの転換とリカードからの転位をはかったのは、空想的社会主義者やマルクスたちだけではなかった。最近は軽視されるようだが、フリードリッヒ・リストの国民経済学やグスタフ・シュモラーらの後期歴史学派もいた。

リストらの経済思想は、一言でいえばドイツ・ロマン主義と国民国家主義が接合した産物で、政治思想としてはマイネッケの歴史学派が、歴史の総体をまるごと精神史的に摑《つか》むことを試みて、コスモポリタニズム（世界市民主義）に対する国民国家主義を対置させたものだった。ぼくは千夜千冊に『歴史主義の成立』（筑摩叢書）をとりあげたが、マイネッケにはその名もずばりの『世界市民主義と国民国家』（岩波書店）がある（↓千夜千冊エディション『神と理性』参照）。

こういう政治的ロマン主義を香らせつつ、リストは『経済学の国民的体系』（岩波書店）をもってその経済学化をはたした。アダム・スミスらの古典派経済学を「万民経済学」と呼ぶとすれば「国民経済学」にあたる。ドイツの民族精神に結びついた一国経済学ではあったけれど、その生産力をめぐる理論はいまなお各国の経済力を議論するときに使われていい。

他の方法でスミスやリカードからの転換や転位をはたす者もあらわれた。一八七〇年代に踵《きびす》を接したカール・メンガーの『国民経済学原理』、ウィリアム・ジェヴォンズの『経済学の理論』（ともに日本経済評論社）、レオン・ワルラスの『純粋経済学要論』（森山書店↓岩波文庫）などである。いずれも古典派経済学への反論を出した。かれらは市場の重要性については強調したのだが、そこに新たな「限界効用」説を入れこんだ。科学的経済学が動きだした。

アダム・スミスには有名な「水とダイヤモンド」の比喩《ひゆ》による問答がある。水には大いなる使用価値（効用価値）があるのに交換価値がなく、ダイヤモンドは何の役にも立ちそうもないのに多大の交換価値をもつ。いったい交換価値の尺度は何にあるのか、商品の価値をつくっている要素は何か。そういう問いだ。

スミスの答えは、交換価値の尺度を握っているのは労働であり、商品の価値の要素は賃金・利潤・地代などの生産費であろうというものである。このスミスの交換価値に関する仮説はマルクスさえ受け入れたものだったのだが、しかしメンガー、ジェヴォンズ、ワルラスはこの考え方に異議を唱えた。水とダイヤモンドがそれぞれの価値をもつのは、そこに投下された労働や生産費のせいではなく、消費者の主観的効用によっていると考えたのだ。

水やダイヤモンドには一般的な価値はない。スミスはそれらにあたかも使用価値が付着しているように言うが、その価値はその量と、これを使用する者の主観的評価や効用観とによっていろいろ異なってくる。目の前にバケツ一杯の水しかなければそれは洗濯用ではなくて飲料となり、バケツの水がふえるにしたがって水は炊事や洗濯などにも使われていく。このことを一般化したいなら、水の交換価値を決めるのは〝最後の一杯〟の水に対する評価によっていると言わなくてはならない。

メンガーらのオーストリア学派は、この〝最後の一杯〟によって評価が決まっていくことを「限界効用」(marginal utility) と呼び、そこにベルヌーイの定理(力学的エネルギーの保存則)などを応用し、現実社会の実情に生きる人間でない理論経済上の〝経済人間《ホモ・エコノミクス》〟を想定した。

ジェヴォンズの『経済学の理論』はメンガーより大胆で、ベンサムに近くて功利主義的だった。経済的な評価の活動に「限界効用」があるということは、人間には快楽と苦痛を選択する順に経済活動をするという法則が隠れている。それなら人間には「快楽計算機械」とでもいうべきものがひそんでいるということになるだろうから、これを計算して明示化するのが経済学の役割だとみなした。

すぐさま見当がつくように、メンガーの経済人間《ホモ・エコノミクス》もジェヴォンズの「快楽計算機械」も、実際のナマの人間ではない。ありうべき経済社会のなかの統計的で抽象的なモデルだった。だからこれは数学の対象になりえた。そのため経済学はここから一気に科学性をめざすことになった。

今日、経済理論が統計学や確率論やゲーム理論を駆使するようになったのは、もとをただせばここに端を発している。しかし、そこには、ナマの人間ではない統計平均的なホモ・エコノミクスばかりが想定されていた。

もう一人のワルラスのほうはその深みと広さからして、ほんとうはいろいろ説明しなければならないのだが、いまは一言ですませると、限界効用論を下敷きに「一般均衡理論」を打ち立てた。これはその後の新古典派経済学の核となったもので、そこでは、各人の主体的均衡が満たされていて、総需要量と総供給量は一致しているという条件が組みこまれていた。この二つの条件によって、市場は均衡を保つというのだ。

ここで二人の異色の経済思想家を挟んでおく。一人はソースティン・ヴェブレンで、もう一人はカール・ポランニーだ。

ヴェブレンは痛快である。『有閑階級の理論』(一八九九)で知られているように、アスター、ヴァンダービルト、ロックフェラー、モルガンらの資本家たちが派手に大儲《もう》けをしていた十九世紀末アメリカの繁栄を容赦なく抉《えぐ》っていった。「誇示的消費」「代行的閑暇」「製作者本能」「略奪文化」といった意表をつく用語を濫発《らんぱつ》して、メンガー、ジェヴォンズ、ワルラスらの用意した「経済人間」「均衡」といった概念があまりに現実無視をしていることを非難するとともに、そもそも経済学に「正常」や「平均」のモデルや科学的なものさしを導入することに文句をつけた。

そういうヴェブレンを経済学では「制度学派」と呼ぶのだが、どうもこの言い方は勘違いを招く。ヴェブレンは「個人と社会の特定の関係や特定の機能が支配的になる思考習慣」のことを制度とみなしたのだ。だから片寄った消費活動も制度なのである。ヴェブレンは「見栄を競うこと」「差別的な比較で経済活動をすること」「自分をひけらかすために消費すること」をこきおろし、そんな消費者の欲に合わせたものづくりをしていては、人間本来の〝製作者本能〟が失われていくだろうことを嘆いた。そのうえで『企業の理論』（一九〇四）では、企業が金銭的動機で活動するかぎり、産業は阻害されるばかりだと説いた。これは裏返せば、企業の利得は産業の効率化を損なうことから生まれるのだという逆説をもたらした。

晩年のヴェブレンは、企業の営利体制の矛盾を転換させ、産業の実権を「技術ソヴィエト」のようなものに移行させたほうがいいとさえ言いだして、敬遠された。しかしその独創的な発想と多様な才能は、アブダクション理論を提唱したチャールズ・パースの持ち味にこそ比肩されるべきだと、ぼくは思っている。

もう一人のカール・ポランニーについては、あらためて言うことはない。十九世紀文明が、①力の均衡、②国際金本位制、③自己調整市場、④自由主義国家という四つのシステムによって支えられていたことを暴き、アダム・スミス以前の社会では交換を介した利潤によって経済活動が進行しているのではなく、むしろ人間の経済が広範な社会活動のなかに埋めこまれていたことに注目すべきだと促した（→千夜千冊エディション『編集力』）。

ポランニーは市場を特別には扱わなかったのだ。経済は自給自足をめざす「家政」と、適確な利益と税による「再配分」と、親しい者や義理ある者のあいだで贈答を交わしあう「互恵」と、そして市場による「交換」の、この四つが相互に組み合わさったものだと言いたかったのである。とくに市場社会が、もともとは商品ではない労働・土地・貨幣を商品化したことを痛烈に批判した。

今日の経済学ではヴェブレンとポランニーをほとんどまともに扱わないけれど、これはよくない。経済思想の決定的損失だ。

だいたいここまでが、十九世紀までの社会を背景とした経済思想のストリームだ。ここから先は時代が企業と企業社会の波及、社会主義国家の台頭、ファシズムの時代、大衆とポピュリズムの氾濫《はんらん》、マネーゲームの流行などに入って、経済思想は大きく様変わりしていく。

本書はこうしためまぐるしい二十世紀経済社会に灯火をともした経済思想として、バーリ、ミーンズ、マーシャル、ケインズ、カーン、ミュルダール、カレツキー、ミーゼス、ランゲ、バローネ、ロビンズ、ハイエク、ジョンソン、ブルンナー、フリードマン、フィリップス、ルーカスなどを次々にあげ、その紹介をさらりと扱っている。いちいち案内するには多すぎる。まとめて、五つの大きな奔流があったことだけを、主著をあげて説明しておく。

第一には、株式会社の動向をめぐる経済思想がある。法学者アドルフ・バーリと経済学者ガーディナー・ミーンズが所有と支配の分離を浮き彫りにした『近代株式会社と私有財産』(文眞堂)、ヨーゼフ・シュンペーターがイノベーションと新結合による創造的破壊を説いた『経済発展の理論』(岩波文庫)、ロナルド・コースがトランザクション・コスト(取引費用)によって企業出現の起因を証《あか》した『企業・市場・法』(東洋経済新報社↓ちくま学芸文庫)、ピーター・ドラッカーがマネジメント・ルールの秘訣《ひけつ》を提供した『現代の経営』(ダイヤモンド社)などに代表される思想だ。

第二は、景気や恐慌や失業をめぐるもので、ここでは世界恐慌の体験から何を学ぶかという反省が生きていて、ケインズの『雇用、利子および貨幣の一般理論』(岩波文庫)が中央にどっしりかまえている。有効需要や公共投資や失業対策の必要性を説いたいわゆるケインズ革命だ。一九三〇年代の大不況を背景にケインズの理論は各国の経済政策の指針となった。

第三は、ケインズが最初に説いたことであるが、サイコロやルーレットではわからない「不確実性」(uncertainty)をめぐる経済動向に関する思想の試みと、ケインズが嫌ったサイコロやルーレットにもあらわれる不確実性を確率的に展開していく試みとが、両方とも並ぶ。前者のほうにはケネス・アローの「不可能性定理」(一般可能性定理)やガルブレイスの『不確実性の時代』(TBSブリタニカ↓講談社学術文庫)などが連なり、後者のほうは確率論に頼った金融工学にまで流れこむ。

第四は、貨幣や通貨や国際市場や財政をめぐる経済思想だが、ルートヴィッヒ・フォン・ミーゼスの『貨幣及び流通手段の理論』（実業之日本社・日本経済評論社）をはじめ、市場をもたない社会主義経済の行方を議論するもの、オスカー・ランゲの価格論、インフレ率と失業率のトレードオフ関係を示したフィリップス曲線で有名なA・W・フィリップスの財政論など、いろいろ多種多彩である。

そして第五が、マネタリズムと自由主義をめぐるもので、ここにフリードリヒ・ハイエクからミルトン・フリードマンやジェームズ・ブキャナンに及ぶシカゴ学派がいた。のちに新自由主義（ネオリベラリズム）の経営学と呼ばれた。

今夜の文脈で問題になるのは、第五のマネタリズムと新自由主義であるのだが、そしてそこにどういうふうに「合理的な愚か者」と「たまたま」がかかわっていたかということなのだが、それについては次夜以降の担当にする。

［追記］二〇〇九年十一月末の一三三〇夜から、千夜千冊は「連環篇」と銘打ったシリーズに入った。そのトップを飾ったのがムロディナウの『たまたま』とタレブの『ブラック・スワン』だった。その後、千夜千冊は六〇夜にわたって資本主義とグローバリズムの問題にまつわる本を連打した。この千夜千冊エディション『資本主義問題』に収録した文章は、この連打していた当時の文脈が言及されている。あしからず。

第一三三六夜　二〇〇九年十二月二三日

参照千夜

七八九夜：マルクス『経済学・哲学草稿』一五一夜：カール・ポランニー『経済の文明史』一三七二夜：ケインズ『貨幣論』九一六夜：ハイデガー『存在と時間』一三三七夜：ハイエク『市場・知識・自由』一三三八夜：フリードマン『資本主義と自由』九四四夜：ホッブズ『リヴァイアサン』一二二二夜：ネルヴァル『オーレリア』八三八夜：フーリエ『四運動の理論』六一夜：マイネッケ『歴史主義の成立』一一八二夜：『パース著作集』一三四四夜：アマルティア・セン『合理的な愚か者』一三三〇夜：レナード・ムロディナウ『たまたま』一三三一夜：ナシーム・ニコラス・タレブ『ブラック・スワン』

エリート・ケインズの内外なる矜持と陰影が二十世紀経済学の光と影となっていった。

ジョン・メイナード・ケインズ

貨幣論 I・II

ケインズ全集第五巻・第六巻

小泉明・長澤惟恭訳　東洋経済新報社　一九七九・一九八〇

John Maynard Keynes:A Treatise on Money 1930

二〇一〇年七月十一日の参議院選挙は民主党が惨敗した。とはいえ、これはたんに予想を大きく下回ったということで、躍進はしたものの党名を口にするのも憚《はばか》りたい「みんなの党」(渡辺喜美党首)を含めて、どこかの党が政策的に勝ったなどというわけではなく、たんに民主党のオウンゴールが目立っただけのようなものだった。どちらにせよ、ひどい選挙だった。

それから三日もたたないうちに日本振興銀行の不正が発覚して、前会長の木村剛が逮捕された。木村は竹中平蔵とともに小泉内閣時代の日本のマネタリーモデルを立案したとされる張本人で、新自由主義経済戦略の旗手だった。ぼくも十年ほど前に『日本資本主義の哲学』（PHP研究所）という本を読んだことがあるが、なかなか切れ味がいいなという印象だった。ただし、こちらも策に溺《おぼ》れたオウンゴールだった。

民主党の敗北は、菅直人が消費税を一〇パーセントに上げると言ったことが原因だったと言われている。そうでもあろうが、オウンゴールは普天間基地問題をはじめ何本もあったから、それだけではないだろう。それにしても、安倍・福田・麻生・鳩山内閣と打ち続く日本の宿命的とさえ言いたくなるオウンゴール問題は、そもそもが竹中・木村のマネタリズムといい、消費税増税計画といい、それほど国の経済政策と外交政策は難しいということをあらわしているにすぎない。

それとともにこれは実は、日本においても「ケインズとは何か」ということがあらためて問われているということだったのである。

ケインズの経済学は、ふつうは「大きな政府」の経済政策理論を確立したとか「デマンドサイドの経済学」を確立したなどと言われてきた。しかし、はたしてそれだけかどうかというと、そんなことはない。

そもそもケインズは、失業の発生の理由、不況が長引く理由、貨幣価値が流動する理由などを考え抜いた。そして「有効需要の不足」にこそさまざまな経済不振の要因を見定めて、むしろサプライサイドの経済学を律するのは政府の重要な役割であろうと結論づけたのである。ところが、そういう〝新しい経済学〟は一九二九年の世界恐慌以降の経済政策の主流となったものの、あるときからしだいに退嬰《たいえい》していったのだ。

とくにケインズ経済政策論が木っ端微塵《みじん》に砕かれたのは一九七〇年代に入ってからで、ハイエクやフリードマンらのシカゴ学派の台頭と、サッチャリズムとレーガノミクスが時のグローバルスタンダードになっていったときだった。政府は公共事業をしてバラマキ政策をするのではなく、規制を緩和して経済活動は自由市場に任せておけばいいという風潮が高まっていた。

それで、どうなったのか。金融市場至上主義が広まっていった。あとは〝カジノ資本主義〟や〝暴走する資本主義〟の乱舞だったのである。勢いがよく、ネオリベラルなんて口当たりもよく、日本も小泉劇場とともにその旗振りが進んだのだが、それがエンロン不正事件からリーマン・ショックまでの狂乱で壊滅的な痛手を被って、以降は一転、度が過ぎたマネタリーモデルも猛反省期に入った。

そこに不死鳥のごとくに再浮上してきたのがケインズの経済政策論だった。何をいまさらケインズかという向きも少なくはない。二一世紀の国際経済や国家モデルに合わないところはいくらもある。実際にも、リーマン・ショック後の経済政策がケインズ型で成功していったという例は、まだ聞かない。けれどもグローバル資本主義が気になって、敢然とアダム・スミスを読みなおすというのなら、次は騙《だま》されたと思ってもいいから、ケインズを読みなおすべきなのである。

五月の連休直前に、ケインズの『説得論集』の新訳が日本経済新聞出版社から刊行された。山岡洋一の訳だ。この人はアダム・スミスの『国富論』を新訳してもいて、訳がよかったので、ぼくも手にとった。インフレとデフレの本質に言及したチャプターがあって、当時の保守党政権が「国を混乱に導いた原因」がいくつも指摘されている。保守党は次のようなことを信奉して、ニッチもサッチもいかなくなったとケインズは書いていた。こういうものだ。

①道路や住宅の建設を急いではいけない。そんなことをすれば雇用の機会を使いはたす。②全員に職を与えようとしてはいけない。それではインフレを引き起こす。③投資を控えよう。採算がとれる保証がない。④政策を変えないほうがいい。リスクがふえるだけだ。⑤いま、われわれは悲惨ではないのだ。安全第一にしているべきだ。

こういう保守党政策が、「否認・制限・休止のイギリス」をつくってしまったというのが、当時のケインズの指摘なのである。同情したいところはある。イギリスは大戦間の苦境にいて、デフレ不況、低金利、財政赤字、国債問題、人口減少に悩んでいた。しかし大英帝国はこんなことで失速していてはならなかった。ケインズは自身が委員長となって経済学者委員会を立ち上げる。なぜ、そんな自信があったのか。

ジョン・メイナード・ケインズは、一八八三年のケンブリッジのハーヴェイ・ロードで生まれた。経済学者で動学モデルの提唱者でもあったロイ・ハロッドの『ケインズ伝』(東洋経済新報社)では、好ましくも「ハーヴェイ・ロードの前提」と名付けられたこの幼少年期のエリート環境は、ケインズの心性の原郷とも思想の模型ともなっている。

父親のジョン・ネヴィル・ケインズはケンブリッジ大学の経済学者兼論理学者で、時の経済学の総帥アルフレッド・マーシャルの篤《あつ》い信頼を得ていた。子煩悩《こぼんのう》らしく、ジョン・メイナードの成長の記録を克明に日記につけるだけでなく、はやくも四歳の子に「利子って何のことかわかるかね」などと聞いたりしたらしい。よくある作り話だったとしても、この話、ケインズらしい。

イートン校、ケンブリッジ大学キングズ・カレッジというふうに超エリートコースを進むと、そこでは数学を専攻した。ケインズは数学で才能を発揮したのではないけれど、ずっと数学を手放さなかったことが特筆できる。

学生時代のケインズを極め付きに陶冶《とうや》したのは、リットン・ストレイチーの勧めで秘密結社めいた哲学倶楽部《クラブ》「ザ・ソサエティ」の会員になったことだ。かの名高い「ブルームズベリー・グループ」の青年青女どもの巣窟《そうくつ》で、そこはすこぶるホモセクシャルな空気に包まれていた。ボスはジョージ・エドワード・ムーアだ。ラッセル、ヴィトゲンシュタイン、フレーゲとともに当時の学風を代表していた。その『倫理学原理』（三和書房）に「善は分析不能」と書いたムーアの感覚はブルームズベリーのちょっと妖《あや》しげな若者たちを夢中にさせた。ぼくも何度かうろつきまわったが、ブルームズベリーとは大英博物館の周辺地区をいう。

ブルームズベリー・グループには、スティーヴン・トムリン、ストレイチー、レナード・ウルフ、ヴァージニア・ウルフ、ダンカン・グラント、デイヴィッド・ガーネットらがいた。いずれも妍《けん》と狷《けん》とを競いあうケンブリッジ学派で、のちの第一次大戦のときはたいていが徴兵拒否をした。反戦思想派でもあったのである。

Science Photo Library/アフロ

ジョン・メイナード・ケインズ
(1883－1946)

やがて大学の学生ユニオンの会長ともなったケインズは、古典文芸から数学・科学までのありとあらゆる思索と活動とにかかわって、早々にケンブリッジ自由党クラブのリーダーとして政治活動にも関心をもつようになった（ケインズは終生、自由党の支持者）。

卒業時にはトライポス（優等卒業試験）を受け、一九〇六年には高等文官試験に挑み、一〇四人中二位の高成績で合格すると、インド省に入って役人になった。官僚として腕を発揮したわけではない。のちに『確率論（蓋然性論《がいぜんせい》）』と『インドの通貨と金融』の著作として発表される大論文の草稿に情熱を注いだ。とくに確率については「主観確率」を駆使したクラシックなもので、もっぱら「確からしさ」とは何かを追究して、その後のケインズ理論の礎となった。

当時のケンブリッジ大学には、いま思うと理解できないことだろうけれど、経済学の教授はマーシャル一人がいただけだった。ケインズはアーサー・セシル・ピグーとともにフェローに抜擢《ばってき》された。二人はそのまま生涯の論敵となった。

大学は必ずしもケインズの安住の場所ではなかったようだ。そこには躍動する経済の現場はなかった。ケインズは自身で投資活動をする。本気の投資だ。他方では、一九一一年から三三年間「エコノミック・ジャーナル」の編集に携わった。これも生きた現場を求めてのことで、多くの論文がこの雑誌を通して膨らんでいった。

大蔵省（財務省）の顧問としても活躍した。一九一五年、時の大蔵大臣ロイド・ジョージに採用され、しばしばイギリスの経済政策を提案した。古い手形の支払いを猶予して、新しい手形を保証するとか、銀行と割引商社が不良債権の一部を保有するとかの提案は、ケインズ主義のハシリである。第一次世界大戦でドイツを苦しめた賠償金問題をいちはやく打開しようとしたのも、ケインズだった。

その間、いろいろパンフレットや雑誌論文は発表していたが、本格的に経済学の著作に取り組んだのは後半期で、『貨幣改革論』(一九二三・四〇歳)、『貨幣論』(一九三〇・四七歳)、そして〝ケインズ革命〟とよばれた『雇用、利子および貨幣の一般理論』(一九三六・五三歳)が、のちにケインズ三部作と称されるぴかぴかの勲章となった。

なかで最もよく知られているのは、むろん『一般理論』(岩波文庫・東洋経済新報社)だが、ケインズが一貫して考えつづけていたのは貨幣や通貨の問題である。最初の著作も『インドの通貨と金融』(ケインズ全集1)や『貨幣改革論』(ケインズ全集4)だった。

ケインズが貨幣や通貨について研究する気になったのは、現実的な対策を組み立てたいという動機にもとづいている。インド省にいたケインズは、最初は、大英帝国の経済にとって屋台骨だったインドの通貨問題にとりくんだ。

インドの通貨ルピーは銀本位制の中にいた。一ルピーと一定量の銀が裏表に価値づけられていて多くの銀貨が流通していた。それが十九世紀後半になるにつれて多くの国々が金本位制を重視しはじめ、銀は金に対して下落する。これでは金本位の大英帝国と銀本位のインドとのあいだで潤沢な富が形成してこない。そこでケインズはこの問題を例題にして、いったい通貨や貨幣はどういう役割をもつべきかという問題をジェネライズすることこそ、自分の仕事だと確信した。

考えるべきことは大きく二つあった。ひとつは貨幣が金や銀に代表される価値をもっているのなら、その供給はどのように確保され、放出されるべきなのかという問題だ。これはマネーサプライの問題、サプライサイドの問題になる。もうひとつは、社会的人間はどのように貨幣を求めるのか、どう使いたいのか、どう貯めたいのかという問題で、これはデマンドサイドの問題になる。

ケインズはのちに政策においてはサプライサイドの問題が、社会においてはデマンドサイドの問題が大きいという結論に至るのだが、このときは古典派経済学が打ち立てた「金本位制の理論」に挑むことが、当初の目的になった。とくに古典派を代表するリカードの経済学を超克することがめざされた。

イギリスの経済は金本位制を敷きながらも、マネーの流通は銀行の当座預金と小切手を媒介にしたり流通速度によって動いていた。貨幣の九〇パーセント近くが銀行預金になってもいた。ハイパワード・マネーが現実社会を覆いつつあったのだ。

ここでふつうなら（古典派経済学ふうには）、インドの通貨ルピーが金本位制を採用して、本国同様に銀行の力が増していくことが望まれるところだろうが、ケインズはそうは考えなかった。ルピーは「金為替（ポンド）本位」になるべきだと判定した。銀行にだぶつく貨幣がある以上、金本位制を継続していることのほうがデメリットになると判断したのだ。ハイブリッド思考あるいはデュアルスタンダード思考に近い。

ケインズには、専制君主の地位にある金（ゴールド）をその王座から追放する革命よりも、金を王とする立憲君主制のほうがずっとましだろうという思いがずっと強かったらしい。だから金本位制に反対していたわけではないのだが、しかし銀行の力が増してきて紙幣がじゃぶじゃぶ刷られるようになった社会では、もはや金本位制を守ろうとすることには問題があると見た。こういう見方は、一九二三年から二五年にかけてイギリスで金本位制に復帰するかどうかの議論が沸いたとき、ケインズがそうとう業を煮やしたことにあらわれている。


ケインズは本来の貨幣のありうべき方向として、次のような想定をしていた。①国家が計算貨幣に応当させる標準（本位＝スタンダード）に対応する表券主義にもとづく貨幣、②貨幣が本位（スタンダード）に対応しなくとも機能する代表貨幣、③国家が一歩進んで本位を放棄するときに必要となる法定不換紙幣。こういう三つの方向があっていい。

そこで大前提として、まずは「管理貨幣」（managed money）というものを考えた。「国家がある客観的基準で測って確定した価値をもたせ、兌換《だかん》やその他の方法でその発行条件を管理することを引き受けている貨幣」のことである。これにもとづいて、法定不換紙幣と商品貨幣が用意されればいい。いずれも譲渡が可能で、債務履行ができる。

なかで商品貨幣はコモディティ・マネーにあたるだろうとみなした。つまり管理貨幣、法定不換紙幣、商品貨幣の三種が、ケインズの考えるマネー・プロパー（本来の貨幣）なのである。

このうち、管理貨幣と商品貨幣が客観的基準にかかわり、管理貨幣と法定不換紙幣は国法や慣例から照らして相対的な価値を示す関係をもつ。ケインズはグローバルスタンダード用の貨幣とナショナルスタンダード用の貨幣の両用を構想したのだ。ハイブリッド思考であって、デュアルスタンダードな貨幣論者だったのだ。

けれども世の中でおこっていることは、そのようなリクツだけでは埒《らち》があかない。第一次世界大戦で莫大《ばくだい》な賠償金を抱えたドイツの現状を目の当たりにしたときは、そのドイツがおかしくなればヨーロッパ経済も世界経済も一挙におかしくなるだろうと感じて、むしろドイツの負債をチャラにすべきだとの暫定的な結論も下していた。ケインズはリアリストでもあったのだ。

こうして、ケインズの貨幣論はしだいに人間社会における「貨幣の流動性」とは何かというほうに向かっていく。

貨幣には、何かを買えるという自由が保障されていて、万が一のときのためには手元の貨幣を保蔵しておけるという利点がある。これが束ねられていくとマネーパワーの起爆力になる。このような貨幣には、そうしようとしさえすればいつだって財貨やサービスと交換できる機能があるわけで、そうであるがゆえに、そこに大きな特質が生ずる。それが経済学で言われる「変動性」(ボラティリティ)というものになる。使い勝手による変化だ。

一般に、貨幣の流動性は貯蓄においては高く、投資においては低くなる。ここに利子率が加わると、利子率が低ければ流動的な選好度が高まり、高ければ流動的選好度が弱くなる。資本主義社会はこうした揺動しつづける「流動性選好」の上に成り立っている。ケインズはこの点にさらに分け入って、流動性選好には所得動機、営業動機、予備的動機、投機的動機の四つほどのインセンティブが関与すると考えた。

所得や賃金の受取りと支払いのために貨幣を保有しようと思うのが所得動機、取引や売買の支出や支払いを調整するときに一定の貨幣を必要とするのが営業動機、突然の支出を想定して手元に貨幣をおいておきたいのが予備的動機、市場の変化に応じて利益を得ようとして貨幣を動かすのが投機的動機である。

多くの資産がこのような流動性をもっていて、人間社会も市場も、この流動性資産をめぐるインセンティブによって右往左往させられてきた。貨幣だけでなく、絵画やゴルフ会員権や株式なども流動性資産になってきた。原則的には何でもが流動性資産になりうるはずなのだ。十七世紀オランダではチューリップが流動性資産になった。

しかしながら、このような特定の資産に対する流動性の信頼は、突如として崩れることがある。リスクも高い。そしていったんその資産の信頼が失われると、人々や会社や組織はその資産を売り払い、別の資産（たとえば金塊や土地や美術品）に転じていく。その転身ぶりはあっけないほどである。

これがいわゆる「バブルの崩壊」というものなのだが、問題はそれにともなって貨幣がいつも〝くっついて動く〟ということなのである。「もの」にくっつき、「ひと」にくっつき、資本にくっついていく。ここに一国の経済をゆるがす問題が出てくる。

貨幣に対する人間の選好度は、自分が属する環境や生活における現在と将来の満足度を比較しながら動いていく。現在の時点で何かを消費する満足度は、将来の時点で何かを得るという満足度と、ある意味では均衡する。これは「流動性プレミアム」というものので、実際には、貨幣を保有しすぎれば、現在よりも将来の満足度が勝ちすぎて、このプレミアムのバランスが崩れていくということがおこる。

そうなるのは「貨幣愛」とも「過飽和的貨幣感覚」ともいうべきものが人々の心に募っているからで、それが過剰になれば、おっつけ実体経済のほうに貨幣がとんとまわらないということを引きおこす。のみならず、そのために雇用機会を著しく下げ、失業者をふやしてしまうことにもなっていく。

ケインズには有名な「美人投票」のメタファーがある。これはゲームで、参加者が新聞に載った一〇〇人の顔写真の中から六人を選んで投票すると、最大の票を獲得した組み合わせに近い投票をした者に賞金が与えられるというルールになっている。参加者はこれこそが本当の美人だと思う女性に投票しても意味がない。大多数がこういうタイプを美人だとみなすだろうという女性に投票しておく必要がある。ということは美人の条件を分析したところで、うまく賞金にはありつけないということなのだ。

ケインズは、金融市場や投資市場における貨幣の動きには、この「美人投票」のようなものがあるとみなしていた。美人の条件を決める要素、それを経済学ではファンダメンタルズというのだが、そのようなファンダメンタルズをいくらあきらかにしても、「美人投票」のような市場参加者の動向では、予測的な決定打は放てない。むしろ「付和雷同」が向かう方向に人々はターゲットを求めようとするのだから、いくら予測したってムリなのだ。

ケインズの貨幣論はここからが独壇場である。すなわち「貨幣についての流動性こそが、物価も不況も雇用も狂わせる」と見たわけなのだ。おそらくこの見方こそ、今日、ケインズの復活を話題にさせているところでもあるだろう。

では、景気を回復し、雇用を取り戻すにはどうするか。どんな手を打てばいいのか。かなりの難問だ。しかしケインズは、ぶれなかった。社会の流動性選好を一定程度に弱めることができれば、消費や雇用が比較的安定し、不況からの脱出も少しずつ可能になると見た。たとえば、ひとつには金融緩和政策である。またもうひとつには「賢明な支出」を促すということである。

ケインズは幾つかのアイディアを出した。たとえば一つは、「スタンプ付き貨幣」というものだ。このアイディアはもとはドイツの鬼才シルビオ・ゲゼルが思いついたものなのだが、ケインズはこれをいささか理論化した。貨幣をずっと所持していると効力が減衰するか、あるいは費用がかかるようにしてしまう〝時計〟を付けた。貨幣(紙幣)が一定期間をすぎるとスタンプを捺《お》して、新たなスタンプ付きの貨幣に転じさせようと考案したのである。こうすれば貨幣の流動性選好が落ち着くだろう。

もっともケインズはこのアイディアには限界があるとも指摘している。仮に貨幣スタンプ制度を導入しても、人々が外国の貨幣の流通に乗り換えてしまえば、その有効性が落ちてしまうからだ。

ケインズは国際通貨制度についても、いくつかの独創的なアイディアを提案した。たとえば「超国民銀行」(スーパーナショナル・バンク)を提案した。しくみがおもしろい。この銀行は創業資本をもたないが、その債務が各国の加盟中央銀行によって保証されているというもので、中央銀行とのみ取引をおこなう。このとき、加盟中央銀行から預託された預金勘定を開設して、ＳＢＭという国際通貨を発行する。ＳＢＭは二パーセントの価格幅で金（ゴールド）と交換可能であるとし、加盟各国の通貨は金に対する条件と同じ条件でＳＢＭと交換できるようにしようというものだった。ケインズはＳＢＭ建ての国際的公債も発行できることまで付け加えた。

「国際清算同盟」というアイディアもあった。一九二九年ごろから構想していたもので、打ち続く世界大戦後の世界経済社会を想定して、戦後の賠償問題にあらかじめ手を打っておこうというプランである。

「バンコール」という国際銀行通貨についてのアイディアは、ＳＢＭを発展させたもので、各国が開設しうるバンコール勘定の割当て額を各国の過去の輸出入金額の実績にもとづいて決めておいて、バンコールを金の等価物として認めさせ、各国通貨を一定の平価でこれに次々にリンクさせようという構想だった。バンコール発行額には総額二四〇億ドルという当初の想定すらされた。

しかし、こうしたアイディアはすべてブレトン・ウッズ体制のなかで、ＩＭＦと世界銀行に切り替わってしまったのである。ＳＢＭもバンコールも生まれず、結局はアメリカの国際経済政策のための戦後体制ができあがっていったのだった。

ケインズの思想は「リスクと不確実性と無知」をどう関係づけるかという闘いから生

まれていたものである。社会がつくるペナルティ・エリアの内側で何を決行するかという闘いである。

あれこれの詳細な議論をさておいて集約すると、ケインズがめざした結論は、最適な資本ストックに適合しているかぎり、社会的利子率はゼロになるというヴィジョンにあったのだろうと思われる。そこではすべての生産機会と制作の夢が実現されるはずだという、そういう社会を想定していたのだろうと思う。いいかえれば、ケインズの貨幣論は、世の中の価格変動を減退させるためにのみ、貨幣制度を手術しようというものなのだ。マーケットプライスに決して踊らされない社会の実現をめざしたともいえる。

となると、ケインズの思想はモラル・サイエンスであり、かつまた制度変更の思想というものだったのである。だとしたら、ケインズから「効用の経済学」だけを抜き出すのは問題だったのかもしれない。むしろ本来の「信用」と「リスク」の経済思想がめざされていたと読み直してもよかった。しかし、そういうふうにはケインズは解釈されてこなかったのだ。

このあとケインズ経済学はどのように解釈され、適用されていったのか。また、そのケインズ理論がどうしてマネタリストによって打倒されたのか。そしてそのうえで、いままた「ケインズの復活」がどうして議論されているのか。たいへん興味津々のところだろうが、そのあたりのことについては、次夜に別の本をとりあげて案内することにする。

最後に一言。ケインズをたんに「偉大な経済学者」だと見るのはよしたほうがいい。経済社会の聖像をめざしたとも見ないほうがいい。たんに「ノブレス・オブリージュ」の実践とか体現だったと見るのも、どうか。むしろケインズには資本主義をどこかで嫌悪する心性が根付いていたというほうが当たっているように思う。いつか、そういうことを春の泥がぬかるむような気分で、随筆したいものである。

第一三七二夜　二〇一〇年七月十七日

参照千夜

一三三七夜：ハイエク『市場・知識・自由』　八三三夜：ヴィトゲンシュタイン『論理哲学論考』　一三七九夜：シルビオ・ゲゼル『自由地と自由貨幣による自然的経済秩序』　一三三八夜：フリードマン『資本主義と自由』　一三五四夜：大田英明『IMF』

ケインズに抗して市場の自主的秩序を確信し、「知のカタラクシー」を構想した自由主義者ハイエク。

フリードリヒ・ハイエク

市場・知識・自由

田中真晴・田中秀夫編訳　ミネルヴァ書房　一九八六

Friedrich von Hayek: Individualism ～ Liberalism 1945 ～ 1978

ケインズを叩《たた》きのめしたハイエク。自由主義経済と個人主義の旗手ハイエク。「小さな政府」論と新自由主義（ネオリベ）の源流ハイエク。新保守主義（ネオコン）の牙城《がじょう》ハイエク。「知識の分業」と「カタラクシー」を提唱してIT社会を予見したハイエク。こんな社会経済思想家を扱うのは、ちょっとめんどうくさい。

いくぶん投げやりな気分による文句になるのだが、日本中にうじゃうじゃいるエコノミック・ビジネスマンにはハイエクからやりなおしなさいと言いたいし、ハイエクを保守思想のバイブルにしたがる連中には、ハイエクのロジックは社会主義や全体主義や大政府主義に対してしか雄弁になりえないから、むしろハイエクが対立したケインズからやりなおしなさいと言いたくなる。

一方、個人主義を標榜《ひょうぼう》する連中には、ハイエクの個人主義は今日の個人感覚の根底を提起したけれど、それはいまや「自由市場の中のネオリベ個人主義」になりつつあると釘《くぎ》をさす必要があるようだし、マネー資本主義に迷走して「自由」をはきちがえた連中には「ハイエクを読みまちがえている」と言う必要もある。

これではハイエクの肩をもっているのかケチをつけているのか、わかりにくいだろうが、しかしまた、ハイエクやフリードマンらのシカゴ学派を信奉した連中には、その新自由主義（ネオ・リベラリズム）のロジックはごく一部しか貨幣論や金融論には使えまいとやっぱり言うべきだろうし、あるいは、ハイエクから「知識の自由」を金科玉条のように導きだす連中には、ちょっと待った、ハイエクの知識論は他の多くの知識論のなかでも最も狭いのではないかと突き放したほうがいいように思える。

Gamma Rapho/アフロ
フリードリヒ・ハイエク
（1899－1992）

ようするにハイエクは半面では勝手に解釈されて利用され、半面ではハイエク自身がそんなふうに解釈されてもしかたがない市場主義と自由主義と個人主義を三位一体のままに謳歌《おうか》しすぎたということなのだ。

ハイエクの思想的背景には、カール・メンガーを領袖《りょうしゅう》としたオーストリア経済学派と、その奥のヒューム、アダム・スミス、ファーガソンという三人のスコットランド派の社会哲学がある。もっと奥には崇高論のエドマンド・バークも、カントもいる。実はジョージ・ソロスがどっぷり依拠したカール・ポパーの「開かれた社会」のヴィジョンも存分に踏襲されている。

まことに香ばしい。ハイエクがここから何を導き出したかといえば、いっさいのリクツを市場主義と自由主義と個人主義に帰結させたのである。そのゆるぎない立場はお見事としか言いようがないけれど、それだけかよという気にもなる。

生まれは一八九九年、世紀末のウィーンだ。第一次世界大戦期に一年ほど兵役に携わったあとウィーン大学に入り、法学を専攻していながら、戦争の渦中で読んだメンガーの『国民経済学原理』に感動して経済学に転じた。前夜にも書いたように、メンガーは経済学史ではオーストリア学派の泰斗《たいと》にあたる。その経済思想を一言でいえば、アダム・スミス以来の古典派経済学が「価値は生産費(および労働時間)で決まる」と考えたのに対して、「価値は消費者の〝必要〟で決まる」というところを強調した。いわゆる「限界効用」説だ。

メンガーに始まったオーストリア学派は、ミーゼス、フランク・ナイト、シュンペーターというふうに続いて、結果的にはシカゴ学派に吸収されていった。けれどもハイエクはメンガーの影響を受けながらも、途中からしだいに旋回していった。

旋回はハイエクのお得意だ。一九三一年にロンドン・スクール・オブ・エコノミックスの客員教授に招かれたのをきっかけに（ソロスが入った学校だ）、その主任教授だったライオネル・ロビンズに認められ、当時話題になっていたケインズの『貨幣論』を批判したのが旋回の始まりだった。

ケインズを批判したことは、その後のハイエクの思想形成の方向を決定づけた。ケインズは大蔵官僚で、ブルームズベリー・グループのメンバーである。知的で英明なエリートこそが社会を牽引《けんいん》すべきだと考えている（どの国でも官僚とはそういうものだ）。ケインズは、政府や役所こそが手助けをして国の財政や景気や失業の舵取《かじと》りをすべきだと心底思っていた。実際のケインズ経済政策の特色はまさしくそういう「市場介入」にあった。そこには「社会や市場は不確実なものだ」という強い認識が裏付けられていた。

この「不確実性」がどういうものかということについては、フランク・ナイトが一九二〇年代に、「計算可能なリスク」と「計算不可能な不確実性」とを区別した。前者は保険などでリスクヘッジできるリスクだけれど、中東や朝鮮半島でいつどんな規模で戦争がおこるかとか、円高がどこまで進むとどんな恐慌がおこるかというようなことは、まさに不確実なことである。だから政府や官僚は心してこの不確実性を前提に政策に取り組まなければならない。

この考え方を強調したのがケインズだった。ケインズは貨幣のはたらきも、将来の不確実性に対する備えにあるとみなしていた。それに対してハイエクは、社会や経済に不確実性があることはケインズ同様に認識していたけれど、そこから先はまったく逆で、だからこそ市場の自立性や自在性に事態の推移を任せるべきだと考えた。市場はとことん自律的に動くべきもので、政府はよほどのこと以外は手を出すべきではない。ハイエクはそちらのほうに立った。

かくて二人は激しく論争をするのだが、このときはケインズが凱歌《がいか》を挙げる。世界は大恐慌に見舞われ、ルーズベルトは〝大きな政府〟としてのニューディール政策を導入したからだ。それでもハイエクは自分の経済論にこだわり、一九四一年には『資本の純粋理論』（ハイエク全集Ⅱ-8・9　春秋社）を上梓《じょうし》する。ただし不出来なものにおわった。ハイエクはこれを最後に経済学プロパーの理論構築には手を出さなくなった。

ハイエクの思想時代は戦争と恐慌の時代で、社会主義とファシズムの時代だった。だからこのいずれにも関心をもって対峙《たいじ》しようとした。まず社会主義批判に乗り出した。ソ連を相手にし、身近な社会主義学派を批判した。

当時、イギリス労働党は社会集権的な「計画経済政策」を打ち出していた。一九二〇年にはミーゼスがその欠陥を突く論文を書いていた。ハイエクはその論文を英訳したうえて、『集産主義的経済計画』（一九三五）を発表し、『隷属への道』（一九四四／ハイエク全集I-別巻）によって全面的な社会主義批判と、加うるにファシズム批判を展開した。大当たりした。ハイエクの名が高まるのはここからだ。

この名声は現代保守思想の金字塔のように扱われた。とくに「自由」の定義を「強制しないことにある」と捉《とら》えたことが大いに迎えられた。社会主義とファシズムがあからさまな「強制と計画」にもとづいていたと見えていた時代、「強制からの自由」を徹底して説いてみせた『隷属への道』は、真実に目をつぶらない社会哲学者ハイエクの名声をいやがうえにも高めたのである。しかしあとでもちょっと説明するが、はたして自由が「非強制」だけで説明できるものかといえば、難しい。

評判になった『隷属への道』の翌年、戦後が到来した。一九四五年、ハイエクは『社会における知識の利用』（本書『市場・知識・自由』に所収）で、さらにヒットを飛ばした。この論文はハイエクの数々の著作のなかでも最も質がいい。たしか岩井克人が「ハイエクはこれに尽きている」とさえ言っていた。

古典派経済学の考え方は、市場は効率的に資源を配分するはずだという大前提に立っている。ハイエクはそれはその通りだが、そこには重要な条件が隠れていると見た。古典派の大前提では、市場に参加するすべての者が完全な知識をもっていると想定されているのだが、そんなことはありえない。それにもかかわらず市場はうまく動いているのだとすると、むしろ本当は、不完全な知識が市場に参加することによってうまく分業されているのではないか。知識もまたアダム・スミスが「労働の分業」を説いたように分業されているのではないか。そう、見たのだ。

この指摘は鋭かった。スミスが想定した完全なホモ・エコノミクスとしての経済人間、なんて、ありえなかったのである。でこぼこで気象もめまぐるしい実在の地球を、つるつるで均一的なジオイド地球にするようなもので、そんなものは市場のどこにもいなかったのだ。

ハイエクはさらに、市場の自由度と知識の自由度の関係に目をつけた。知識には「客観的な知識」とともに「個人的な知識」があって、市場に関与するのは後者のほうではないか。そう、見当をつけた。

ハイエクが影響をうけたカール・ポパーの「開かれた社会」仮説では、本来の知識（客観的な知識や科学的な知識）は反証性を内包しているはずだから、必ずや社会を開かれたものにしていくとされていた。しかしハイエクの見るところ、政府が上から流しこむような知識は市場にとってはありえないか、むしろ邪魔なもので、個人的知識こそが市場とともに分業されている。そういう姿こそが望ましいと思われた。

これはハイエクがポパーと別の道に進む分かれ目でもあり、また社会は「無知」に覆われているというハイエク独特の社会哲学のスタートでもあった。この考え方はまた、ハイエクが「自由」を「強制からの自由」だけではなく、既存のいっさいの知からの解放と捉えていく方向の確立でもあった。ここにハイエクを自由主義の祖父とも新自由主義の父とも呼びたくなる拠点が築かれた。

このような考え方は、経済思想としてはもともとはワルラスが価格理論において「オークショナーが分散する需給データ（知識）を調整する」とみなしていたり、ミーゼスが「そうした作業を企業家がしている」とみなしたことを承《う》けたもので、当初のハイエクは、不完全な知識は市場とのやりとりによって能動的な均衡価格の予測という方向をもった知識になっていくというふうに捉えていた。それをしだいに社会哲学的に一般化して、知識論のかたちにしていった。

個人の知識には限界があるので分散されざるをえず、それゆえその分散された知識を市場で統合していけばいいというハイエクの発想は、知識を「情報」とおきかえてみればわかるように、高度情報社会や今日のITネットワーク社会を先取りしていた。各自が勝手に知識情報をウェブにのせていけば、その知識情報はほぼ自由に使えるものになる。「ウィキペディア」などを想定すればいい。

しかしとはいえ、すべての人間の自由が無知にもとづいていて、それが市場によってのみ別の様相に変わっていく、あるいは進化していくというのは、かなりの決めつけでもあった。

以上でだいたいの見当がついたと思うけれど、ハイエクの経済思想や社会哲学の中核にある方針は明快だ。①市場には「自生的秩序」(spontaneous order) がある。②知識は分かれて集めなさい (division of knowledge)。③個人主義は合理的な自由主義である (rational individualism)。まとめれば、この三つだ。

では、これをどう見るか。すべてに諸手をあげて賛同するというわけには、いかない。納得できるところと不服なところが、分かちがたくまじっている。だからいろいろ注文を出さざるをえない。

①についての注文。

市場には「自生的秩序」があるというのは、あらためていえば市場は誰も設計できないということで、市場は非人格的なメカニズムで動くということである。アダム・スミスが想定した「見えざる手」がここに生きている。

それはいい。ハイエクは何であれ設計主義的 (constructivism) な無理解を嫌ったわけである。各人の自由意志による「たまたま」が好きで、それは放っておきたかったのだ。実際にも、「市場では人はたまたまそれに出くわして(stumble upon)、それに従うことの効果に気づくのだ」とも書いている。しかし、人は市場にたまたま出くわすのだろうか。そこでの効果を知らないまま参入するのだろうか。それでも自主的にふるまうのだろうか。そんなことはあるまい。

市場に創られる秩序のことをスポンティニアス・オーダーと言っていることも気になる。市場をあたかも自然や生命のふるまいのように見ている傾向がある。これについては、かつて今西錦司が桑原武夫の司会でハイエクと対談したとき、ハイエクが「社会のルールも進化する」と言ったとたん、今西が「またしても効用説ですね。ナチュラル・セレクション・セオリーの提灯《ちょうちん》もちですね」とあしらったことがあるのだが(NHKブックス『自然・人類・文明』)、そのことを思い出す。ダーウィニズムを社会にあてはめているだけじゃないかというのだ。

べつだん今西に軍配を上げるというのではないけれど、また今西が言うほどハイエクはダーウィン主義者でもないし、ハーバート・スペンサーふうの社会進化論に加担しているわけでもないと思うのだが、このハイエクの非設計主義と市場自律主義とをあまりに強調すると、ジャック・モノーの『偶然と必然』(みすず書房)における生物の無意図性や、リチャード・ドーキンスのセルフィッシュ・ジーン(利己的遺伝子)説を過剰にしたような方向へ行きかねないともいえる。このことについては、そのうちそんな話も書いてみるつもりだが、今日の思想でいうなら「オートポイエーシス」などから考えなおしてみてもいいと思われる。

②についての評価と注文。

ハイエクは、知識が社会のなかで任意に分散していると見ていた。任意な知識は、それぞれの専門や無知によって分断されて、とくに「それを知ること」(knowing that)と「使い方を知ること」(knowing how)がまちまちになっていると見ていた。これも、いい。これは当っている。

そこでハイエクは、そのような知識はアダム・スミスが分業を重視したような意味で、知識を市場に放りこんで分業的統合へ向かわせる必要があると考えた。そのための「カタラクシー」(catallaxy)というモジュールも発想していた。この言葉はハイエクの造語で、統一的ヒエラルキーに対抗する新しい概念になっている。ギリシア語の〝katallatein (catallassein)〟に由来するカタラクティクスの科学を想定したもので、網の結び目のようなものをいう。個々人の自発的な取引から自生的に発生してくるような、無意図的で目的独立的な経済組織の結び目がカタラクシーなのである。

ハイエクは後年になるにしたがって、カタラクシーを知識の離合集散の度合のためのキーワードとしても、使うようになった。エコノミーが社会を統御するのに対して、カタラクシーは価格シグナルの知識の作動などによって人々を離散集合させると見たわけである。

このカタラクシーやカタラクティクスの提案も、いい。たしかに知識はそのように動くべきである。ただし、そのことをもって、ハイエクは一貫して「知識の自由」のありかたを説いたとギョーカイが評価しすぎるのはどうか。それでは知識と自由がくっつきすぎている。ハイエクの知識と自由の関係はあくまで「既存の知識からの自由」というもので、その自由は無知が根底なのである。それなら、その無知は老子や荘子が言うような無知や無為自然や「無明の明」に近いものかというと、そういうものでない。もっと合理的な「方向をもった無知」なのである。

これでは、どこかに全知の神が隠れていて、われわれが無知から出発させられているような構図になりすぎる。そのあと神は「見えざる手」となって、市場にあらわれるというのだろうが、これは気にいらない。

どうしてハイエクがそのように知識を捉えてしまったのかというと、おそらくその知識は「情報」とほぼ同義というべきもので、それ以上でも、それ以下でもなかったからだろう。知識を、科学的知識、慣習や法などの一般的知識、時間と空間に制約された具体的知識、および主観的知識に分類しているのも、知識の内実よりもその使い方のほうに重点がおかれていることを示している。ハイエクが「知識は分かれて集めなさい」と言うのは、市場は情報を集める場であるということ、市場を通せば情報は自由に使えるものになるということにすぎなかったのである。

③についての注文。

一番気になるのは、ハイエクが自由を重視しているのではなく、自由を正当化しすぎているのではないかと思えることだ。一二七七夜（『変貌する民主主義』）にも書いたように、「自由主義」（liberalism）という用語はかなり新しい。「リベラル」（自由な）という言葉が政治的な用語として浮上したのは、十九世紀になってからのことで、厳密には一八一二年にスペインの自由主義派（Liberales）が用いたのが最初だった。

少し遅れてこのリベラルズが、一八三〇〜四〇年代の七月王政下のフランスの小党に使われ、ギゾーの純理派へ、さらにギャランティズム（保証主義）となり、一八四〇年代のイギリスでホイッグ党と急進主義者が合体した「自由党」を名のったときに、自由主義《リベラリズム》が政治的な立場をあらわすものになっていった。この程度の歴史なのだ。

もちろん思想的前史はあった。自由主義というより、近代的自由の思想を準備したのは、スチュアート・ミルの『自由論』（光文社古典新訳文庫）を別格とすれば、今夜の冒頭にもあげたヒューム、アダム・スミス、ファーガソンという、三人のスコットランド人である。この三人が唱えたことは、「経済的な自由なくしては政治的自由もなく、個人的自由もない」ということであって、それを超えるものではない。だからハイエクの自由論がここに起点をおいているとはいえ、そこからはサン・シモンのような産業組合的自由のほうにも、マルクスが言う階級的自由のほうへも、カール・ポパーの「開かれた社会」のようにも、自由はいろいろ発展していってかまわないはずなのだ。

しかし、ハイエクは『隷属への道』やその後の『自由の条件』(ハイエク全集I-5・6)で、かなり独断的な自由論を展開していった。とりわけ「自由の基本法」としては、さきほどから説明してきたように、「自由とは、他人からの強制を受けない」という状態をさすというほうに向かった。さらに自分が考える自由は世の中で言われている「政治的自由」「力としての自由」「内的自由」などとは違っていると言明し、もっともっとミニマム(マキシマム?)な自由のほうへ向かっていったのだった。

③についての注文(続)。

ハイエクの自由は、財産所有権、法の下での自由、移転の自由、職業選択の自由、恣《し》意《い》的な拘束からの自由といったものに特化されていったのだ。これらはいまでは基本的人権とされているものとあまり変わらないように思えるのだが、ハイエクはそれをこそ自由と言って頑《かたく》なに譲らない。とくに政治的自由とトレードオフになるような自由を排するべきだという立場を固守した。これをよく言えば、ハイエクの自由はどんな力にも富にも与《くみ》さない自由だということでは、たいへんナチュラルである。

しかしながら、このような自由は個人に付与されたミニマム（あるいはマキシマム）なものとしてはナチュラルでピュアであったとしても、さて、これが市場を出入りするときの自由性を保証している証拠なのかといえば、これはあやしいと言わざるをえない。自由資本主義とか資本主義的自由というものとハイエクの自由とが結びつくのは、理屈のうえでも考えにくいのだ。

とくに市場に出入りするのが企業や組織であるばあい、それがハイエクの自由によって資本主義的自由を成立させているとは言いにくい。むしろ資本主義的自由の名のもとに隠れて、企業も組織も投資家も法すれすれをすりぬけて利得に走っているから、それが不安定であれ市場の自由を保障していると言ったほうが実態に近いはずなのだ。

というわけで、どうもハイエクは自由を正当化しすぎたか、あるいは、自由の正当性をハイエク自身のワンウェイ社会理論のために純化しすぎたと思われる。

その後、ハイエク思想はミルトン・フリードマンのシカゴ学派と合流して、いわゆる新自由主義（ネオ・リベラリズム）の骨格を形成することとなった。シカゴ大学に来たのは一九五〇年である。五五年にロンドンのＩＥＡ（Institute of Economic Affairs）の設立に尽力し、一九六〇年に『自由の条件』を発表した。企業家も政治家もハイエクを好んで読んだ。

七九年にイギリス首相となったマーガレット・サッチャーが保守党の党首に指名されたとき、ブリーフケースの中から得意げに「これがわれわれの信じているものだ」と取り出したのは、ハイエクの『自由の条件』の合冊本だった。ＩＥＡはサッチャリズムの拠点として機能した。

いったいどうしてこんなことがおこったのか。サッチャーやレーガンはその「信じているもの」で何をやってのけたのか。それでその後はどうなったのか。こういうことを説明するには、もう少しいろいろな事情を点検していかなければならない。モンペルラン・ソサエティのこと、ミルトン・フリードマンのこと、シカゴ学派のことは早めに点検する必要があるだろう。そして、そのような事情のなかでどうして「資本主義的自由」が市場原理ばかりに集中しているように思われてしまったのかということについても、議論する必要があるだろう。

いや、もっといろいろなことを考えたい。とくにぼくが感じるのは、ハイエクがシステムについての思索を欠いてしまったことが大問題だったということと、ハイエクは結局のところはリスクを理念的に消してしまったのではないかということだ。これは、理念上はともかくも、思想的にも実際的にもありえないことである。明くる新年の千夜千冊からはそのあたりに脚をのばすことになる。

第一三三七夜　二〇〇九年十二月二五日

参照千夜

一三三八夜：フリードマン『資本主義と自由』　一〇五九夜：カール・ポパー&ジョン・エクルズ『自我と脳』　一二五〇夜：エドマンド・バーク『崇高と美の観念の起源』　一三三二夜：ジョージ・ソロス『グローバル資本主義の危機』　一三七二夜：ケインズ『貨幣論』　九三七夜：岩井克人『会社はこれからどうなるのか』　六三六夜：今西錦司『自然学の提唱』　二七二夜：桑原武夫編『日本の名著・近代の思想』　一〇六九夜：リチャード・ドーキンス『利己的な遺伝子』　一二七八夜：『老子』　七二六夜『荘子』　一二七七夜：森政稔『変貌する民主主義』　一〇六三夜：マトゥラーナ&ヴァレラ『オートポイエーシス』

十五世紀に始まった世界システムが、
ただひとつの世界資本主義の原則《ルール》になっただなんて!

イマニュエル・ウォーラーステイン

史的システムとしての資本主義

Immanuel Wallerstein: Historical Capitalism 1983

川北稔訳　岩波現代選書　一九八五

たいへん頑固な資本主義論だ。史的世界システムとしての資本主義しか認めない。しかしその半分はカール・マルクスが、残り半分はフェルナン・ブローデルが述べたことだったように見える。ウォーラーステインの独創があるとすれば、システム理論の構築にあるはずなのだが、これは反システム運動論になって、たとえばルーマンの社会理論に及ばなかった。それでもいまなおウォーラーステインを味方にしたいと思う経済史観が後を絶たないのはどうしてなのか。

資本主義は歴史的なシステムである。かつて歴史的にシステムといえるものは、唯一、十五世紀に発して今日につながる資本主義しかなく、それは「世界システム」となった資本主義だけである——。

これがウォーラーステインの言い分だ。あっけないほど明快で、すこぶる頑固だ。だからこれ以上、何も付け加えることがないと言いたくなるが、まあ、それではそっけないだろうからあえて説明すれば、「世界システム」というのは、資本制的な分業がゆきわたっている地域・領域・空間にほぼあてはまるもので、その内部には複数の文化体が包含されている。

この世界システムは歴史的な流れでみると、本来ならば、ローマ帝国やハプスブルク帝国やオスマン帝国のような政治的に統合された「世界帝国」になるか、もしくは政治的統合を欠く「世界経済」になっていくはずのものである。世界帝国は「貢納」のかたちをとりながら辺境の経済的余剰を中核部に移送して、そのシステムの完成をめざしていく。他方、世界経済のほうは「交換」によって経済を拡張していくのだが、そこには世界帝国のような大きな官僚機構を支える必要がないぶん、しだいに余剰がシステムの成長にまわっていくようになる。

したがって近代以前の世界システムはその成長プロセスで、たまたま世界経済めくことはあったとしても、まもなく政治的に統合されて、たいていは世界帝国に移行してしまう。たとえば産業革命をおこして巨大化したかに見えた大英帝国時代のイギリス経済も、資本主義の条件をいくつも発揚していたとはいえ「植民地をもった国民経済」であるにすぎず、資本主義が体現された世界システムとしての「世界帝国＝世界経済」ではなかった。

これに対して十五世紀末から確立していったヨーロッパの世界経済は今日にいたるまで世界帝国化することなく、史的システムとしての世界経済をほしいままにした。ウォーラーステインは、これが、これだけがヨーロッパ全域を背景として確立された世界システムで、それこそがイギリスを呑みこみ、オスマン帝国やロシアを呑みこみ、その他の地域の経済活動を一切合財吸収して、しだいに史的システムとしての資本主義、すなわちヒストリカル・キャピタリズムを完成させていったと言うのである。

以上がウォーラーステインの主張の概略だ。世界システムとしての資本主義は国民経済の中の資本主義が発展してだんだん世界化したのではなくて、資本主義は当初から（十五世紀以降から）世界経済のかたちをとって史的世界システムとして確立されたと言うのだ。

ウォーラーステインはこれを「万物の商品化」とも呼んだ。たいへんわかりやすい言い方だ。自信にも満ちている。こんなふうに書いている。「史的システムとしての資本主義は、それまで市場を経由せずに展開されていた各プロセスの広範な商品化を意味していたのである。資本主義はそもそも自己中心的なものだから、いかなる社会的取引も商品化という傾向を免れることはできなかった。資本主義の発達には万物の商品化に向かう抗しがたい圧力が内包されていた」。

なるほど、説得力がある。たしかに多くの歴史は「万物の商品化」だった。その通りである。しかし、たったこれだけのことを強調したウォーラーステインが、どうしてまたあんなに経済思想界で流行したのかといえば、マルクスとブローデルを下敷きにしたからだったろう。それ以外には考えられない。

また、世界システムがたった一回きりのシステムの起爆と波及によるもので、それが今日の世界資本主義のすべての法則の母型となったというのは、あまりに経済ビッグバン仮説に凝りかたまりすぎていた。仮にそうだとしたら、ウォーラーステインは経済ビッグバン以前の「対称性の破れ」を実証しなければならなかったはずなのである。

前夜（ブローデル）にも書いたように、ぼくはウォーラーステインをブローデルの『物質文明・経済・資本主義』（みすず書房）の途中に、しかも『地中海』（藤原書店）をちらちら脇見しながら読み、かつ川勝平太のウォーラーステイン批判を含んだ経済システム論を横目にしながら解釈しようとした。

これはむろん邪道な読み方で、腰を落ち着かせて読んだわけでも、まして学問成果として検討するように読んだわけでもなかったのだが、それはそれで付き合い方としてはよかったかなと思っている。いくつか納得するところはあるにはあるけれど、あまりに図示的であり、また自信に勝ちすぎていた。

もともと本というもの、人との出会いと同じようなところがあって、最初にどんな出会い方をして、そのときどんな印象で付き合いが始まったかということが、いろいろアトに引く。むろん何かのきっかけでそのスタイルやテイストが一気に変化することもあるけれど、ぼくの経験ではリテラル・ライフ（読み書き人生）での本との付き合いは、人以上にその付き合い方が微妙に決まっていく。それでいいと思っている。

ウォーラーステインもそういう一人だ。というのも、ぼくは自由主義や民主主義の定義が二十世紀初頭まではともかく、その後はあまり役に立っていないように思えてきたし、資本主義についてもその発案的定義ならマルクスやゾンバルトで十分だと見ていたのだ。実際にもその後、資本主義をどのように見るかということは、いまだに決定的な解釈が確立していない。ケインズ、シュンペーターからハイエク、フリードマンまで、多くの見解が表明されてきたものの、どれも帯に短く襷《たすき》に長かった。むしろプルードンやシルビオ・ゲゼルがおもしろい。

そういう流れのなかで、「ヒストリカル・キャピタリズム」（史的システムとしての資本主義）という見方でしか資本主義を語るべきではない、なぜならそれ以外は資本主義ではないからだと、そこまで踏み込んで強調したのはウォーラーステインが初めてだったので、驚いたとともに、ちょっとやりすぎだと思ったのだ。一言でいえば歴史主義だし、よく言ってもブローデルの歴史観を反映させ、それをブローデルのように経済や生活にあてはめるのではなく、資本主義システムだけにあてはめたということが、こんな限定的な見方をもたらしたのだろう。

ウォーラーステインの資本主義の定義は、資本がそこに投下され、投資が投資を自己増殖させていくということに求められすぎた。

これは資本の論理であって、このことはふつうは資本主義の一部の特徴でしかないのだが、ウォーラーステインは資本の増殖と循環をおこすシステムだけが世界システムの名に値するものだとみなしたのだった。このような見方は、ウォーラーステインがどう弁解しようとも、どう見ても合理的判断者の見本のような「ホモ・エコノミクス」を想定した資本主義論であり、しかも市場の中のホモ・エコノミクスではなく、「資本というホモ・エコノミクス」ともいうべきものによって資本主義を説明しきろうというものだった。

これには与《くみ》せない。アジアや日本の資本主義について言及していないのも気にいらない。ウォーラーステイン派はせめてジャネット・アブー＝ルゴドの『ヨーロッパ覇権以前』（岩波書店）やアンドレ・フランクの『リオリエント』（藤原書店）は視野に入れてほしかった（→千夜千冊エディション『大アジア』参照）。というところで、今夜は打ち切りだ。ごめんなさい。ああ、歯が痛すぎる。ぼくは欧米中心歴史観を読むと、歯が痛くなるのです。なお、ウォーラーステインを理解をしつつその限界を突破しようという試みは、山下範久が挑んでいる。『世界システム論で読む日本』（講談社選書メチエ）が意欲的だった。

【おまけ】

イマニュエル・ウォーラーステインは一九三〇年、ニューヨーク生まれのユダヤ人で、コロンビア大学に学んで、一九七六年以降はニューヨーク州立大学の社会学主任教授として、またフェルナン・ブローデルセンター所長として健筆をふるい、経済史学に、またアフリカ研究に大きな影響力をもった。フランツ・ファノンを欧米に紹介したのはウォーラーステインだった。修士論文はマッカーシズム論で、「赤狩り」が共産主義を理解していなかったことを指摘した。

著書は多い。とくに、『資本主義世界経済』1・2（名古屋大学出版会）、本書、『近代世界システム』Ⅰ・Ⅱ（岩波書店）がよく読まれた。ほかに『アフター・リベラリズム』『脱＝社会科学』『ワールド・エコノミー』『世界を読み解く』『長期波動』『ポスト・アメリカ』『ユートピスティクス』『脱商品化の時代』『新しい学』『入門・世界システム分析』『知の不確実性』（いずれも藤原書店）、『大学闘争の戦略と戦術』（日本評論社）、『世界経済の政治学』（同文舘出版）、『ヨーロッパ的普遍主義』（明石書店）、『反システム運動』（大村書店・共著）などがある。

経済史を読むというのは、専門家以外にはあまり好まれないようだが、宇宙史や生物史、科学史や文化史と同様に、大いに読書のスサビとなるべきだ。ぼくは二人のカールによって、すなわちカール・マルクスとカール・ポランニーによって始めたけれど、もっと早めに多くのものを読むべきだったたと悔やんでいる。

第一三六四夜　二〇一〇年五月二八日

参照千夜

七八九夜：マルクス『経済学・哲学草稿』　一三六三夜：フェルナン・ブローデル『物質文明・経済・資本主義』　一二二五夜：川勝平太『日本文明と近代西洋』　一三七二夜：ケインズ『貨幣論』　一三三七夜：フリードリヒ・ハイエク『市場・知識・自由』　五〇三夜：ゾンバルト『恋愛と贅沢と資本主義』　一三三八夜：フリードマン『資本主義と自由』　一三七九夜：シルビオ・ゲゼル『自由地と自由貨幣による自然的経済秩序』　一四〇二夜：ジャネット・アブー＝ルゴド『ヨーロッパ覇権以前』　一三九四夜：アンドレ・フランク『リオリエント』　一五一夜：カール・ポランニー『経済の文明史』

新自由主義《ネオ・リベラリズム》の経済政策を一人で作り上げ、
資本主義を「カジノ」にも「小さな政府」にもしてみせた男。

ミルトン・フリードマン

資本主義と自由

村井章子訳　日経BPクラシックス　二〇〇八

Milton Friedman: Capitalism and Freedom 1962・1982・2002

フリードマン自身が好んで「キャピタフ」（バーモント州にある寓居《ぐうきょ》のこと）と略称している本書の第二章「自由社会における政府の役割」の章末に、次の一四項目のリストが出ている。フリードマン提案の「政府に委《ゆだ》ねるべきではない施策リスト」だ。これを見れば、フリードマンに率いられた新自由主義者やマネタリストがいまなお何を考えているかの明瞭《めいりょう》な出口がわかる。

①農産物の買取り保証制度。
②輸入関税と輸出制限。

③産出規制（農作物の作付面積制限、原油の生産割当てなど）。
④全面的な家賃・物価コントロール、賃金コントロール。
⑤最低賃金制、価格の上限設定。
⑥産業規制、銀行規制。
⑦ラジオとテレビの規制。
⑧社会保障制度（とくに老齢・退職年金制度）。
⑨事業免許制度、職業免許制度。
⑩公営住宅、住宅建設奨励のための補助金制度。
⑪平時の徴兵制。
⑫国立公園。
⑬営利目的での郵便事業。
⑭公有公営の有料道路。

見ればすぐピンとくるだろうが、これらはほとんどサッチャーとレーガンがとりくもうとした項目だ。「小さな政府」が着手すべき〝事業仕分け〟リストなのである。サッチャーとレーガンだけではない。その後の資本主義諸国圏とその追随地域でおこった民営化や規制緩和の路線は、成功度はともかく、すべてこの〝指示書〟にもとづいている。

スウェーデンでは企業の株を労働組合が買い上げて国を株主民主制に変えるというレーン＝メイドナー計画が提案され、小泉政権は⑬の郵政民営化と⑭の道路公団民営化にとりくんだ。アルゼンチンのカルロス・メネム政権、チリのピノチェト政権、韓国のチェボル（財閥）、サード・イタリー（イタリア北部）、インドのバンガロール、中国の上海や珠《しゅ》江《こう》デルタ地帯なども、同じ道を走った。

こうした流れの勢いを見ていると、世の中、まるでフリードマンの言うとおりに動いていたというふうに見える。しかもフリードマン・リストの大半はまだ現実化されていない。たとえばアメリカで完全実施されたのは、⑪平時の徴兵制だけで、フリードマンを頭目とするシカゴ学派がふりまいたとおぼしいマネタリズムのお題目は、資本主義者のすみずみまで波及するかというほど広まったにもかかわらず、各国の政策はフリードマン・リストに挙がった項目を実施しきっていないのだ。

けれども、いったんはさまざまな国や機関や地域において、政府規制の緩和が検討され、多くの国や政権担当者や野党たちが「小さな政府」づくりと「民営化」の夢を見たことも、これまた紛れもないことだった。

さて、最近ではこれらを「新自由主義」（ネオ・リベラリズム）というふうにまとめて批評することが、リーマン・ショック以降はまるで手の平を返すような通り相場になってきた。ハイエクとフリードマンの麻薬か痺《しび》れ薬で鈍《なま》ってしまった体を、新たなカンフル剤で一挙に振り払うかのような、昨今めずらしい非難の嵐になっている。

その新自由主義批判やカンフル剤は、むろん耳を傾けるべきものもあるけれど、あまりに粗悪であったり、恣《し》意的であったり、事情を勘定に入れていなかったりすることも少なくない。ぼくもあらかた目を通してみたが、一部を除いてときには勘違いさえ甚《はなは》だしい。そこで、新自由主義の問題に話を移す前に、いささか振り返りたい。なぜみんながみんなフリードマンの〝指示書〟に手もなく屈服したのだろうか。

二〇〇九年の「千夜千冊」の掉尾《ちょうび》がフリードマンになるとは思ってもいなかったのだが、これは「ISIS本座」年末年始の配信の都合だと思われたい。べつだんフリードマンを来年の干支《えと》のように象徴的に扱いたいということではない。もっとも以下を読んでもらえばわかるだろうが、フリードマンの学問的頑固というもの、きわめて先駆的であり、そのぶん問題を自己言及的に回帰させるところが目立つため、ちょっと虎のごとくに手に負えないところがあって、年末にとりくむにはふさわしい。

フリードマンが「政府介入撤廃リスト」をタイプライターで打ったのは、一九六二年のことだった。本書執筆の年だ。ケネディがキューバ危機に立ち往生していた時期で、ソ連の社会主義的な計画経済がまだ世界に幻想をふりまいていて、アメリカが必死に

「大きな政府」として自国のプレステージを上げようとしていた時期にあたる。

こんな早期に本書を書き、その後もほとんどその主張を変えず、時代のほうがだんだんフリードマンに追いついて、世界の資本主義がフリードマンふうに染め替わっていったということには、驚くほかはない。それによってフリードマンが「自由の英雄」（ジョージ・ブッシュ）になったか、「国家元首を含めて過去五十年間で最も影響を与えた男」（ジョージ・シュルツ）になったか、「悪魔の挽《ひ》き臼《うす》をついに動かした男」（ノーム・チョムスキー）になったかはともかく、なぜフリードマンはかくも早期に「小さな政府」と新自由主義の青写真を構想できたのか。

ぼくにもカール・ポパーやハイエクやジョージ・ソロスってどんなシソー男なのかという関心とほぼ同じ好奇心で、ミルトン・フリードマンってどんなケーザイ男なのかという関心が、ずっと蟠《わだかま》っていた。

フリードマンは一九一二年のブルックリンの生まれだが、ソロスと同じハンガリーの血をうけている。両親はオーストリア＝ハンガリー帝国下のザカルパチア地方の出身で、正真正銘のアシュケナージなのである（詳しくは九四六夜アーサー・ケストラー『ユダヤ人とは誰か』を読んでほしい→千夜千冊エディション『文明の奥と底』所収）。アシュケナージであったということは、フリードマンのどこかに「世界離散民の苦汁」があったということだろう。

十九世紀末から二十世紀初頭にかけて、多くのユダヤ人がアメリカに希望を求めて移住したように、フリードマンの両親もそうした。ブダペストを捨てブルックリンめがけて、夢を追って大西洋を渡ってきた。当時のブルックリンの一部はユダヤ人地区だった。父親は仲買人をして、母親は縫製工場で働いた。いまのところは唯一の伝記であるらしいラニー・エーベンシュタインの『ミルトン・フリードマン』（日経BP社、エーベンシュタインはハイエクの伝記も書いている）によると、フリードマン少年は鉄鋼王アンドリュー・カーネギーの建てた地域の図書館で本を読みあさり（二十世紀のアメリカではこの手のカーネギー図書館少年がゴマンといた）、ボーイスカウトに入り、放課後はヘブライ語を学んで、来たるべきバルミツバー（ユダヤ教の成人式）に備えていたようだ。

父親が死んだ翌年の、十六歳の一九二八年、ニュージャージー州のラトガーズ大学に入った。ここに、三つほどの符牒《ふちよう》が折り畳み傘が重なるように、いや、折り畳み傘が自動バネで開くようなことがおこっている。

一つは、経済学を学んでホーマー・ジョーンズから保険論と統計論を、アーサー・バーンズに景気循環論を学んだということだ。経済学部の学生ならこんなことは当たり前すぎてとるにたらないが、自分を教えたバーンズがのちにアイゼンハウアー政権の大統領経済諮問委員会の委員長になったり、ＦＲＢの議長になったりしていることは、やはり暗示的である。

二つめは、ミルの『自由論』に没頭したことだろう。リバタリアニズム（自由至上主義）はこのときすでに着床していたわけである。フリードマンはのちにハイエクの「知識の自由」との出会いを重視することになるのだが、その準備はミルの『自由論』であらかたできていた。「文明社会で個人に対して力を行使するのが正当だといえるのはただひとつ、他人に危害が及ぶのを防ぐことを目的とする場合だけである」というミルの主張は、まさにハイエクの「強制からの自由」そのものであり、フリードマンのリバタリアニズムなのである。のちに新自由主義者は、ミルの『自由論』、ハイエクの『隷属への道』、フリードマンの本書『資本主義の自由』を、リバタリアニズムの三名著と呼ぶようになった。

三つめは、大学二年目に世界大恐慌がおこったことだ。いま、世の中では「百年に一度の経済危機」といった意味不明の脅し文句が徘徊《はいかい》しているようだが、フリードマンはその青春期をまるごと大恐慌で覆われたのだ。ニューディール政策の成功と失敗をリアルタイムで見ていたことは、「市場の失敗」よりもずっと「政府の失敗」のほうが罪深いということを、青年フリードマンに焼き付けたであろう。

これらのことは、出身がアシュケナージであったこととともに、フリードマンの若い観念がどのように独自の経済思想に向かっていったかということの、三つの折り畳み傘になっている。

が、フリードマンのプロフィールで思想的暗示性に富んでいるのはおそらくここまで、このあとのシカゴ大学に入ってからのフリードマンには、ひたすら学問に打ち込んでノーベル賞をとったという、よくある経済学者の頑固な気質と、戦後アメリカの経済がしだいにケインズ主義から外れていって、そのぶん自分の主張がじょじょに浸透していったという幸運以上のものは、見えてはこない。経歴のなかから、何かソロス的なものを探し出すのも難しい。

それよりも、フリードマンにおいてはシカゴ大学に入ったことが決定的だった。この大学は世界一、ノーベル賞を生み出す大学だった。

フリードマンをシカゴ大学に推薦したのはホーマー・ジョーンズである。ジョーンズはフランク・ナイトの門下生で、ナイトは理論経済学の泰斗《たいと》であり、実践派というより経済哲学者といった傾向をもっていた。「不確実性」を最も初期にリスク経済学として導入した先駆者だ。『リスク・不確実性および利潤』（一九二一）がある。

もう一人、ロイド・ミンツがマネーサプライ（通貨供給量）の経済学をフリードマンに叩《たた》きこみ、マネーサプライの増減が物価変動の最大の要因になると教えた（貨幣数量説）。ケインズの『貨幣改革論』を読みこんだのも、このときの強い刷りこみによっている。フリードマンはもっぱら反ケインズ主義の旗手ともくされてきたが、実は初期のケインズに最も影響をうけた信奉者なのである。

博士号をコロンビア大学でとったのちの一九三六年、フランク・ナイトの助手としてふたたびシカゴ大学に戻った。結婚もした。お相手はのちのち大ベストセラーとなった『選択の自由』を共同執筆することになるローズである。

真珠湾攻撃によってアメリカ全土が戦闘体制に入っていくと、学者たちの多くが戦時研究に駆り出された。フリードマンは財務省と統計調査グループ（SRG）に入り、アレン・ウォリス率いるアメリカ随一の統計集団チームがめざしていることを知る。応用数学（逐次解析）によってどのように兵器の性能を向上させるかということだ。なんなくこの調査と研究をこなした。ブダペストで四〇万人のユダヤ人が虐殺され、ナチスが設立したユダヤ協会でユダヤ人弁護士たちに退去の命令書を送付する役目を、子供のころのジョージ・ソロスが押し付けられていた時期だった。

大戦後、三三歳になっていたフリードマンは友人のジョージ・スティグラーがいたミネソタ大学でミクロ経済学に打ち込み、二人でアメリカン・リバタリアニズムの拠点となったニューヨークの「経済教育財団」で家賃統制反対の戦略研究に携わった。

シカゴ大学に戻ると、ここからは最も充実した時期になる。シカゴ学派のストリームも開花する。そうなるにあたっては、二つのきっかけがあった。ひとつは計量経済学の巣窟となる「コールズ委員会」と対立し、そのコールズ委員会がシカゴを去っていったことだ。すでに計量経済学からは白眼視されていたフリードマンは、これで胸のつかえがおりた。もうひとつは、こちらのほうはけっこう有名な話になっているが、ハイエクがシカゴ大学の社会思想委員会に在籍することになって、ハイエクが設立した「モンペルラン・ソサエティ」がシカゴ化したことだ。

モンペルラン・ソサエティ（モンペルラン協会）は、一九四七年の四月一日から一〇日間にわたってスイスのモンペルランに世界の名だたる学者三六人が集まって、「自由主義の結束」とでもいうべき意志の契りを採択した独特の知的ソサエティで、ハイエクが呼びかけた。ルートヴィッヒ・フォン・ミーゼス、ヴァルター・オイケン、フランク・ナイト、カール・ポパー、マイケル・ポランニー、ジョージ・スティグラー、モーリス・アレ、ライオネル・ロビンズ、そしてフリードマンなどが参加した。いまでも世界四〇カ国に会員が五〇〇名以上いて、一九八〇年からの三年間は西山千明（当時は立教大学教授）が会長を務めた。このときからフリードマンはハイエクに親密に接近し、二人は「自生する市場」と「知識の自由」と「小さな政府」という三つのコンセプトをほぼ完全に共有して、未来図を描いた。

当時ハイエクはフリードマンのことを、「統計に片寄る論理実証主義的な傾向が強い」

ともみなしていたようだが、ぼくが見るにこれはあまり当たっていない。ハイエクには他人のロジックを読みとる能力は薄い。ハイエクは理念の思索者で、フリードマンは方法の開発者なのだ。

ともかくもこうして、ハイエクはシカゴ大学にいた一九六〇年に『自由の条件』を書き、それを原稿の段階で読んでいたフリードマンが一九六二年に本書『資本主義と自由』を書いたのである。

フリードマンがシカゴ大学で学生や院生に教えていたのは、最初のうちはミクロ経済学（価格理論）だった。ここにはのちにノーベル賞をとるハリー・マーコウィッツ、マイロン・ショールズ、ジェームズ・ヘックマンといった学生がいた。教え方は独特だったようだ。院生として最初に価格理論講座を受講したジェームズ・ブキャナン（一九八六年ノーベル賞）は、「フリードマン先生が議論や分析で見せるアタマの切れは圧倒的だった」と、一九五一年に院生になったゲーリー・ベッカー（一九九二年ノーベル賞）は「自分が学んだなかで一番強い影響を受けた」「頭脳は他を寄せつけず、まさにディベートの名手で、しかも発想がとても斬新だった」と、それぞれ述懐している。

フリードマン自身は、マクロ経済学（貨幣理論）に新機軸を見いだそうとしていた。五〇年代と六〇年代がアメリカでのケインズ主義全盛期だったこともある。そのケインズの貨幣論をつぶさに点検したフリードマンは、マネーサプライと物価の関係にこそ秘密があることを知り、貨幣数量説を新たに組み立てなおすことを思いつくと、「インフレはいついかなるときも貨幣的な現象だ」という方向へ二歩も三歩も踏み出していった。マネタリズムの自発であった。

こうして発表されたのが六二年の『資本主義と自由』と翌年の『合衆国の貨幣史』である。この二つの著書で、本人は大恐慌の分析においてケインズの限界をのりこえたと確信する。ケインズが「資本主義の欠陥が大恐慌を生んだ」と見たのに対して、フリードマンは「資本主義が繁栄できる環境と条件がそろっていないせいで、まちがった政策によって歩みそこねたせいだ」と見た。

とくに物価安定のためには、マネーサプライを年間一定の割合でふやしていくというkパーセントルールを発案して、政府が裁量してマネーサプライを操作することのほうに問題があると結論づけた。ここから先は一瀉千里《いっしゃせんり》、冒頭にあげておいたような、政府が介入すべきではない政策リストに類するアイディアが次々に仕上がっていく。

政府が「経済の民主主義」を掲げて、生産的な企業を政府の管理下におくことにも疑問を提出するようになった。そんなことをすれば、政府そのものが一つの大きな企業支配者のふるまいを演ずることになり、かえって多数のライバル国家や後進国や共産圏との関係をおかしくすると見通したのだ。フリードマンはしだいに政治と経済を両睨《にら》みするようになる。

一九六七年、アメリカ経済学会の会長になったフリードマンは、会長講義「金融政策の役割」で、長期のフィリップス曲線を否定して、名声を一挙に高めた。フィリップス曲線は、インフレ率と失業率がトレードオフの関係にあることを説いたもので、インフレ率が上昇すれば失業率が低下し、失業率が上昇すればインフレ率が低下することを示す。当時はフィリップス曲線に従えば、インフレは雇用を刺激すると考えられていた。だからケインジアンはこれを根拠に、政府介入・金融緩和・積極財政を説いた。のちのちまでフリードマンのライバルとなったポール・サミュエルソンなどは、「フィリップス曲線こそ現代経済の最も重要な概念だ」と言ってのけていた。

これをフリードマンは否定したのだから、賛否両論、反響が大きかった。しかし反論におかまいなく、次々に政策提言をするようになっていく。そのなかには変動為替相場制の提案、徴兵制の廃止、政府の均衡予算の義務化、歳出抑制のための財政赤字の容認、教育へのバウチャー制度の導入といった、サミュエルソンらが目をむくような提言がちりばめられていた。

一九六八年、ケネディ・ジョンソン政権が経済政策の柱としたケインズの「新しい経済学」をニクソン政権が取り入れるべきかどうかをめぐって、フリードマンとサミュエルソンはニューズウィーク誌上で激論を展開した。これでフリードマンの名が天下に轟《とどろ》いた。「知の挑発者」「哲学する経済学者」とも、また「マネーだけを重視する大胆不敵な経済学者」とも言われた。ちょうどソロスが独自のヘッジファンドを開発したころだ。

こうなると、権力政権がフリードマンを放ってはおかない。アメリカとはそういう国だ。ニクソン政権に経済政策を提言する経済諮問委員会のメンバーとなり、ニクソンに変動相場制の導入を提言するメモをこっそり手渡した。世界の経済システムを一変させたメモだった。

フリードマンは政策を左右する地位を築いた。しかし、順風満帆ばかりとはいかない。その名声を曇らせ、揺るがせる事件もいくつかおこった。最も問題視されているのは、一九七三年にチリでピノチェト将軍が軍事クーデターをおこし、アジェンデが殺されたのち、サンチャゴの権力中枢に〝シカゴ・ボーイズ〟が次々に送りこまれたとき、これを背後で進言したのがフリードマンだったということだ。

実際にもフリードマンは一九七五年三月、シカゴ大学でチリ・プロジェクトを担当したアーノルド・ハーバーガーと六日間にわたってチリを訪れていた。このことを突きとめたニューヨーク・タイムズは九月の新聞で、「フリードマンがチリ軍事政権の経済政策を手引きしている」と暴露した。その翌月も「チリ軍事政権の経済政策はフリードマンの思想にもとづいている」という記事が紙面を走った。

シカゴ大学では学生たちの反フリードマンの抗議運動がおこった。翌年、フリードマンがノーベル賞を受賞することになったときも、左派やマスメディアの一部はフリードマンの受賞に猛然と反対した。ネーション誌は、「フリードマンは世界中の圧政国家のコンサルタントやアドバイザーを務めている」と書きたてた。

ところが、一方でウォールストリート・ジャーナルやフィナンシャル・タイムズが、フリードマンこそ世界で最も影響力をもつべき経済学者だという論調を押し出したのである。多くの企業家や金融関係はこちらの側に与《くみ》した。

矢面に立ったチリ問題について、フリードマンはとくに声を荒らげなかったようだ。あいかわらず自身の確信だけを一貫して述べるということに徹した。ふてぶてしい態度でもあった。そしてこの瞬間から、「マネタリストの教祖」とも「新自由主義のグル」とももくされるようになる。躓《つまず》かなかったのだ。それどころか、サッチャー政権とレーガン政権の施策の多くに採り入れられた提言によってずっと有名になっていった。

The New York Times/Redux/アフロ
ミルトン・フリードマン
(1912－2006)

その後のフリードマンは、教育バウチャー制度の導入、麻薬の合法化、福祉の削減、アファーマティブ・アクションの廃止といった政策を、かなり執拗《しつよう》に提言する。経済学というよりも、政治的自由のための提言に近い。

これらは必ずしもロジックで組み立てられてはいない。アメリカの長期にわたる社会経済状況から導き出されたものが多く、試してみないとその効果が見えないことが少なくないし、反対するには現状維持にするか対抗案を組むしかない。

ということは、フリードマンを批判したいなら、これらの政策の是非を問うて何事かを実践するか、フリードマンに同調したその後のエピゴーネンの動向を打倒するか、そのどちらかなのだ。それができないのなら、そもそもハイエクやモンペルラン協会に発したリバタリアニズムを覆すか、あるいはシカゴ学派型のマネタリズムの総体をケインズにまでさかのぼって問題にするか、さらにさかのぼって市場絶対主義と決別することになる。

今日、フリードマンを頭目とみなす新自由主義を問題にする場合は、そこまでは至らない。マネタリズムがグローバリズムと結託したこと、およびそこから金融工学に向かう異常が派生したことを一緒くたに非難するというふうになっている。それならフリードマンに罪がないのかといえば、それもない。マルクスがマルクス主義となり、ダーウィンがダーウィン主義となり、ケインズがケインズ主義となったように、フリードマンをフリードマン主義にしていこうとしたストリームから、あきらかに何かの〝鬼〟があらわれたのだ。

ワシントン・コンセンサスとは、八〇年代半ばから九〇年代に、IMF（国際通貨基金）、世界銀行、ウォール街、国際的金融機関、欧米のグローバル企業などが手を組んだ非公式の協定のことをいう。命名は、シンクタンクIIE（国際経済研究所）のジョン・ウィリアムソンによる。IMFと世銀がワシントンにあったこと、そこにアメリカ政府の意図が嚙《か》んでいたことにもとづく。

一九八九年の「中南米の経済開発についての研究会議」のコンセンサスを拡張して、組み上げた。南米諸国の通貨危機を操作して得られた処方箋《しょほうせん》をグローバルに広げて、発展途上国や各国地域に適用しようというものだ。一〇項目が検討された。①財政規律、②公共支出の優先順、③税制改革、④利子率（金融自由化）、⑤為替相場、⑥貿易政策（貿易自由化）、⑦外国直接投資（資本自由化）、⑧民営化、⑨規制緩和、⑩所有権（財産権）。

貿易の自由化、金融の自由化、資本の自由化を迫りつつ、該当国内では規制緩和や民営化を巧みに促進させようというのだから、これはあきらかにフリードマンが本書で提案した多くの事項と対応していた。もしもそれを新自由主義のシナリオというなら、まさにワシントン・コンセンサスこそはそのシナリオにあたる。サッチャリズムもレーガノミクスも、この一〇項目のシナリオから離れられなかった。では、これがフリードマンのシナリオなのかといえば、正確にはそうとは言えない。

その後、ジョセフ・スティグリッツが世銀の上級副総裁になったとき、ワシントン・コンセンサスにおけるIMFの役割がこっぴどく批判されたのだが、そこではフリードマンは犯人扱いされなかった。スティグリッツの『世界を不幸にしたグローバリズムの正体』（徳間書店）にもあきらかなことだ。しかし、ワシントン・コンセンサスがフリードマン思想に関係がないかといえば、そんなこともない。あきらかにここには捩《ねじ》れたかっこうでフリードマン・リストが応用されている。

いったいフリードマンとは何者だったのか。ハイエクを扱うのが面倒なように、フリードマンを扱うのが面倒なのではない。本書を読んでもそういう読後感があるのだが、フリードマンはその言述においては決して勇み足をしていない。ボロを出してはいない。「たまたま」にも「偶然」にも手を出さなかった。

しかしながらフリードマン思想をちょっとでも動かそうとしたとたん、そこに「悪魔の挽き臼」の回転が始まりかねず、その市場原理に忠実になろうとすればするほど、資本主義はグローバリズムと新自由主義をごった煮にするしかなくなって、そこからは「たまたま」の怪物も出てきてしまうのだ。「政府の失敗」と「市場の失敗」がつながってしまうのだ。「それってやっぱりフリードマンが元凶ではないですか」と言われないために、新自由主義者たちも自分たちの正体を問題にするのがとんでもなく厄介になるだろうような、そんな先手を打ってきた。たとえば、新自由主義は歴史的潮流に位置づければ、先行する次の四つの潮流を継承するものになるというような論陣だ。

(1)レッセフェールの登場とアダム・スミスの市場の思潮、(2)福祉国家の登場とフェビアン協会の思潮、(3)自由市場の復活とハイエクの「知識の自由」の思潮、これらを継ぐのが、(4)マネタリズムの重視とフリードマンの民営化の思潮。

これだけの思潮の継承者で、あまつさえその実現者だったとすると、批判者たちもなかなか先へ進めない。こういう論陣は、カジノ資本主義の現状批判についてのジーンとミームの関係を度しがたく厄介なものにしている。そんなことに総ぐるみで反論する徒労を想定するくらいなら、むしろフリードマンの頑固な市場自己言及主義のほうをほったらかしにして、別の視点から話を始めなおしたほうがましだというほどだ。

けれども、事態はそうはいかなくなったままにある。ハイエクとフリードマンのまじったシカゴ学派が播《ま》いた種は、その自由思想の純度とはうらはらに、エンロン崩壊もリーマン・ショックもものともせず、いまなおマッドマネーと金融工学を操る市場主義者の手のなかで〝鬼ッ子〟のごとくになったままなのだ。

そうかと思えばその一方で、ハイエクやフリードマンを自由社会思想としてさらに緻《ち》密《みっ》にし、二人の想像をはるかに凌《しの》ぐかのようなリバタリアニズムが多様に展示されるようにもなっている。いつまでも目を離せない情勢なのである。
ちなみに意外なことと思うかもしれないが、フリードマンとローズの子のデイヴィッド・フリードマンは、いまやロバート・ノージックやマレー・ロスバード以上の最小政府主義者で無政府資本主義者である。そのうち『自由のためのメカニズム』（勁草書房）を千夜千冊するかもしれない。

第一三三八夜　二〇〇九年十二月二九日

参照千夜

一三三七夜：フリードリヒ・ハイエク『市場・知識・自由』　一〇五九夜：カール・ポパー＆ジョン・エクルズ『自我と脳』　七三八夜：チョムスキー『アメリカの「人道的」軍事主義』　一三三二夜：ジョージ・ソロス『グローバル資本主義の危機』　九四六夜：ケストラー『ユダヤ人とは誰か』　一〇四二夜：マイケル・ポランニー『暗黙知の次元』　一三五四夜：大田英明『IMF』　一三四九夜：ニクラス・ルーマン『社会システム理論』　一三五三夜：金子勝『反経済学』　一三五六夜：デヴィッド・ハーヴェイ『新自由主義』　四四九夜：ロバート・ノージック『アナーキー・国家・ユートピア』

ハイエクとフリードマンに殴り倒されたケインズは、リングの中で立ち上がれるのだろうか。

ロバート・スキデルスキー
なにがケインズを復活させたのか？
ポスト市場原理主義の経済学
山岡洋一訳　日本経済新聞出版社　二〇一〇
Robert Skidelsky: Keyns – The Return of The Master 2009

七〇年代後半から新自由主義が吹き荒れて、フリードマンらのシカゴ学派が経済学の主流を占めた。ケインズ経済学は「大きな政府」論だと批判され、ほとんど死に体になったかに見えた。しかし事態がグローバリズムと金融資本主義に向かうなか、ウォールストリートの一人勝ちの結末がリーマン・ショックだとわかると、ケインズの復活が叫ばれはじめたのである。

いったい、これは何なのか。本当にケインズの理論が再解釈されたのか、それとも経済学がただただ混乱しているだけなのか。

前夜に続いてケインズをめぐりたい。ただし、今夜は新ケインズ派やポスト・ケインジアンの窓際からケインズ思想の真骨頂と意外性の両方を眺める。とりあげる本は原著が昨年出たばかりのもので、日本語訳は今年（二〇一〇年）のものだ。著者のスキデルスキーはなかなかの切れ者で、経済学者ではなく歴史学者である。

話をナシーム・タレブの『ブラック・スワン』から始めると（→千夜千冊エディション『感ビジネス』所収）、二〇〇八年に向かって起爆していった金融危機と、それにともなうマネタリズムの極度の歪曲《わいきょく》と失墜は、数羽のブラック・スワンの構造を解剖すれば見えることだった。ブラック・スワンは投資組織と商業銀行のあいだに遊弋《ゆうよく》していて、アラン・グリーンスパンの言葉でいえば「リスクが割安に振れすぎていた」。

そこへアメリカのサブプライム・モーゲージ市場が有毒資産をくっつけた。この思いもよらぬ〝信用収縮〟という情勢の悪化に、凡百の理論家や評論家が原因分析に乗り出して、主には流動性過剰論と貯蓄過剰論の二つの症例をカルテに書いた。

住宅ブームを支えたのは証券化（セキュリタイゼーション）で、サブプライム・モーゲージが世界中の銀行に浸水したのは金融商品と派生群のせいだった。これにCDS（信用デフォルトスワップ）で味付け保険をつければ、毒入りソーセージはとてもおいしそうだったので、投資家は気楽にサンドイッチを食《は》むようなつもりでこれを買った。

流動性過剰と貯蓄過剰の背後で動いていたのは、悪名高い「規制緩和」である。三段階に進んだ。一九九九年にグラス・スティーガル法が廃止され、商業銀行が証券の引き受けと販売などの投資業務をできるようになり、ついでクリントン政権がCDSを規制しないことを決め、二〇〇四年にSEC（アメリカ証券取引委員会）が大手投資銀行のレバレッジ比率の上限を一〇倍から三〇倍以上に引き上げた。

あとはめちゃくちゃだ。ウォーレン・バフェット（バークシャー・ハサウェイと組んだ投資家）が心底呆《あき》れたように、世界中がこの「金融の大量破壊兵器」でおかしくなった。そこにはブラック・スワンの黒い笑いが谺《こだま》するだけ……。

ちょっとおおげさに言うなら、歴史上、世界金融同時危機ほど〝奇妙な考え方〟に世界の金融関係者が麻《ま》痺《ひ》させられた例はない。

スキデルスキーは、その原因は「経済学の理論的な失敗」にもとづいていたとはっきり指摘する。経済学の考え方がまちがっていたから、金融自由化が正当化され、金融自由化をすすめたから信用が爆発的に拡張し、それが崩壊したから信用が収縮して事態が逼迫《ひっぱく》したのである。

ケインズは「世界を支配しているのは考え方以外のものではない」と何度も書いてい

たけれど、まさかここまでエコノミストたちの〝考え方〟が挙《こぞ》って最悪になるとまでは予想していなかった。とくに市場の参加者がこれほどまでに同じ価値観にふりまわされたのは、めずらしい。それでもこれで、新ケインズ派の経済学者たちが本腰を入れて「不確実性」と「リスク」と「政府の役割」についての考え方を根本からたてなおすようになればいいのだが、まだまだそこまではいっていなかった。

この時期の経済学がどんなところにさしかかっていたかというと、アメリカでは淡水派と海水派に分かれたままだった。淡水派がシカゴあたりにいて、海水派が東海岸と西海岸にいた。

淡水派は完全市場と対称的情報を想定した一般均衡モデルを使い、市場効果をパレート効率的に見る。海水派は不完全市場・非対称的情報・不完全競争によるモデルをつくる。もっともこれはロバート・ワルドマン（ローマ大学）のあまりに単純すぎる分類で、実際にはもっと交錯もし、錯乱もしつつあった。

おそらくは新古典派も新ケインズ派も、いわゆる〝完全市場パラダイム〟なるものに引っ張られ、合理的予想仮説（REH）、実物的景気循環（RBC）理論、効率的金融市場理論（EFMT）という大きな三つの前提を降ろせず、それが胸のつかえになっていたのであろう。

三つの前提についてちょっとだけ説明しておくが、新古典派経済学が「合理的予想仮説」（REH）を提唱したのは、政府が市場に介入するのは無益であるばかりか、むしろ有害だということを証明するためだった。その出発点は、自分たちには将来の動きについての広範で正確な知識があるという、思い上がった想定にある。そのうえで、市場参加者の無知や無能をカバーする確率誤差をモデルに加えさえすれば、各人が市場予測に使うモデルはかぎりなく正しくなるはずだと考えた。だからこの連中は、不況の到来も景気循環も、そのうち市場が自動調整すると推定した。これはいかにも「群衆の英知」を信頼しようとするアメリカ資本民主主義らしい仮説だった。

次の「実物的景気循環理論」には、市場がつねに均衡して、需要はつねに供給に等しくなるはずだという妄信があるのだが、適度に合理的予想仮説はとりいれて、修正をしてきた。そのうえで、景気循環がおこる理由の説明を変えつつあった。景気循環は生産が最適水準から一時的に乖離《かいり》するせいでおこるのではなく、生産の潜在的な水準自体が変動するからだと見るようにしたのだ。変動するのは、たとえば原油価格・規制・気象条件などのことをいう。

三つ目の「効率的金融市場理論」（EFMT）は、市場における知識のありかたに手を加え、何が確実におこるかなのではなく、何かがおこるリスクを計算するモデルのほうに走った。そのため金融市場のさまざまなリスク特性を、取引リスクに関する〝頑丈〟な数量的指標として算出するようにした。それがブラック・ショールズ公式に始まるオプション評価モデルだが、あまりにこの策に溺《おぼ》れて正規分布ばかりを過大視することになっていったこと、いまさら言うまでもない。何羽目かの大きなブラック・スワンがここに泳いでいた。

こんなぐあいなのだから、いったん国が不況に陥ったとたん、いくつもの学派が稔《みの》りのない論争をつづけてばかりいたということになる。その争点はあいかわらずの「政府の失敗」か「市場の失敗」で、こんな二者択一では結論など出てこない。

そこで、ちょっと待てよ。ここはいったんケインズに戻ってみたらどうなのかという気運がまきおこってきたわけだ。

スキデルスキーはケインズの詳細な伝記に、三〇年をかけた歴史家である。『ジョン・メイナード・ケインズ――裏切られた期待』全二巻（東洋経済新報社）と『ケインズ』（岩波書店）があり、さらに『共産主義後の世界――ケインズの予言と我らの時代』（柏書房）などを書いてきた。

そのスキデルスキーのケインズ評は、一言でいえば「経済学に収まらない学知と人生」というものだ。ラッセルやヴィトゲンシュタインと交わり、E・M・フォースターを読み耽《ふけ》り、ムーアの影響のもとでは妖《あや》しいブルームズベリー・グループに所属してリットン・ストレイチーやヴァージニア・ウルフと日夜遊び、教会や宗教権力には見向きもしなかったのだからさもありなんだが、他方ケインズには「公僕として公共に資する」と任じていたところもあった。それゆえその経済的資質は「どちらかといえばソロスやバフェットのような思想をもつ投資家に似ているのではないか」とスキデルスキーは評した。

ケインズ自身も、「経済学の才能はめったにない組み合わせをもっていなければならない」「数学者であって歴史家で、政治家であって哲学者でなければならない」「芸術家のように超然としていて、政治家のように現実的でなければならない」と言っている。美術史家のケネス・クラークは「ヘッドライトを消したことがない男」と喩《たと》え、友人のオズワルド・フォークは「間違った手掛りがあっても、誰よりも早く物事の動きに追いつく」と評した。スキデルスキーは『ケインズ』で何度も「異例の経済学者」という形容を用いた。

きっと直観力と観察力と連想力が図抜けていて、どんな出来事のカケラをも未知の総合のための鍵《かぎ》か鍵穴にする編集力に富んでいたのだと思われる。ケインズと同時代人のクルト・ジンガーは「鳥のようだった」と言っている。天空を飛んでいるくせに、突如として地上の獲物を見つけて襲いかかっているというのだ。

そういう風変わりで天才的だったケインズの、経済学なのである。当然、読み方や理解の仕方にはそれなりの天空アンテナが必要になる。

ケインズの経済学は、まとめれば「不確実性のもとでの選択」によって構成されている。これは「稀少性《きしょう》のもとでの選択」を重視した古典派経済学とはまったくちがっていた。アダム・スミスに始まる古典派から新古典派までは、①稀少性、②通貨の中立性、③均衡の重視、④想定の非現実性、という四つを金科玉条にしてきた。いまでもこの四つは一般的な経済学の定番になっている。

①の「稀少性の経済学」は、資源は必要を満たすにはつねに不足しているのだから、勤労によってつくられた生産物に対する需要が不足するはずがない、というリクツをつくった。リカードが言ったように「需要を制約する要因は生産だけ」なのである。ジャン＝バティスト・セイ（一七六七〜一八三二）ならば「供給はそれ自体の需要を生み出す」ということになる。

この「セイの法則」ではモノを十分に生産するかどうかこそが最大の課題で、需要不足にどう対処するかは問題にはなっていない。となれば、当初の経済学は、大筋、生産を各種の用途にどう配分するかという法則の研究になったわけである。ライオネル・ロビンズは「経済学は、目的と用途をもつ稀少な手段の関係に鑑《かんが》みて、人間の行動を研究する学問」だと規定した（一九三二）。

もともと古典派の経済学は「実物交換経済」のモデルにもとづいていた。価格は財と財とが交換されるときの数量の比率なのだ。だから古典派の連中は、そうした価格が需要と供給のあいだでどのように決まるか、その全体系はどのようになっているかを研究する。

こういう経済学では通貨は交換を容易にする手段にすぎない。そこに、②の「通貨の中立性」というリクツが出てくる。これに対してケインズは、通貨はあくまで価値を保蔵することによって「現在と将来を結びつけている」と考えた。これまた言うまでもないことだろうが、古典派経済学にはニュートン力学を勝手に換骨奪胎したようなところが、用語使いだけではなくて、かなりある。経済的活動をそれぞれが独立した原子としての人間で構成されるものとみなし、そこに作用と反作用がおこると見たからだ。

十九世紀のレオン・ワルラスは大半の経済現象が連立方程式で解けると考えたし、二十世紀半ばのブノワ・マンデルブロも、経済理論の大半は物理学で説明できると断言した。だからマンデルブロは市場予測の研究からフラクタル理論を見いだしたのだ。ふーん、そうかと思って、千夜千冊するかどうか決めてはいないが、ぼくも半年ほど前はしきりに「経済物理学」に関する本をあれこれ読んだものだった。原丈人《じょうじ》も「いま、けっこう読んでるよ」と言っていた。

この運動力学的に経済を見るという観点から、③の「均衡の重視」というリクツが出てくる。経済学はしだいに「均衡」を求める学問になっていったのだ。これって、あきらかに機械論的なのである。ケインズはこのことにも反対して、「経済学は社会科学（モラル・サイエンス）です。内省と価値を扱います」と手紙に書いた。

結局、古典派は「効用」にとらわれた経済学だった。どんな経済行為も理想的な効用を求めて動き、そこには平均的な「ホモ・エコノミクス」像が仮想されうると考えた。けれども、そこにこそ④の「想定の非現実性」というリクツが出すぎていると、ケインズは見抜いた。

ケインズの経済学には、アダム・スミスの「市場の見えざる手」ではなく、「慣行の見えざる糸」が観察されているとスキデルスキーは言う。「慣行の見えざる糸」というのは、不確実性な社会や経済のなかを動く「たまたま」のことをいう。

それゆえケインズは「経済の進歩は意外にも遅いものだ」という見方を、一貫して採っていた。マルセル・デュシャンが「芸術は遅延する」と言ったけれど、それに近い。またそのため、均衡の概念を放棄はしなかったものの、経済社会には〝複数の均衡〟があるとみて、それぞれがちょっとずつ「自前の均衡」をもとうとしていると見た。これもデュシャンっぽい。

ケインズが確率論や蓋然《がいぜん》性について興味をもったのは学生時代からのことであるが、そのなかで注目していいのは、確率や蓋然性を統計的に捉《とら》えることよりも、論理的もしくは言語的に捉えようとしていることである。「おそらく」「たぶん」「たまには」「ひょっとすると」といった言葉が人間の口をついて出ているかぎり、そんなことを統計的平均像にしてもしようがないだろうと喝破していたのだ。『たまたま』も『ブラック・スワン』も、ケインズが生きていたら真っ先に書いた本だったろう。

ただしケインズは、なにもかもを不確実だと見たわけではなかった。経済学で不確実性が重要になるのは、収入や繁栄に対する観念や予測が「将来についての見方に依存しようとする」からだと解釈していた。けれどもいまや資本主義のすべてが将来の予測に向かって動くようになったのだから、実は経済システムそのものがあまりにも頑固な不確実性に覆われすぎることになってしまったのである。ここに、ケインズがその生涯を通して、資本主義に好感をもてなかった本当の理由が見えてくる。

前夜にも書いておいたことだが、ケインズは投資家でもあった。それも製造関係ではなく金融投資一点ばりだった。第一次世界大戦勃発《ぼっぱつ》直後のイギリスの〝信用収縮〟を実際に体験したことが大きい。大戦後の一時的な変動為替相場制のときは、アルフレッド・ジョーンズが考案したヘッジファンドを、数十年も早く試みてもいた。最晩年にはイングランド銀行の理事にもなった。

むろん儲《もう》かりもしたが、失敗もした。通貨か、商品か。投資対象としてはどちらがいいか。ケインズはその比較にたえず迫っていて、そのいずれでもない「信用」という本質を見いだした。一九二三年の『貨幣改革論』にはそうした経験も生きている。友人で金融業者でもあったニコラス・ダヴェンポートは「ケインズが偉大な経済学者になったのは、投機の本能がわかっていたからだ」と語った。

加えてケインズは、実務家でも事業家でもあった。ケンブリッジ大学キングス・カレッジの会計係をして資金運用に従事し、ナショナル相互生命保険会社の会長になった。しかし、これらのいずれかが大恐慌によって覆され、ケインズの思想を深めることになったのである。それが『貨幣論』や『雇用、利子および貨幣の一般理論』に結実した。

世間ではしばしば、「ケインズは大恐慌を予想できなかった」と言われてきた。それは事実ではないとスキデルスキーは言う。ケインズも、そしてハイエクも、一九二八年か二九年には大規模な暴落がおこると見ていた。ただ、その理由が二人は正反対だった。ケインズは金利が高すぎるから恐慌がおこるとみなし、ハイエクは金利が低すぎるから極度の不況になると見た。

一九二七年にインフレの危険などなかったはずなのである。それがまたたくまに大規模な恐慌になった。なぜなのか。ケインズは一九二八年七月にウォール街の投機を抑えるために三・五パーセントから五パーセントへの金利引上げをしたことが問題だと判断した。物価指数が安定していたため「利益インフレ」が隠れていたという見方だ。ハイエクはそうではなく、FRBが政策金利を低くしすぎたせいだと判断した。そして、そういう時期には銀行システムは〝信用注入〟をすべきではないという結論を導いた。その後、フリードマンらのマネタリストによって拡張されるにいたった見方だ。

いまからふりかえれば、この大恐慌をめぐるケインズとハイエクの見方の相違が、一九七〇年代以降の経済学がどういうイニシアティブになったのかを予告していた。フリードマンらのマネタリストの経済学が一方的に凱歌《がいか》を挙げ、そのぶんケインズ主義は排斥されたのである。

それでも、第二次大戦後の経済世界に君臨していたのはケインズ主義だった。戦後の世界では、誰も一九三〇年代に戻りたいとは思わなかった。ケインズの国際清算同盟案や超国民銀行(SNB)案や国際通貨SBM案は、反対もしくは歪《ゆが》められて、結局はIMFや世界銀行になったけれど、それでも戦後経済は「ブレトン・ウッズ体制」と総称されて、ケインズ経済学の大流行となったのである。

栄光は長くは続かない。六〇年代後半になってケインズ主義の政策に綻《ほころ》びが見えはじめ、七〇年代後半にサッチャーが、八〇年代初頭にレーガンが登場すると、経済理論と経済政策の多くがあっけないほどに〝ケインズ以前〟に戻っていた。ブレトン・ウッズ体制に代わって「ワシントン・コンセンサス体制」になったのだ。

こうして固定為替相場制が葬られ、完全雇用の目標は放棄され、資本取引をめぐる規制が次々に取り除かれていった。周知の通りの新自由主義の大流行だ。変動為替相場制、自由貿易、民営化、規制緩和、財政均衡、インフレ・ターゲット政策、それに個人主義が組み合わされ、金融派生商品が世界中にあふれていった。ここでブラック・スワンが笑いだした。

この経済的世界観は、どうみても市場効率と自動調整機能を信じる古典派経済学そのものでもあった。これではケインズが打倒されたというより、ケインズの藁人形《わら》が燃やされたようなものだった。

藁人形に火をつけたのはフリードマンである。フリードマンは通貨的不均衡理論の伝統にもとづいて、マネーストックが変化したときは、長期的にみれば生産の水準ではなく物価の水準に影響があるものの、短期的には「マネーストックの伸び率の変化は生産の伸び率にもかなりの影響を与えうるはずだ」と主張した。

シカゴ学派による金融政策はマネーサプライの果敢な制御が要《かなめ》であると結論づけたのだ。この見方によってフリードマンは六〇年代後半から七〇年代におこる「スタグフレーション」（経済活動の停滞 stagnation と物価の持続的な上昇 inflation が併存する現象）をみごとに予想した。インフレが加速すると失業率が上昇するという〝謎〟を言いあてたのだ。

資本主義先進国がいっせいにフリードマンの提言に耳を傾けるようになった。フリードマンが「どんなときでも可能であるときは、減税をすべきだ」と言えば減税政策が流行し、政府は市場を規制緩和と民営化に託すべきだと言えば、そうした。小泉劇場のシナリオは竹中平蔵でも木村剛でもなく、早くにフリードマンが書いていた。そこではケインズ主義がすっかり一掃されていた。

こうして経済学は「乱世」に向かっていったのである。なんとか対策を練りはじめたのは、またまた新古典派経済学の連中である。

フリードマン理論は、経済主体が市場のシグナルの変化を学んで行動を適合していくというモデルによってできていて、それを「適合予想理論」ともいうのだが、そこには市場の動きに結果が出るまでに間接的なタイムラグがあった。そこで弟子のロバート・ルーカスはもっと合理的な経済主体ならダイレクトに市場を対応させられるとみて、「合理的予想仮説」を提案した。新自由主義が「小さな政府」を提唱していても、政府の介入にはいくらでもそれを正当化するリクツが残っているだろうから、その抜け穴をすべてふさいでしまう「実物的景気循環（RBC）理論」などという化け物も出てきた。これは「ワシントンの介入をやめさせろ」とすぐに言いたがる業界大物たちにとっては、こまことに便利な代物になった。

ケインズ主義者も黙っていたわけではない。新ケインズ派はルーカスらのシカゴ派の精緻《せいち》化に挑んで、「市場は不完全である」という論点をいまさらながら強調し、グローバリズム批判を展開した。ジェームズ・トービン、フランコ・モディリアーニ、ジョセフ・スティグリッツらが代表する。ケインズ流にポートフォリオを読み替え、消費関数や投資関数の最適化の原則を求める研究に向かった。

別のケインズ主義者は、そのくらいでは手ぬるいと批判した。ポール・デービッドソンらはケインズが重視した「不確実性の議論」に戻るべきだと言い出し、ポスト・ケインジアンを自称した。しかしこれでは〝ケインズの復活〟は複雑になるばかりで、その後は「新・新古典派総合」などと揶揄《やゆ》されているように、おたおたと不完全競争をめぐる議論に右往左往するようになっていった。

新たな火の手も上がった。「公共選択理論」だ。これまで政策当局としての政府や自治体は「社会の計画者」だとみなされてきた。それをこの理論では、政府や自治体もまた経済活動をおこなう主体のひとつだとみなした。だから、問題解決のためにはそれにふさわしい機関を選ぶべきと提案した。

これは従来の公共政策や公共投資のやりすぎを批判するもので、いわゆる「政府の失敗」議論に火をつけた。このリクツには、合理的予想仮説と共通する「個人の効用化最大化」が唯一の解になっているだけという憾《うら》みがあった。

いったいケインズ経済学とその後の経済学との互いの呼び声がうるさいほどのドタバタ議論のあいだで、何がおこったのだろうか。スキデルスキーは次のようにまとめる。ぼくなりに少々言い換えておく。

（1）総じては、ケインズによる「不確実性」と「リスク」の区別が放棄された。将来に関する不確実性がすべて確率計算に換言できると思いすぎたのだ。つまりは、過去と現在の確率分布が将来でも有効だとしすぎたのだ。

（2）ということは、新古典派経済学のすべてに特徴的なことは、つまるところ「時間」という要因を考えなくなったということだ。出来事はそれなりの順序でおこっているのではなく、同時におこると考えたのだ。経済学は瞬間湯沸かし器になり、物語が消された。これは新ケインズ派でも同断だ。

（3）結局、ケインズのマクロ経済という見方は見失われたわけである。今日のマクロ経済学は、企業と消費者の最適化行動にもとづくモデルに収斂《しゅうれん》してしまったのだ。ケインズ自身はそうは考えていなかった。将来に関する不確実性があるからこそ、そこに「性向」「状態」「流動性」があると見た。

(4) いいかえれば、今日の経済学では「供給が需要をつくりだす」という「セイの法則」が復元されてしまったのだ。サプライサイドの経済学になったのだ。これでは失業給付と福祉給付を厳格化する以外には対策がなくなっていく。ケインズは逆だった。「有効需要がその産出量を決めるかもしれない」という、デマンドサイドの経済学がもっと検討されていいと言いつづけていた。

(5) 今日の経済学は総じて通貨数量説だ。マネーサプライの伸び率がインフレ率を決めるというふうになった。まさにフリードマン理論の勝利だが、ケインズはそうなるには完全雇用状態が必要になると考えていた。しかし、そんなことはおこりっこないから、マネーサプライだけでは経済社会は先に行けない。そこをどうするか。ここで経済学は座礁したままなのだ。

(6) みんな、経済モデルの中に「想定の非現実性」を入れすぎたのである。イデアリズムになったのだ。これがケインズのリアリズムを駆逐した。ケインズ派の逆襲は、残念ながらまだ用意されていない。

(7) 新自由主義が、政府は景気の微調整すらしないほうがいいというふうに言いすぎたことは責められていい。政府はせいぜい物価を安定させる程度の手を打って、あとは市場に任せればいいというふうになったのだ。ではケインズは「大きな政府」ばかりを期待しつづけたのかといえば、むろんそうではないのだが、とはいえこれを凌駕《りょうが》する経済政策論を国内的には提案しなかった。代わりにニューグローバルな国際経済政策のほうを考えていた。

（8）今日の経済社会では、政府から企業までがいくつかの戦略ゲームにはまってしまった。となると、ガバナンスの責任とルールの明確化とコンプライアンスばかりを問う政治と経済がまかり通ることになる。ケインズはこれらのことを予想もしなかったし、批判もできていないけれど、ポスト・ケインジアンはここから問題をおこすべきだったのである。

ケインズは資本主義を賛美しなかった。といってキリスト教に参ったわけでもなく、また社会主義に注目したわけでもなかった。ケインズは骨の髄まで経済の意味の動向だけに殉じた「変な男」なのである。そういうケインズが考えた経済学に、これほど世界の経済がまるごと乗っかったということは、考えてみればそれ自体がかなり異様なことだった。ケインズに賛成するのであれ、批判するのであれ、そこまでケインズ経済学が絶対視されたことのほうが、かなりおかしなことだったのだ。

そもそもケインズはジョン・ロールズやマイケル・サンデルが重視しているような「正義」などということより、「心の状態」の不確かな「ゆらぎ」のほうに関心をもっていたのではないか。ぼくはケインズを読んでも、本書を読んでも、つくづくそういうことを実感した。ケインズはしょせんは契約社会の改善などを構想していなかったと言うべきなのである。

ふたたびナシーム・タレブの『ブラック・スワン』に話を戻していえば、タレブは経済社会に従事する連中の問題として、大意、次のようなことを書いた。

今日、ITウェブ時代が地球を覆っているなか、仕事は二つのものに割れてしまったのではないか。その二つというのは、ひとつは「重力の影響に携わっていたい」ということ、もうひとつは「貸借対照表のゼロの数をいじりたい」ということだ。その二つだけだろうというのだ。前者の仕事には、農業や身体的なものや医療的なものがすべて入る。後者の仕事は、経営戦略や金融や広告や電子ゲームやソフト制作のすべてにまたがっている。タレブは、ねえ、これでホントにいいんですかと問うたのだ。穿《うが》った問いだった。

ケインズに戻っていえば、この二つに社会の仕事の事態が割れてしまったのは、その「あいだ」にひそむ「貨幣というお化け」の正体を、世界中の諸君が見ないようにしているからだということになる。もっと端的にいうのなら、ファウストに仕掛けられたメフィストフェレスの魂胆が忘れられているということである。ケインズも、答えを出さなかったことだった。

というところで、ケインズの次の言葉で今夜を結んでおく。「資本主義は現在の視界に存在するいかなる代替的システムよりも、経済目的を達成するのには、おそらくより効率的なものにすることができるであろう。しかし私は、それが本質的に多くの点できわめて不快なものであるとも考えている」（「自由放任の終焉」）。

【おまけ】

ロバート・スキデルスキーのことはよく知らない。けれどもわずかなプロフィール資料を見たかぎり、もっと知りたくなるようなコンティンジェントな人物だ。スキデルスキーは一九三九年に満州のハルビンに生まれている。父親はロシア系ユダヤ人で、母親は白系ロシア人。曾祖父がシベリア鉄道の工事の一部を請け負って極東ロシアに移住して、林業や鉱業などを幅広く手掛ける実業家になったようだ。その後、ロシア革命でいっさいのロシア国内の事業を失ったらしいのだが、その後にハルビンで事業を復活させた。だからスキデルスキーが生まれたころはそれなりに裕福だった。ただ、この一族は全員が〝無国籍〟だったようで、父親は一九三〇年になってやっとイギリス国籍を〝取得〟した。

そのため、スキデルスキーは数奇な少年時代を送った。一九四一年に日本が日中戦争および太平洋戦争をおこしたとき、一家は最初には満州帝国によって拘束され、次には日本によって拘留されたのだ。J・G・バラードの少年時代を想わせる（バラードの少年時代はのちにスピルバーグが映画化した《太陽の帝国》に詳しい）。だからスキデルスキーがイギリスに渡ったのは、やっと在英日本人との〝捕虜交換〟が成立したときだったのである。戦後は、父親がまたまた中国に戻って事業を再開しようとしたため、スキデルスキーも一九四七年から中国で暮らしている。天津に一年ほどいて、インターナショナル・スクールに通った。けれどもここでも波乱が待っていた。共産党軍が天津占領をめざしたのだ。一家はこれで香港に逃れ、スキデルスキーがオックスフォード大学のジーザス・カレッジに入ったのは一九五〇年代末のことだった。

専攻は歴史学だ。一九六七年には『政治家と不況』を書いている。その後はジョンズ・ホプキンス大学などをへて、一九七八年にウォーリック大学教授になった。なぜか一九九一年に一代貴族に選ばれ、イギリス上院議員になっている。うーん、おもしろい。邦訳されたスキデルスキーの著書は次の通り。『ジョン・メイナード・ケインズ——裏切られた期待』（東洋経済新報社）、『ケインズ』（岩波書店）、『共産主義後の世界——ケインズの予言と我らの時代』（柏書房）。なんだか、もっといろいろのものを書いているような気がする。

それにしても経済学というものは、ほとほとわかりにくいものだ。ぼくは学生時代にマルクスや宇野弘蔵から入ったので、まったく正統な学習をしてこなかった。読書もいつだってランダムで、いまさらそんなぼくに何が言えるのかと思うのだが、ハイエクやフリードマンの流行を見て、ちょっと待ったという気になった。いまでは少々落ち着いて考えられるようになった。思うに、経済学を一つの体系の中に収めてはいけないということだ。学生やMBAや企業人は、まずもって広い視野をもつべきだ。せめては、「生産の経済学」「消費の経済学」「景気の経済学」「政策の経済学」「金融の経済学」「家政の経済学」、そして「情報の経済学」を、それぞれ別々に話せるようになったほうがいい。そのうえで、貨幣・通貨・日本経済、国際経済、グローバリゼーションを云々《うんぬん》するべきだ。しかし、そうなるには、経済と社会と文化と情報を切り離さないで語れないといけない。けれども、まったくそうはなっていない。だから菅直人の「消費税一〇パーセント」発言程度で、一国の選挙の趨勢《すうせい》があっけなく決まってしまうのだ。

第一三七三夜　二〇一〇年七月二十日

参照千夜

一三七二夜：ケインズ『貨幣論』　一三三八夜：ミルトン・フリードマン『資本主義と自由』　一三三一夜：ナシーム・タレブ『ブラック・スワン』八三三夜：ヴィトゲンシュタイン『論理哲学論考』　一二六八夜：E・M・フォースター『インドへの道』　一七一〇夜：ヴァージニア・ウルフ『ダロウェイ夫人』　一三三二夜：ジョージ・ソロス『グローバル資本主義の危機』　五七夜：『デュシャンは語る』　一三三〇夜：レナード・ムロディナウ『たまたま』　一三三七夜：フリードリヒ・ハイエク『市場・知識・自由』　八〇夜：J・G・バラード『時の声』　一三七四夜：ハンス・クリストフ・ビンスヴァンガー『金と魔術』　一三七五夜：仲正昌樹『貨幣空間』

第四章 グローバル資本主義の蛇行

マンフレッド・スティーガー『グローバリゼーション』

スーザン・ストレンジ『マッド・マネー』

ジョージ・ソロス『グローバル資本主義の危機』

金子勝『反経済学』

鈴木謙介『〈反転〉するグローバリゼーション』

パオロ・ヴィルノ『ポストフォーディズムの資本主義』

アレックス・カリニコス『アンチ資本主義宣言』

世界は一万年前からグローバル化していた。
グローバリズムという自家中毒がおこるなんて思っていなかった。

マンフレッド・スティーガー

グローバリゼーション

櫻井公人・櫻井純理・髙嶋正晴訳　岩波書店　二〇〇五
Manfred B. Steger: Globalization 2003

グローバリズムは意図的で啓蒙《けいもう》的でお節介だが、グローバリゼーションは歴史そのものの動向である。キリスト教もイスラムも、大航海時代も植民地主義も、ワインもコーヒーもGパンだって、グローバリゼーションだ。それなのに、なぜグローバル資本主義や市場原理主義や新自由主義ばかりが、グローバリズムと呼ばれるのか。そろそろ問題の決着が必要だ。

ジョン・グレイの『グローバリズムという妄想』(日本経済新聞社)は原題が“False Dawn”(まがいものの夜明け)で、副題が「グローバル資本主義の幻想」だった。グローバリズムとかグローバル資本主義といえば、資本(とりわけ金融資本)が国境をやすやすと越えて市場社会を暴走する資本主義に巻きこんでいったことをさすものだと思われている。端的には、ブレトン・ウッズ体制が崩壊して変動相場制になってからの、とりわけ米ソ対立が解凍してからの世界経済の動向がグローバリズムなのである。ところがその評判がかなり落ちてきた。

各国の経済政策や多くの企業家は、いまもってグローバリズムやグローバル資本主義を否定していない。

フランシス・フクヤマのようにそれこそが〝民主主義の頂上〟だと見る者は少ないけれど、またさすがに行きすぎには多少の反省もしているのだが、たとえば、ピュリッツアー賞をとって話題になったトーマス・フリードマンの『レクサスとオリーブの木』(草思社)や、その続編にあたる『フラット化する世界』(日本経済新聞出版社)は、「どこにも統轄者のいないグローバリズム」が、これからの柔軟で正当で持続可能な社会を必ずや拡張していくだろうという見方をとっている(→千夜千冊エディション『感ビジネス』参照)。

日本企業の大方のビジネスマンにあっても、グローバル化の波に乗り遅れたことのほうに切歯《せっし》扼腕《やくわん》している。そこを戒《いまし》めたのが、たとえば水野和夫の『人々はなぜグローバル経済の本質を見誤るのか』(日本経済新聞出版社)だった。

いったいグローバリズムを肯定的に見る可能性がどのくらいあるのかということにつ

いては、いずれまた議論したいと思うのだが、今夜は、この資本主義的なグローバリズムという見方とグローバリゼーションという見方は必ずしも一致していないということを、いったん眺めておきたい。ジョン・グレイが指摘したようにグローバリズムが啓蒙主義であったとしても、グローバリゼーションにはそうした主義主張がかぶさらない歴史もあったからである。そのことは、最近の力作ナヤン・チェンダの大著『グローバリゼーション』(NTT出版)に「人類5万年のドラマ」という副題がついていることでもピンとくるだろう(→千夜千冊エディション『文明の奥と底』所収)。

グローバリゼーションについては、多くの本が書かれてきた。ぼくは松丸本舗のオープニングの棚づくりのとき、ジャレド・ダイアモンドの『銃・病原菌・鉄』(草思社)が最もグローバリゼーションの歴史母型になりうると見て、一番目立つ棚に並べて(それが今年四月の「ゼロ年代の五〇冊」のベスト1に選ばれたけれど)、その近くにデレック・ビッカートンの『言語のルーツ』(大修館書店)やスティーヴン・フィッシャーの『ことばの歴史』(研究社)などの言語の歴史をグローバルに解くものから、フェルナン・ブローデルの『物質文明・経済・資本主義』全六巻(みすず書房)をはじめとするアナール学派の業績まで、多彩なグローバリゼーション史やグローバリゼーション論を揃えておいた。

まとめてグローバル・スタディーズの本という。それらのなかの数冊をこれから時に応じて千夜千冊したいと思っているのだが、今夜はまずはそうした歴史の流れをかいつまんで俯瞰《ふかん》をしておくのがいいだろうから、本書を選んだ。著者のマンフレッド・スティーガーはイリノイ州立大学から王立メルボルン工科大学のグローバリズム研究所に移った政治学者だ。グローバリゼーション研究のほかに禅の歴史やガンジーの研究もしているようだ。

グローバリゼーションは、人間の社会・文化・言語・道具などがさまざまな接触をすることによって相互に連続していく一連の社会状態のすべてにあてはまる。厳密にはその社会状態は「グローバリティ」と呼ばれるべきだろうが、グローバリティが社会化していく状態がグローバリゼーションである。そのプロセスは「ローカル↓リージョナル（地域的）↓ナショナル↓グローバル」というふうに転じ、ある段階からはその逆にも、相互的にも交じっていく。

したがってグローバリゼーションはそもそもが不均等なプロセスをもつ。またつねに多元的であり、たえず多様でもある。特徴は次の四点にある。

①グローバリゼーションは伝統的な政治・経済・文化・地理の境界を横断し、そこに社会的ネットワークを創出もしくは変容させる。ときに新たな秩序をつくりだし

ていく。

②グローバリゼーションは社会的な関係と行動にまつわって、たいていは相互依存の拡大と伸長を反映する。このことは金融市場からNGOまで、多国籍企業からアルカイダまで、あてはまる。

③グローバリゼーションは社会的な交流活動の強化と加速をともなっている。つまり技術革新とグローバリゼーションはほとんど合致する。

④グローバリゼーションは人間の意識とも関連するため、共同体というマクロ構造と個性というミクロ構造の両方に影響をおよぼす。

グローバリゼーションは、一万二〇〇〇年ほど前にその原人狩猟集団が南米の突端に届いたときをもって、最初の〝輪っか〟を成立させた。ついで一万年前に、人間が自分自身の食料を生産するという仕事についたときに、歯車が動きだした。

狩猟的で遊牧的な集団が耕作や農耕に向かうと、それまでの集団の性質に集権的で階層化されたパトリアーキー（家父長的）な社会構造が芽生え、三つのグループが生まれた。祭司的なグループ、管理的なグループ、職人的なグループだ。ついでシュメール、エジプト、中央アジアにおいて「文字」と「書記」が発明され、西南アジアにおいて「車輪」と「交通力」が発達していった。ほぼ時期を同じくしている。

初期のグローバリゼーションはユーラシアの主要な風土軸が東西の方位に広がり、同じ緯度線に沿って食料生産を保つ幸運にめぐまれたため、これらの文化と技術がまたたくまに広がっていった。そのうち、そのような文化技術の波及力を軍事力に変えうる部族や一族だけが特定のセンターを築き、それを驚くべき「古代帝国」に発展させていった。ヘレニズムやシルクロードや海の潮流の行く先こそが雄弁だ。

そのあと大規模な民族移動、人口増加、道路インフラなどの発達、中枢都市の形成、移民の流入などが打ち続いて、それ以前は地域的な宗教でしかなかったユダヤ教、ヒンドゥ教、仏教、キリスト教、イスラム教を「世界宗教」に変えていった。そこに鉄とウイルスと農作物と価値観とが入り混じっていた。

こうして中世社会からアーリーモダンへの歩みがゆっくり興っていく。文明文化の交流の歴史だ。しかし十一世紀くらいまでの文明技術に貢献したのはもっぱら中国やイスラムであって、西欧社会がグローバル化のイニシアティブの一端を握るのは、ずっとあとになる。それには機械印刷、水力技術、航行技術、郵便システムと、プロテスタントを生み出す宗教革命意識と商業取引意識とが必要だった。これらと一六四八年のウェストファリア条約（宗教戦争の終結）が重なっていったとき、西欧諸国は「国家」と「宗教」と、そして「マネー」を動かす同時性を獲得した。

アダム・スミスの「自由な市場」、蒸気動力技術の革新、金本位制に向けた鉱物資源の確保、土地と資本のエンクロジャー、これらはほぼひとつながりの出来事なのである。ここからマルクスやエンゲルスが資本家と労働者を分け、生産手段と剰余価値の分断を怒りをもって叙述した時代までは、一足飛びだ。こうして穀物や綿が、ならびに奴隷や植民地侵略が、続いては電気や石炭や石油や蒸気機関が、グローバリゼーションの西欧型のエンジンとなっていった。

今日のグローバリゼーションが経済に及ぼした影響は、世界経済システムがグローバリゼーションを乗っ取ったかのような様相を呈している。その安定的なスタートは、第二次世界大戦直後のブレトン・ウッズ体制の固定相場制にあらわれた。IMF、IBRD、GATT、WTOがこれを後押しした。

ほぼ三十年にわたるブレトン・ウッズ体制は、世界経済を「統制のとれる資本主義の繁栄」に導いた。ネーションステート（国民国家）各国が、内外に出入りするマネーを調整できたからだ。世界は金《きん》に裏打ちされていた。

しかし一九七〇年代に入ってドル・ショックとオイル・ショックが連打されると、この体制は崩れ、世界経済は変動相場制（スミソニアン体制）に一挙に移り、その後の十年は高インフレ率、低い経済成長、高い失業率、政府部門の財政赤字、そして度重なるエネルギー危機、各地域での飢餓増大という、とんでもない矛盾と破綻《はたん》に見舞われることになった。ソ連を中心とする社会主義諸国はこれとはまったく異なる計画経済の確立に向かっていたのだが、中国を含めてしだいに失速していった。例外は西ドイツと日本にだけおこったのである。

ここに登場してきたのが、新自由主義政策を背景とした八〇年代のグローバリズムなのである。新たな経済秩序をつくりだすため、このグローバリズムはグローバル資本主義として、「貿易と金融の国際的自由化」「多国籍企業の許容」「IMFなどの国際経済機関の大作動」をもっぱらの軸にして、①公営企業の民営化、②経済の規制緩和、③大規模減税、④マネタリズムの奨励、⑤公共支出の削減、⑥小さな政府の実現、などに向かっていった。

サッチャーとレーガンが先頭を切り、これをジョージ・ブッシュが「新世界秩序」として掲げた。その思想的根拠としてハイエクやフリードマンの経済思想（新自由主義と呼ばれた）がふんだんに動員された。

資本主義的グローバリズムに特化されたグローバリゼーションの新たな動向については、いまでは当然のことに「グローバリゼーション誇張派」と「グローバリゼーション懐疑派」が互いに別々の見解を交わしあうという図になっている。この二つの見解のあいだを、エコノミストたちは右往左往する。日本の政党も右往左往する。

誇張派は「小さな政府」による資本国境のないボーダーレス社会を主張し、ネーションステートの静かな後退を主唱する。そこでは市場の自由な拡大と個人の自由意志とが執拗《しつよう》にセット化されている。懐疑派はグローバリズムも政府の力によるものだったのだから、今後も「国家の退場」なんてありえないと主張し、新しい市場も新しい技術も国家間がコントロールすることが可能だと強調する。どちらもグローバリゼーションの発展を認め、そのグローバリティの運用を問題にした。

懐疑派のなかには、グローバリゼーションにおけるグローバリティを市民社会や地方自治体が担うべきだという意見、アソシエーション（自発的結社）が担うべきだという意見、ネットワークが担うべきだという意見などが、かなりの数で林立した。おおざっぱにいえば、環境保護運動、自立経済派、アントニオ・ネグリの「マルチチュード」的なるもの、ＩＴネットワーク主義、各種のリバタリアニズム、ラディカル・フェミニズム、アナルコ・キャピタリズム（無政府資本主義）などもここに入る。

けれども本書では、次の三つのグローバリズムがグローバル・イデオロギーの鎬《しのぎ》を削りあっていると見るのが妥当だろうと俯瞰する。グローバリズム市場派、グローバリズム正義派、グローバリズム聖戦派だ。

市場派が何を言ってきたかは、いまさら説明はいらないだろう。グローバルなパワーエリートたちが依拠している思想で、消費主義的な自由市場の拡張を金科玉条とする。ビジネスウィーク、エコノミスト、ウォールストリートジャーナル、フィナンシャルタイムズ、日本経済新聞は、ここに属する雄弁なメディアである。しばしば「強力な言説」と呼ばれる。

この連中は、「グローバリゼーションを統括している者はいない」「グローバリゼーションは世界の民主主義を守るとともに広めている」「グローバリゼーションは非可逆的である」という確信をめったにゆるがせない。厄介なのは、この理念と方針のためにはこれを妨げる障壁をどんな手段をつかっても除去しようとすることだ。小泉・竹中改革もそうだった。

ここに、この連中が市場原理主義というファンダメンタリズムとしての強烈な性格をもつゆえんがある。サッチャーはこれを「選択の余地がない」と言って、TINA（There Is No Alternative）という略語をはやらせた。

正義派は、グローバル資本主義がさまざまな格差をもたらすものなので、これを別のしくみによって組み立てなおさなければならないとした。グローバル環境の保護、南北対立の解消、フェアトレード、労働と雇用の格差問題の解決、セーフティネットの提案、人権擁護、人種差別や女性差別の撤廃、そしてグローバル市民社会の確立だ。

ここからは「グローバル・ニューディール」という方針やコミュニタリアン（共同体主

義者）の活動といった実際運動が次々に派生した。メキシコのサパティスタ民族解放戦線、インドのチプコ運動、フィリピンのウォールデン・ベローのコミュニタリアニズム、フランスの半農家ジョゼ・ボヴェのマクドナルド破壊活動、マレーシアに本拠がある第三世界ネットワークなどが、その例だ。市場派グローバリストが集まる「ダボス会議」に対抗して、しばしば「世界社会フォーラム」（WSF）を主催する。

こうした正義派の要求は、①第三世界の債務の帳消し、②いわゆる「トービン税」（国際金融取引に対する課税）の施行、③オフショア金融センターの廃止、④厳格な地球環境協定の履行、⑤公平なグローバル開発アジェンダの履行、⑥新たな国際開発機関の創設、⑦グローバルな労働者保護基金の確立、⑧政府と国際機関が市民に対して透明性を発揮すること、⑨あらゆるグローバル・ガバナンスが明示的なジェンダー配慮を示すこと、などにまとめられる。なかにはすでにジョージ・ソロスが提案し、実施にとりかかったプランもある。

聖戦派を代表するのは、わかりやすくはオサマ・ビンラディンやアルカイダによって展開されているテロ・ネットワークである。自爆テロという驚くべき方法を〝技術化〟した。

このネットワークはテロリズムがテーマになっているのではなく、アメリカに集約された欧米資本主義の堕落と失敗を糾弾しているという意味で、やはり一連のグローバリゼーションの進捗《しんちょく》に関与する聖戦的グローバリズムなのである。だから、イスラム過激派の原理主義者と呼ばれるネットワークだけが聖戦派なのではない。当然、キリスト教原理主義にもとづく動きも、極端な迫害を好む一部のWASPの動きも、ハマスなどの反イスラエルのパレスチナ戦線も、また世界各地の民族主義運動や過激な自然保護団体も、いずれも聖戦派に位置づけられる。

しかし、それらの多くがしばしばナショナリズムや排外主義やディープエコロジーに陥っているのに対して、ビンラディンが呼びかけた活動はあきらかにグローバル・ネットワークというにふさわしい。その第一波のムジャヒディンの活動はソ連のアフガン侵攻を契機とした無神論的ソ連帝国主義の打倒であったのが、第二波では副官アイマン・アルザワヒリの世代になって、欧米諸国のグローバルな誤謬《ごびゅう》がすべてのイスラム共同体(ウンマ)にとっての聖戦の攻撃目標になった。

これは言ってみれば、西欧諸国のウェストファリア条約の虚妄を世紀末あるいは二一世紀になって新たに暴くという歴史訂正にもなっていると、ぼくは思っている。

それにしても、おそらくこれまでのグローバリズム議論でビンラディンのグローバリズムを本格的に論じたものはないのではないかと思われるほどに、この第三のグローバリズムは世界史から屹立《きつりつ》しすぎている。前夜に紹介したジョン・グレイの『アル・カーイダと西欧』（阪急コミュニケーションズ）を見られたい。

本書では、ざっと以上のような俯瞰による見取り図が提供されている。いったいここから何を議論すべきかというと、巻末解説で櫻井公人がまとめた腑分《ふわ》けでいえば、次の疑問にどう応《こた》えるかということだ。

①グローバリゼーションは歴史的に不可避で不可逆動向なのか。
②グローバリゼーションは何をその原動力にして、何を決定要因にしているのか。
③グローバリゼーションは古いのか、新しいのか。それとも繰り返されてきたプロセスなのか。
④グローバリゼーションは世界に利益をもたらすのか、あるいは格差を広げていくのか。
⑤グローバリゼーションは本当に民主化および自由化を推進しているのか。
⑥グローバリゼーションは国家の役割を狭めていっているのか、強化させつつあるのか、あるいは変容させていくのか。
⑦グローバリゼーションはアメリカの動向と同一の現象になっているのか、それともどこにでもおこりうる資本文化の帝国主義段階なのか。

われわれの前途には、このような問題が臆面《おくめん》もなくずらりと揃っているのだが、著者のスティーガーは、これらにはあえて答えずに、著者が「多次元的アプローチ」と名付けた叙述に徹した。なるほど俯瞰するには賢明なやりかただったが、ここを一歩も二歩も踏みこんでいくとどうなるかというと、けっこうな難問となる。

たとえばスーザン・ストレンジのように、あまりにまぜこぜになったグローバル資本主義の価値観を国別と世界機関別にいったん分離して検討していくべきだという方針もあれば、デイヴィッド・ヘルドによる肯定でも否定でもない「変容」を選ぶべきだという方針（『グローバル・トランスフォーメーションズ』中央大学出版部）、あるいは、それをいったん自由主義の問題に戻してそこから〝第三の道〟を提案するアンソニー・ギデンズらの方針（『第三の道』日本経済新聞社）もある。

もっと原点に戻してカール・ポランニーふうに「いっそ経済を社会に従属させるべきだ」というエマニュエル・トッドやジョン・グレイのような方針（トッドとグレイの本は千夜千冊エディション『感ビジネス』所収）、いやいや、もっと否定的にグローバリゼーションのなかの「反グローバリズム」をこそめざすべきだという方針など、いろいろ噴出してくる。

その反グローバリズムも、ジャック・アタリの『反グローバリズム』（彩流社）はそこから「友愛」を導き出したものだったし、ジョージ・リッツアの『無のグローバル化』（明石書店）は拡大しすぎる消費市場が「存在」をすら喪失させているという分析に至っていた。いずれ紹介するが、先頭的リバタリアニズムの思想や鈴木謙介の言い分なども、グローバリズム議論を裂いていったり、反転させたりしていった。

いや、まだまだある。デヴィッド・ハーヴェイはこれらを総体としてポストモダンの中のグローバリゼーションなどと見ずに、議論の仕方をもっと包括的でかつ細部が生きてくるような「近代の総合的検討」にもちこんで、そもそもポストモダン幻想の中に安住していることに警告を発したのだし、それをニクラス・ルーマンやノルベルト・ボルツのように「意味のシステム」の自律的でコンティンジェント（偶有的）な〝ひっくりかえし〟にすべきだという見方もあった。

イアン・ハッキングになると、そういう場合は言い方をメタフォリカルに扱う以外はないという、粋《いき》な心得さえ披露した。

いずれにしても、これからの日々、グローバリゼーションの「蜜《みつ》の味」と「厄災」とは、アイスランド火山の爆発灰のように空を覆って、まだまだネステッド（入れ子）にわれわれを見舞いつづけるだろう。空港に立ち往生するくらいだなんて、まだましなのだ。そのうち精神や思考の空港に閉じ込められたままになったら、どうするのか。

第一三五八夜　二〇一〇年四月十九日

参照千夜

一三五九夜：トーマス・フリードマン『フラット化する世界』一三六〇夜：ナヤン・チャンダ『グローバリゼーション　人類5万年のドラマ』一三六一夜：ジャレド・ダイアモンド『銃・病原菌・鉄』一三五七夜：ジョン・グレイ『グローバリズムという妄想』一二七五夜：ロバート・ライシュ『暴走する資本主義』一三六三夜：フェルナン・ブローデル『物質文明・経済・資本主義』七八九夜：マルクス『経済学・哲学草稿』一三三七夜：フリードリヒ・ハイエク『市場・知識・自由』一三三八夜：ミルトン・フリードマン『資本主義と自由』一〇二九夜：アントニオ・ネグリ『構成的権力』一三三二夜：ジョージ・ソロス『グローバル資本主義の危機』一三五二夜：スーザン・ストレンジ『マッド・マネー』一五一夜：カール・ポランニー『経済の文明史』一三五五夜：エマニュエル・トッド『経済幻想』七六四夜：ジャック・アタリ『情報とエネルギーの人間科学』一三五六夜：デヴィッド・ハーヴェイ『新自由主義』一三四九夜：ニクラス・ルーマン『社会システム理論』一三五一夜：ノルベルト・ボルツ『意味に餓える社会』一三三四夜：イアン・ハッキング『偶然を飼いならす』

ネオリベはカジノ資本主義だった。
金融工学はボラティリティを誤作動させた。

スーザン・ストレンジ
マッド・マネー
櫻井公人・櫻井純理・髙嶋正晴訳　岩波書店　一九九九　岩波現代文庫　二〇〇九
Susan Strange: Mad Money 1998

いつまでたっても日本経済の調子は悪いようだ。日本航空の破綻《はたん》やトヨタのリコール問題のせいだけではない。いろいろおかしい。二〇一〇年三月七日の朝日新聞朝刊一面には「悪夢二〇XX年日本破綻」として、二〇XX年のある週末の夜、首相官邸の緊急記者会見で、首相が「国民の皆様、深刻なお話を申し上げなければなりません。日本の財政は破綻の危機です。本日、国際通貨基金（IMF）に緊急支援を要請し、関係国と協議に入りました」と沈痛な発表をした云々、という悪夢の未来シナリオがまことしやかに予想されていた。

朝日が一面にこういう予想シナリオを載せるとは異例だが、財政破綻による「日本倒産」だけが〝予想される悪夢〟ではなく、実は日本社会はいろいろの場面で軋《きし》んでしまったままなのだ。複雑骨折もしている。

なぜそんなふうになったのか。これは、企業が重視すべき「価値」や「意味」の維持や創出に耐えられなくなって、ひたすら成長や成績の数字をあげることに奔走しすぎたからだった。それ以上でも、以下でもない。

日本の経済社会が軋み、複雑に骨折してしまったのはいつごろからなのかというと、これまでの大方の見方は、バブル崩壊後の「失われた十年」の怠慢からいまだ立ち直れないで、そのまま世界金融同時危機に見舞われたというふうになっていた。が、ちょっと待った。これはおかしい。バブルを生んだ以前から軌道がまちがっていた。『日本力』（PARCO出版）の対談相手になってもらったエバレット・ブラウンは「日本が太陽暦を導入したころからまちがってま～す」と言っていたが（笑）、それはともかく、かなり以前からの病巣が日本という身体を蝕《むしば》んできた。当然、敗戦、東京裁判、日米安保同盟が大きなストレスになっている。

病気の症例を最近の経済社会の軋みにだけ絞ってみると、どうなのか。おそらくは一九八八年に、BIS規制を日本が受け入れたときには歪《ゆが》みがはっきり始まっていた。もうすこし詳しくいえば、このBIS規制の前後三年間に劇的な事態の進行があって、このあたりでウィルスに感染していた体に病巣が膨らんできた。

少し時計の針を戻して思いおこしてもらうといいが、一九八七年十月がブラックマンデーである。これで「市場への過剰な介入を控える」という太鼓が高鳴り、「規制緩和の掛け声」がとびかった。

ついで翌年、バーゼルのBIS(国際決済銀行)傘下の銀行監督委員会が、銀行の資産(融資残高)に対して適正な自己資本率をもつことを要請した。総資産の八パーセントの自己資本をもつことが求められたのだ。日本は合意した。いわゆるバーゼル合意だ。直後、ベルリンの壁が崩壊し(一九八九)、ドイツは統一され、EC加盟の日程に組みこまれたが、東欧諸国は〝西欧化〟には引きこまれなかった。同時に第三世界がGATTのウルグアイ・ラウンド交渉に巻きこまれ、急速に蔓延《まんえん》しつつあった市場原理的イデオロギーの波《は》濤《とう》をかぶることになった。

このときすでに単一の世界市場(=グローバル・キャピタリズム)によって世界を制しようというプロジェクトが着々と仕組まれていた。それを感知したフランシス・フクヤマは早まって『歴史の終わり』(三笠書房)を書き、「世界史は、西洋民主主義と欧米資本主義の勝利を告げて終わった」とぶちあげた。

しかし事態は大いに紆《う》余曲折《よきょくせつ》していたのである。バーゼル合意の自己資本率の算定は不正確で、九六年のBIS第二次規制まで先送りされた。アジアがどうなるかも、そのころはまだ皆目見当がつかなかった。それなのに、市場原理主義はすでに勇躍跋扈《ばっこ》し、もはや引き戻せないほどの勢いを見せはじめたのだ。

何がおこったのか。第一にはIT技術の進展と金融市場の機能とがあまりにも急速に結びついた。第二にそのため、国際金融ビジネスの規模が格段に拡張された。

第三に、銀行がすっかり変質してしまった。ぼくが知っている昭和の銀行は街のどこにも見当たらなくなった。商業銀行は投資銀行化し、自己勘定取引（proprietary trading）になだれこんで、自分の資本をカジノに賭《か》けることのほうへ傾斜していった。クローズド・ショップ（日本でいうところの護送船団方式）は時代遅れとなったのだ。

第四には、日本資本主義がグローバル・カジノのニュープレイヤーとして名乗りをあげ、これをシンガポール・韓国・中国・台湾が追い上げる気構えを見せた。そして、その追い上げ派の連中のほうがずっと独自路線だったことである。そして第五には、この段階では国際市場を監督する機能も規制する機能も用意できていないままだったため、市場原理主義がのさばってしまったということだ。ようするに「医者のいない国際市場」が広がっていったのだった。

それでも、国際市場がマッド・マネーに犯されるだろうことは十分に予想されたはずである。にもかかわらず、多くのエコノミストもビジネスマンもその危険を察知してはいなかった。とくに日本の経済社会は危険を察知していなかった。

本書『マッド・マネー』はスーザン・ストレンジが一九八六年に満を持して世に問うた『カジノ資本主義』（岩波書店）の十二年後の続編で、いまから十二年前の一九九八年に刊行された（二〇一〇年現在）。直後、ストレンジは七五歳で眼を閉じた。

カジノ資本主義とは、貨幣と金融の世界がグローバルに展開するなかで、偶然に左右される経済社会が怪物のように膨らんで、実体経済の不安定を次々に拡大させていった状況をカジノに譬《たと》えたもの、まるで全員がサイコロの目に誘導されるかのような情勢を揶揄《やゆ》したものだ。その後は国際経済界の悲しい常套語《じょうとうご》になった。

ストレンジは一方で、『国家と市場』（邦訳『国際政治経済学入門』東洋経済新報社）で、世界経済は「安全保障・生産・金融・知識」の四つのパワーで見るべきだという必要性を説き、八年後の『国家の退場』（岩波書店）では、主権国家間の「非対称性」の拡大に警鐘を鳴らし、「国民国家の権威の退場」と「非国家的権威の拡張」を比較してみせた。金融機関、IT企業、保険会社、各国マフィア、国際監査法人の暗躍にメスを入れたのだ。こうして『マッド・マネー』が書かれた。

これらの著書をつなぐキーワードは「恐慌」でも「金融」でもない。彼女はよくあるような〝恐慌の予告〟をしたかったのではなかった。キーワードは一貫して「ボラティリティ」(volatility)である。ボラティリティは金融関係者には日々おなじみの用語で、「浮動性」とか「変動幅」といった意味をもつのだが、これがちょっと曲者《くせもの》なのだ。ストレンジは「コンティンジェント(偶有的)な変動性」のことをボラティリティとみなしたのだが、ウォールストリートはそう解釈しなかった。

金融業界や金融工学でいうボラティリティとは、資産価格が確率過程にしたがって変動するとき、その収益率の変動の大きさを測る尺度のことをいう。ファイナンスの計量分析者の多くは、このボラティリティによって市場を予測する。

金融工学屋たちが得意とするブラック・ショールズの公式では、ベガは、ボラティリティの変化に対するオプション価格の変化率ベガが注目されてきた。ベガは、ボラティリティの不確実性にもとづくオプションの価格変動をリスクに転嫁する。この価格変動リスクはベガリスクと呼ばれてきた。

ベガリスクを摑《つか》みきるのはやや難しい。たとえば株式市場では、株価が上がった日の翌日よりも下がった日の翌日のほうがボラティリティが上昇する傾向がよく知られてきたのだが、このようなボラティリティの非対称性がなかなか摑めなかった。

そもそも市場リスクを見るには、主に、①ダウンサイドリスクを見る、②エクスポージャーを見る、③ボラティリティを見る、という測定法が好まれてきた。ダウンサイドリスクは収益確率分布の下方部分だけに注目するもので、だからVaR（バリュー・アット・リスク）といった見方が流行した。エクスポージャーは為替などのリスクファクターが一単位動いたときの損失額だけに目をつける。

これらに対して、ボラティリティは上方への変動を含んでいる。本来は上下の変動まとめてボラティリティなのである。ボラティリティは「変化の激しさ」の道標《みちしるべ》なのだ。固定した基準値があるわけではない。そこにはさまざまなファクターがそのつど関与する。したがってボラティリティを使うには、その都度の時代動向との関連についての読みが必要になる。ウォールストリートはそんなことをしなかった。

ストレンジが分析したボラティリティは、三つの領域にまたがっていた。「通貨のボラティリティ」（為替相場とその周辺）、「財と信用のボラティリティ」（インフレーションと利子率）、「価格のボラティリティ」（石油価格に始まる連鎖）である。

これらのなかで経済の流れがマッド・マネー化していった動向を見た。ボラティリティの流れと断絶にひそむ不確実性と不安定性の読みちがいが、マッド・マネーの拡張をもたらしたのだった。

いいかえれば、経済のコンティンジェンシーを金融主義的なボラティリティだけで吸い上げようとしたことが、並みいる国家を蝕み、金融市場をマッド・マネーで埋めつくし、市場原理主義と新自由主義をのさばらせたわけなのである。

それにしても、なぜカジノ資本主義は並みいるエコノミストたちにボラティリティを読みちがえさせ、マッド・マネーを世界にふりまくことになったのだろうか。金融業者だって、そんなつもりを最初からもっていたはずはない。出来事はじりじり、じりじりと準備されていったにちがいない。あるいはどこかに後戻りのきかない分岐点がいくつかあったにちがいない。

ストレンジは、事態をこんなにもおかしくさせた出来事の淵源《えんげん》をクロノロジカル（年代順）に整理した。そして、もとをただせば一九五〇年代にすべてが潜伏的に発火していたことを突きとめた。次のようなことがおこっていた。

NATOの防衛負担を平等にしたいというアメリカの要求を、ヨーロッパ諸国が拒否した。これによってアメリカの防衛力にフリーライドする癖がヨーロッパ（そして日本）に組みこまれた。これはアメリカに、防衛負担に相応する補償を課税以外の形で求めうるという口実をまんまと与えた。そのためアメリカは誰に相談することもなくベトナム戦争を始め、ドルを特権的に濫用《らんよう》した。ヨーロッパが防衛よりも福祉を選んだことが原因なのだろう。

ついで途上国が国連援助の再配分を申し出たとき、先進諸国はこれを蹴《け》ってしまった。そのため国際的債務処理をつねに事後的にして、手続きが事例によって異なっていった。他方において、工業諸国が輸出競争にさいして低利融資や輸出信用保険をめぐる補助行為に走ったとき、これらを包括的に禁止する合意がつくれなかった。イギリス労働党のハロルド・ウィルソン首相はシティを国際金融の場として再開してしまった。

これらは必ずしも〝遠い出来事〟ではない。一九七二年からアメリカの次の五つの政治的選択をやすやすと決断させてしまったからだ。

一九七一年、アメリカ財務省がブレトン・ウッズ以来の固定相場制を廃止して、外国為替市場から撤退した。ニクソンの思いつきではなかった。熟慮のうえでのサボタージュだった。アメリカは国際通貨改革を真剣に検討しているというふうに見せかけて、二〇カ国委員会にまんまと一杯くわせたのだ。ストレンジはこれを〝皮肉なパントマイム〟と名付け、ルールが消えて〝偽りのシステム〟が作動したきっかけになったとみなしている。

変動相場制への移行はミルトン・フリードマンの提案だったが、ウラがあったのだ。おそらくはヘンリー・キッシンジャーの仕業だと思われるのだが、中東アラブの石油産油国との交渉を巧みに拒否して、戦略的備蓄をカードとしてちらつかせて、一九七三年の石油価格引き上げの再現に対する戦略をアメリカに選ばせたのだ。これが、石油価格と金融市場を結びつけるコンテキストをアメリカのテーブルの下でやたらに強くさせた。ついでフランスがOPEC（石油輸出国機構）の態度に対して発展途上国のために音頭をとった国際経済協力会議（CIEC）で、アメリカが妨害戦略を用いた（一九七四）。ここには、のちのちサダム・フセインが反米支援の可能性に依拠したくなる原因がひそんでいるし、中東のイスラム原理主義が政治的抵抗を示しつづける原因がひそんでいた。こうして一九七四年にニューヨークのフランクリン・ナショナル銀行と西ドイツのヘルシュタット銀行が破綻寸前になったとき、中央銀行間にのちのBIS規制にあたる前哨戦《ぜんしょうせん》が用意された。

ざっと以上のような背景のもと、先にのべた一九八八年前後のブラックマンデー、BIS規制、ベルリンの壁崩壊が連打された。もはや言うまでもないだろうが、ここで日本は完全に梯子《はしご》を外されたか、ニセの梯子の上に乗っかってしまったのである。

エコノミストたちはこの段階で事態がシステミック・リスクの問題になりつつあるということを見破るべきだった。狂奔する一部の市場参加者が決済不能に陥れば、他の〝健全〟な参加者も決済不能になるようなシステムそのものに巣くったリスクが、システミック・リスクとして見破られてよかったのだ。

けれども、事態の進捗《しんちょく》はそうはならずに、世界は二十世紀最後のディケードに向かってマッド・マネー化していくことになった。市場原理主義の席巻を許したのだ。もっとも日本はこのバスには幸か不幸か乗り遅れ、そのかわり小泉改革で狂奔することになった。日本はバスに乗り遅れたのだから、それならむしろ梯子を降りるべきだったのである。そうしないで、みんなで梯子をよじ登ることにした。

市場原理主義の台頭に拍車をかけた原因ははっきりしている。ストレンジはそれを早々に言い当てていた。

(A)半導体やコンピュータや衛星通信に代表されるICT技術の革新、(B)アメリカの双子の赤字と日本の貿易黒字による日米関係の決定的変化、(C)EU諸国の統合実験と分裂状況の併存、(D)国際企業の肥大化とビジネススクール・ブーム、(E)債務国の停滞と逆襲、(F)ウォール街の狂奔、である。

とくに解説はいらないと思うが、このうちの(C)については、ストレンジは主にフランスのマネタリストとドイツのエコノミストの対立として描き、それを脱却したのがジョージ・ソロスの「再帰性」(リフレクシビティ)の考え方だったと語っている。

【おまけ】
スーザン・ストレンジ(一九二三〜一九九八)は、ロンドン・スクール・オブ・エコノミクス(LSE)出身である。エコノミスト誌、オブザーバー紙の経済記者をへたのち、LSEの教授となり、さらにウォーリック大学で国際政治経済学を講じた。「社会は市場だけでは成り立たない」というストレンジの主張はここにある。そのことを証《あか》すために『カジノ資本主義』と『マッド・マネー』はボラティリティの読み方の拡張に徹した。最近になって、ストレンジの著書の『国家の退場』(The Retreat of the State)が話題になりつつある。これまでひとくくりに多国籍企業と呼ばれてきた企業を、国家の壁を崩す「超企業」(トランスナショナル・コーポレーション)と呼んで、その国際会計機関とのつながりを分析したものだ。中井浩之『グローバル化経済の転換点』(中公新書)などを参照されたい。

ストレンジは、グローバル資本主義の暗部やマネーゲームの麻薬と媚薬《びやく》を糾弾したが、市場原理主義や新自由主義を面と向かってはこきおろさなかった。あと数年生きていたら、そのことに着手しただろう。だから、この続きは別の研究者やエコノミストや思想家によって引き継がれることになった。その猛者《もさ》たちは『世界を不幸にしたグローバリズムの正体』(徳間書店)のジョセフ・スティグリッツをはじめ、欧米にはズラリといるが、日本では金子勝が真っ先に飛び出していた。

第一三五二夜　二〇一〇年三月十八日

参照千夜

一三三二夜：ジョージ・ソロス『グローバル資本主義の危機』　一三五三夜：金子勝『反経済学』

イングランド銀行を潰したソロスは、ネオリベの限界を見抜いた驚くべき投資家だ。

ジョージ・ソロス

グローバル資本主義の危機

「開かれた社会」を求めて

大原進訳　日本経済新聞社　一九九九

George Soros: The Crisis of Global Capitalism – Open Society Endangered 1998

ジョージ・ソロスはヘッジファンドで儲《もう》けまくった。早くからランダムウォーク投資理論をはるかに上回る成績を収めていた。ソロスがどんな魔法（それとも汚い手）をつかっているのか、投資家も産業界も好奇な目で見ていた。その一方で、ソロスは慈善家で、社会改革者として名を馳《は》せていた。それを売名行為のように見る者もいた。ソロスって何者か。金の亡者か、万事を見通していたのか、ゆるぎない努力家なのか。

最初に断っておく。ぼくはソロスの投資ビジネスの詳細をほとんど把握していない。ソロスがカール・ポパーの科学観やピースミール・ソーシャル・エンジニアリング（漸次的社会工学）の多大な影響をうけたことはまあまあ理解しているが、日本の識者やエコノミストたちが、ソロスの活動にどんな反応をしているのかはまったく知らない（寺島実郎や榊原英資《えいすけ》が絶賛していることくらいは承知している）。ソロスの本およびソロスについての本は五、六冊は読んできたけれど、どの本も似たような内容だった。

　以上を断ったうえで言うのだが、ソロスの思想にはいくつかのめざましい「先見の明」があると感じた。そこには、今日では誰もが口にするようになったグローバル資本主義の限界と問題点が鮮やかに指摘されているだけでなくて、「資本」の意図と「市場」の意味について、その生態がまるで素手で摑《つか》むように直截《ちょくせつ》に捉《とら》えられていた。

　ソロスが考えていることや実現したかったことは、「大いに儲ける」、かつ「社会に貢献する」という二つだ。二つとも成功した。やたらにスケールの大きい国際的スキームや慈善事業を組み立て、かつ、自分の考え方をつねに披瀝しようとしてきた。ソロスは新たな世界観とプログラムというものを提出したかったのだ。

　その世界観は、ソロスが投資理論と投資活動に費やした手間からするとかなりシンプルだ。シンプルであるのは素手と直観に頼りすぎているからだが、ソロスの本を読んでいると、これからの二一世紀の世の中でソロスのレベルに届いていない世界観など、そもそも失格なのではないかという気にさせられる。そのことを金満家たちも、そこいらの社会思想家たちも、訳知りのビジネスマンたちも、財政政策や景気対策をする政治家たちも認めたほうがいいと思えてくる。むろん眉《まゆ》に唾《つば》をつけたくなることもある。投資で大儲けをしたソロスが、なぜ同時に「開かれた社会」（グローバル・オープン・ソサエティ）の改革者になろうとしたのか、そこそこなれたのかということだ。たんなる奇特家なのか。しかし、どうもそうではないようだ。

ソロスは資本主義が自慢する〝合理性〟には、必ずや「ゆらぎ」「欠陥」「誤謬《ごびゅう》」「たま」が巣くっていることを、「負はフィードバックする」という視点をもって摑まえている。この思考方法を持ちえたことが、ソロスのソロスたるゆえんだった。今夜はそのことを大摑みに書いてみようと思う。

ソロスは一九五六年にアメリカに移住したころから、一方ではヘッジファンドの担い手として、他方では社会哲学の構想者としてスタートしていて、七〇年代の初期までには早くもその両者の統合を組み立てていたようである。いまでは、ソロスが早くから「市場原理主義」（market fundamentalism）や「新自由主義」（neoliberalism）に反旗をひるがえしていたことは、よく知られている。

とはいえソロスは、新自由主義の思想権化ともくされるミルトン・フリードマンらのシカゴ学派の理論を正面から検討して、これを批判していくというようなことを一度もしていない。本人が自慢して「確率論を駆使したランダムウォーク理論よりもずっと有効な投資方法を掌中にした」と言っているわりには、そのランダムウォーク理論（たまたま理論）の批判もしていない。ソロスは他人の理論とはまったく無縁に（カール・ポパーの理論だけはべつとして）、自分の確信だけにもとづいて市場原理主義や新自由主義の幻想を打倒してきた男なのだ。

ソロスは周囲を見回してあれこれ理論的配慮をするような理論家ではなく、（本人はそう願うかもしれないが）学問的なリーダーになりうるような力をほとんど発揮してこなかった。それなのに、一人よがりかもしれないような独自の確信が、その思想とビジネスをみごとに同時に押し上げていった。その確信は、何段階かの組み立てによっている。

キーワードは①「開かれた社会」、②「リフレクシビティ」、③「誤謬性」、の三つだ。これらが「負はフィードバックする」という一点でぶすりと串刺《くしざ》しされている。このようにみなしたうえで、ソロスは三段階にわたってその考え方を積み上げていった。

ロイター/アフロ
ジョージ・ソロス
(1930－)

【1】ソロスの大前提にあたる第一段階は「市場メカニズムには根本的な欠陥がある」と「ノンマーケット・セクター（非市場部門）にも大きな欠陥がある」というものだ。

もう少し詳しくいえば、①市場は骨の髄《ずい》まで不安定なもので、需要と供給のバランスを求めて均衡点に向かっていることなどめったにない。②だからそこにはアダム・スミスの言う「見えざる手」がうまくはたらいて最適性をもたらす、などということもない（だからこそ暴落も恐慌もおこる）。③市場はたしかに歴史上最も効率的なメカニズムをつくった社会システムではあるけれど、そのことと政治やノンマーケット・セクターがもたらすコントロールとは、度しがたくズレあっている。④それゆえ市場も社会も、自身で自身の欠陥を癒《いや》せない、というふうになる。

ソロスは早くから、「市場原理主義がどんな全体主義的イデオロギーよりも脅威になるだろう」とも、「市場原理主義イデオロギーはビジネスや経済学の領域をはるかにこえる分野まで侵食し、社会的に破壊的かつ堕落的な影響を及ぼすだろう」とも〝予言〟していた。ここにはすでに「誤謬性」という考え方が反映していた。誤謬性というのはファリビリティ（fallibility）のことで、社会のシステムにも人間の判断にも必ずやファリビリティがまじっていて、それなのに社会も人間もその欠陥や欠点や弱点を含んだまま進行しているということを言っている。

【2】第二段階は、この第一段階の認識を社会経済に向けて発展させたもので、既存の経済理論に文句をつける。とくに経済学やエコノミストが、市場の本質をとりちがえ

て、民主主義と資本主義が手を携えて発展すると考えすぎていることを警告する。

市場で表現される個人の意思決定と政治面で表現される集団的意思決定とのあいだには、おそろしいほどの不均衡がある。そのため、サッチャリズムやレーガノミクスや小泉改革がまさにそうだったのだが、市場原理主義が政治に絡まると、当座はどうであれ、その後の世の中にいちじるしい禍根をのこす。先進諸国と金融界がリーマン・ショックをピークに雪崩を打つように倒壊した政治的金融主義の傷痕《きずあと》から、いまなおなかなか脱せないままにあるのは、そのせいだ。

ソロスが第二段階で主張したことは、次の三点だ。①経済価値と社会価値はなかなか合致するものではない、②資本、とりわけ金融資本は特権的なもので、他のどんな生産要素より儲かるところへ移動する、③市場は資本の動向と商品の動向を分離する。

多くの経済理論は、市場参加者の価値観と選好を所与のものとする。そのため価格メカニズムが需要と供給の曲線の交差によってほどよく決まっていくというふうについつい見がちになる。ソロスからすると、そんなことはない。仮にそのようなことがときどきおこるからといって、それが社会の価値観の何かをあらわしているなどということは、あまりない。まして価格メカニズムがほどよく決まっていくということのほうが稀《まれ》なのである。そんなことはタンザニアとウズベキスタンとサンチャゴの生活用品の価格をくらべてみれば、すぐわかる。

一方、資本はどんな生産要素よりも移動性が高い。とりわけ金融資本は直接投資よりもずっと移動性が激しい。すぐに儲かるところに移っていく。そこで各国は、その移動先をそれぞれの事情に応じた経済繁栄の先駆けやベンチマークとして引き寄せようとする。そのため各国に出向く金融機関やコングロマリット（多国籍企業グループ）に次から次へと資本が蓄積され、その蓄積のプロセスを金融市場が恣意《しい》的にコントロールするという「独占」がおこる。

このような状況下では、グローバル経済はグローバル社会と同一歩調をとってはいない。いや、とれないままにある。なぜなら政治・経済・文化の基盤はかつてもいまも、それぞれ個々の国民国家（ネーション・ステート）の上にあるからだ。だから各国の社会と経済のあいだで歩みと歪《ゆが》みの著しいズレがおこっていく。その各国間のズレや歪みを調整するのは、当該国の経済政策とIMFや国連などの国際機関であるはずだが、とうてい調整しきれるものではない。

他方、金融市場はそんな事情におかまいなく、いつでも、こうした国家の混乱や国際機関の歩みと歪みをこえて、行きたいところへさっさと移動する。つまりは経済の本質は各国の政治や社会の動向とはほぼ無縁に動くのだ。有名な話だが、ソロスがタイ・バーツやロシア・ルーブルの混乱を予測して〝暗躍〟したかのように思われているのも、このすばやい移動性を先駆したからだった。

資本と市場は勝手なふるまいをする。勝手だからこそ、市場において経営と商品の自由競争が許容されているわけで、それが市場のおもしろさになっている。企業の基本的活力源にもなっている。消費者もそれによって高くたって品質のいい贅沢《ぜいたく》ができたり、ジャンクな安い買い物ができたと言って、大喜びする。だから、この自由競争を否定しないかぎりは、勝手なふるまいは収まらない。

それなら、自由市場を否定したらどうなるかといえば、それがソ連をはじめとした社会主義諸国が「計画経済」や「統制経済」の名のもとにやってきたことだったわけだけれど、ご覧のとおり失敗した。いまやロシアも中国も自由資本主義市場の大幅な導入で、大胆な旋回をしつつある。先ごろは北朝鮮も、そうなった。

このままいけば、おそらく資本主義に代わる経済システムは当分生まれそうもない。カール・ポランニーは「経済は社会に埋め込まれるべきだ」と言うのだが、そして、それはまったくそのとおりなのだが、残念ながら資本主義市場だけは社会から極端に突出してしまったのだ。

そこで、このように突出した経済システムをどうにか管理・監督・規制するために、ケインズこのかた経済システムの研究と予測と誘導とが試みられるようになってきた。しかしその行き着く先のひとつがフリードマンらの新自由主義であり、金融工学だった。しかしだからといってとソロスは警告するのだが、そこに資本と商品の流れを連携的にあわすインディケータなどはいつまでたっても見当たらないと思うべきなのである。そんなことを科学的に予測することは不可能だと思うべきなのだ。資本は資本の一元性を好み、商品は商品の多様性を好む。

経済と社会はこの不幸な関係をいつまでも続けていていいかといえば、むろんそんなことはない。ということで、第三段階でソロスがいよいよ強調するのが、カール・ポパーの『開かれた社会とその敵』（未來社）の考え方と、そこからソロスが導き出して中心に据えた「リフレクシビティ」（reflexivity）というコンセプトになっていく。

【3】ポパーが提案した「開かれた社会」（open society）は、もともとはファシズムが「閉じられた社会」をめざしたことに対する反撃の狼煙《のろし》として提唱したもので、のちにはもっと柔らかい「社会の改良に向かって開かれている社会」という意味に広がった。ソロスはこれを理念にまで高め、やがて「グローバル・オープン・ソサエティ」を唱えて、その財団までつくった。

リフレクシビティのほうは、これまで「再帰性」とか「相互作用性」とか、ときに「相互干渉」などと訳されてきたので、ややわかりにくいかもしれないが、一言でいえば、再帰的相互性ということだ。システムにはそこに関与した者の認知バイアスがかかる、また関与した者の思考にはシステムからの影響が免れない。だからそこに再帰的相互性がおこる。

システムとその帰属者は両者ともに織りこまれた関係にあるものなのだから、そこをシステム（たとえば市場や政府や企業）とユーザー（たとえば投資者や経営者や消費者）を分けすぎたままに、システムの自立性だけを強調するのはおかしかったのである。システムとユーザーはつながっている。つながっているだけではなく、「ゆらぎ」「誤謬」「負」をかかえたまま、全体と部分が、領域と参加者が、制度と実態が、互いで互いをハウリングしあっている。そこにはフィードバック・ループがはたらいている。それがリフレクシビティという言葉があらわしたがっている意味なのである。

いったんシステムの内から外に出た情報が、どこかでシステムの中に再帰し、その再帰した情報が外の観測者に影響を与えているわけなのだ。それが複雑にくりかえされている。ソロスはそこに何かの〝真実〟と〝正体〟を見た。たんに「インタラクティビティ」（相互作用）と言わずに、あえて「リフレクシビティ」と言ったのは、この再帰的で相互干渉的な意味合いを含ませたためだったろう。

リフレクシビティがどのように金融市場や投資家をゆさぶるのかといえば、一般に、金融市場の参加者たちはつねに市場価格の動きを予測しようとする。むろんある程度の予測はできる。観測可能なことはいくらもある。けれども、その予測に参加者のバイアスが投入されていくことを予測することは難しい。

それでもバイアスをバイアスとして見定めたいのなら、バイアスに汚染されていない何かの他の変数が必要になる。そのため一般の投資理論やエコノミストたちは、この変数を長らくファンダメンタルズ（財務的基本要素）に求めるようにしてきた。

話をややこしくしないために株式市場に限ると、企業はBS（貸借対照表）とPL（損益計算書）で財務の是非を見る。企業はそれにもとづいて借入れをしたり、配当を払ったりする。それゆえ市場価格は、これらのファンダメンタルズに関しての支配的な期待値をあらわすはずである。ソロスはこの見方にすでに限界があると見ているが、少なくともここまでは、参加者のバイアスを推量するにはまあまあの出発点になる。もし、均衡というものがあるとすれば、この時点での参加者の見方とファンダメンタルズが一致したときだけなのだ。

しかし、投資者にとって重大なのは将来のファンダメンタルズだけなのである。株価が反映しているはずのファンダメンタルズは前年度のバランスシートや収益や配当ではなく、将来の収益・配当・資産価値の動向などだ。これは所与のものではない。したがって、それらは「知識の対象」ではなく「推測の対象」である。

ここにおいて、将来のことがらがそれがおきる時点で、その前におこなわれた推測によって影響（再帰的ハウリング）をうけてしまうということになる。「将来を織りこむ」ということには、いくつものフィードバック・バイアスがかかるのだ。そのためその推測が株価にあらわれ、その株価がファンダメンタルズに影響をあたえるというふうになっていく。

ソロスはこのような事態の例として、『ソロスの錬金術』（総合法令出版）のなかでは一九六〇年代末のコングロマリット・ブームがクラッシュしたときの抵当信託の例をあげている。ヤバイ連鎖は次のようにおこる。①初期に抵当信託に対する過剰評価がおこる。②次にそれによる価格高騰に引きずられて新株発行をする。③それが過剰評価を正当化したと思ってしまう。④しかしこれに追随した投資家たちにはすでに儲ける機会が縮減してしまっている。⑤以上がだんだん重なっていく。⑥それでどうなるかというと、広範な連鎖的倒産がおこっていく。

これはリフレクシビティがはたらかなくなった不幸な連鎖の例である。ここには「資産効果」というさらに厄介な計測しがたいファクターが加わって、不幸をもっと悲劇的なものにする。

リフレクシビティの機能不全は、周知のごとくサブプライム・ローンに端を発したアメリカ金融界の大失態にまで受け継がれていった。いまさら説明するまでもないだろうが、ソロスは『世界秩序の崩壊』（ランダムハウス講談社）では、住宅産業に対する投機のしくみのすべてが短期回路に集約されすぎた「資産効果」の計りまちがいとして露呈したと分析した。アメリカの不幸な中産階層は、トレーダーたちの「資産効果」についてのマジカルな説明に騙《だま》されたのである。むろん日本にもこんなことはしょっちゅうおこっているけれど、幸か不幸か、それが大量きわまりないデリバティブ（金融派生商品）として売り出されたことはなかった。

経済史に詳しい者なら、ちょっと疑問がわくかもしれない。産業革命の拡張と産業資本の集中がおこった十九世紀の時代から資本主義もグローバルであったはずだろうに、それが最近になってからなぜ急激に「暴走する市場原理主義」や「マッド・マネー資本主義」のほうに向かっていったのか。もともと十九世紀後半から二十世紀前半に広がった資本主義にも、そういう傾向があったのではないのかという疑問だ。

もっともな疑問だが、これについてソロスは、かつては次のようなストッパーが利いていたからだったと考えた。①帝国主義列強が鎬《しのぎ》をけずりあっていて、資本の国際移動が制限されていた。②金《きん》という単一の国際通貨が君臨していた。③金融界にも企業間にも、ある種の信条と倫理観が共有されていた。

それなら、この〝幸福〟な時代はなぜ続かなかったのか。ストッパーが壊れたのだ。

壊れたのは第一次世界大戦のときだった。ヨーロッパ列強が戦争にあけくれて、軍事が資本を完全に制圧したからだ。そこに③の「信条の腐敗」も加わり、壊れたストッパーを修繕できなかった。それがそのまま一九二九年の世界恐慌に及び、さらに第二次大戦の終戦直後まで続いた。

ここまでは詳しい説明はいらないだろう。説明はいらないだろうが、ソロスにとってはこのことが生涯にとっての大きな出来事になる。そのことを言っておく。

ソロスは、世界恐慌の激震が走った一九三〇年、ハンガリーのブダペストに生まれていた。すでにヨーロッパは歪みきっていた。ドイツは戦争賠償金とマルクの暴落に喘《あえ》ぎ、それらを救済できる政治メシアとしてヒトラーが登場していた。

ソロス十四歳のとき、そのナチスによるハンガリー侵攻がおこった。この年ハンガリーでは六万人のユダヤ人が死んだ（ヨーロッパ全体で四〇万人）。ぼくが生まれた直後の一九四四年の三月のことである。

少年ソロスは呆然《ぼうぜん》としたまま逃げまわっていたようだ。ちょうどこのとき、壊れきったストッパーをなんとか繕うために、大西洋の海の向こうでひそかに組み上げられたスキームが出現した。一九四四年七月にニューハンプシャー州ブレトン・ウッズ会議で、新たな設立の組み立てが決議されたＩＭＦ（国際通貨基金）と世界銀行による「ブレトン・

ウッズ体制」だ。この符牒《ふちょう》はまことに象徴的だ。おそらくソロスの思想はこのときに宿命的に始まっていたのだと思われる。

ブレトン・ウッズ体制は、大恐慌後のブロック経済によって世界の貿易経済が縮小したことをたてなおすとともに、国際通貨システムの秩序の回復をはかるべく為替レートを安定させ、貿易障害となっていた経常取引による為替規制を取り払う役目を担うものだった。こうして一応は、戦前までの「保護・差別・双務主義」は「自由・無差別・多角主義」に移行した。

IMFは、加盟国の国際収支上の不均衡（つまり外貨準備不足）を補填《ほてん》する融資をおこなうことによって、当初はめざましいバランス装置として機能した。しかし、問題はこのあとにおこっていく。

この体制は、いまだ固定相場制のもとでのドルと金の価値を強固に結びつけるものだったのだ。金一オンス＝三五米ドルの、つまりは〝金＝ドル本位制〟なのである。だからこのアメリカ中心の〝金＝ドル本位制〟が機能しているあいだは、また国際経済がアメリカの独走とソ連の抑制を是とするかぎりはそれでもよかったのだが（つまり二極体制の一方に加担しているかぎりはいいのだが）、しだいにドルの実質価値が低下していくと、おかしくなった。とりわけ、ベトナム戦争の戦費拡大によってアメリカの財政収支がいちじるしく悪化すると、ドルの信認はどんどん下がりはじめた。

これが限界だった。なんとかこれに歯止めをかけようとしたのが、いわゆる「ニクソン・ショック」(ドル・ショック)である。一九七一年八月、ニクソンはフリードマンの進言を受けてドルと金との交換を停止してしまった。かくて世界の主要国はいっせいに「変動相場制」に移動した。ブレトン・ウッズ体制はあっけなく崩れた。

それならIMFが世界の通貨安定を支えるという役割も終わってよかったわけである。ところが直後に二度にわたっての「オイル・ショック」(石油危機)がおきたため、非産油諸国の経済状況が急激に悪化した。IMFはそのまま融資機関としての役割をずるずると拡大させてしまい、八〇年代にはラテンアメリカ諸国の債務危機に出動、九〇年代には一二三二夜の『反米大陸』(集英社新書)でもふれたように、構造調整融資の名目のもと、アメリカの南米コントロールのための介入などが巧妙にも執行されていったのだった。またしてもフリードマンの進言によっていた。

それでどうなったのか。さまざまな国の資本収支危機が露呈して、その一方で、各国の「経済の自由化」「市場の自由化」がIMFプログラムの執行によって拍車をかけられた。あきらかに過剰な勇み足か、失敗である。

IMFは国際調整をいつまでも謳《うた》い文句としながらも、リフレクシビティを発揮することなく、まして、そこにファリビリティ(誤謬性)を認める視点をもつ者も少ないままに、金融工学的乗り越えに軌道転換していった。ソロスはそうしなかった。ソロスはフアリビリティを含ませた投資計画によって、事態を乗り越えた。その計画にはＩＭＦや世銀の失敗は織りこみずみだったのだ。

ＩＭＦはソロスの最大の友であって、最大の敵だったろう。目を覆うばかりのＩＭＦの失敗に、ソロスは新スキームを提案してセーフティネットづくりに資金を供する用意があることを申し出たことがあった。一九九二年のことだ。ＩＭＦも世銀も見向きもしなかった。

ソロスは独自の財団を設けたり、トービン税に代わる課税制度を提案したりした。トービン税はノーベル経済学賞のジェームズ・トービンが案出した国際通貨取引への課税だが、ソロス税は金融取引への課税案である。たちまち金融界が反対し、ソロスは孤立した。

堪忍袋の緒が切れたソロスが最後に袋の中から持ち出したのは、ＩＭＦがＳＤＲ（特別引き出し権）を配分して、富める国が自国に配分されたＳＤＲを国際協力のために〝贈与〟するというスキームだった。革新的なアイディアを加えた。ＳＤＲが利付き資産であることに着目し、そこから国際援助資金を金融市場とはべつに創出するというものだ。

詳細は省くけれど、このＳＤＲ贈与スキームには、①贈与メニューの設定委員会とドナーの贈り先とを切り離す、②贈与適確プログラムは保健・教育・デジタルデバイド・

司法改革などに絞る、③貧困対策は除外する、④こうした社会投資のための取引所を創設する、⑤以上の組み合わせのためのマッチングにはマイクロクレジットを使う、といったかなり斬新な提案が含まれていた。

ぼくはこの提案を知ったとき、やはりソロスは只者《ただもの》ではないと感じたものだ。贈与こそはモースやポランニーが未来に積み残した唯一の「経済を社会に埋めこむための可能性」であったのである。

では最後に、ソロスがその思想の骨格の大半を依拠したカール・ポパー（一九〇二〜一九九四）の考え方について、手短かに説明しておく。

ポパーはウィーン大学で数学や理論物理学を修め、いったんはマルクス主義に関心をもったのだが、革命の大義のために人命を犠牲にするという思想に嫌悪を感じて、そこから脱するうちに、経験科学の本質を研究するようになった。ポパーが考えたことは、①経験にもとづいた言述とそうではないものを区別する、②そのためには「境界設定」（分界化 demarcation）を必要とする、③それにはいったん「反証可能性」を確立することが重要になるだろう、ということだった。

ふつう、経験科学では時空の一般的な領域を設定してさまざまな現象を点検しているのだから、そこに厳密な検証（verify）をもちこむのは限界があるという見方をとる。これに対して、ただ一個の反例によっても反証がありうるという議論が、数理哲学者のイムレ・ラカトシュらによってされていた。これを反証主義（falsificationism）というのだが、理論と観察のディマーケーションが任意になりすぎていた。

そこでポパーはたんなる反証主義を超えて、そこに「理論と観察を分離させない見方」をもちこんだ。このポパーの見方をソロスは（ソロスだけではなくてポパーの理解者の大半は）、「検証と反証には非対称性がある」というふうに理解した。検証と反証は一緒くたにすべきではなかったのである。そのかわり、そこにリフレクシビティやファリビリティの要素を組みこめば、ひょっとするとその非対称性こそが動きだして、新たな価値を生むかもしれなかった。

ソロスは、この考え方に自信をもち、その実践に邁進《まいしん》した。こう言っている。「私は自分の投資の基礎となる仮説を築きあげたかった。その仮説は、一般にうけいれられるものとできるだけ違っていたほうがよかった」。

ソロスは仮説の大きさがもつ特色に惹《ひ》かれた。そして、世の中に流布する仮説との違いが大きければ大きいほど、利益の潜在的可能性が大きいはずだと確信した。もしそういう違いがないのなら、たとえ投資家であろうとも、売買持ち高のポジションをとってもしょうがないと判断したのだ。これは、ポパーが「検証が厳しければ厳しいほど、それに耐える仮説の価値は大きくなっていく」と言っていることをソロスふうに拡大解釈して、その原理をぴったり対応させたものだった。

やがてソロスはこのようなポパーの哲学を、①特定の初期状況、②特定の最終状況、③仮説的な特性の普遍化、という三つのプロセスに置き換えた。③が重要だ。初期状況と最終状況の確認は市場を観察していれば、誰にもできるかもしれない。しかし、そこにリフレクシビティやファリビリティが介在しているだろうことを予測するには、③の「仮説特性の拡張」がなければ組み立てにはならない。ソロスはそこを徹しさえすれば、いつもディマーケーションにもとづいた検証と反証のシナリオの組み合わせが読めると考えたのである。

さあ、これで何がおこったのか。投資プロセスに「アブダクション」（仮説形成）が関与することになったわけだ。

このへんで今夜は店仕舞いだ。うまく説明できなかったようにも、大事なところだけは説明したようにも思う。いくつかの印象を補っておく。

かつてぼくが初めてソロスを読んだとき、あれっ、これは何かに似ているぞと感じたことがあった。それは、たとえばザメンホフがエスペラントを創出したこと、またたとえばエドワード・ローレンツがカオス理論の端緒を開いたことだった。あるいはマンデルブロがフラクタル幾何学を、ルネ・トムがカタストロフィ理論を組み上げたことだ。

これらは何に役立つのか、当初はまったく見当がつかなかったものばかりで、実際にもこの手のもので（エスペラントのように）たいして広がらなかったものも少なくない。

ところがジョージ・ソロスは、このようなものに似たもの（とぼくが感じたもの）を、なんだか圧倒的な勢いで社会改良型ビジネス・スキームにしてしまったのだ。

ただぼく自身はどんなビジネススキルにもまったく疎いので、このように感じた印象がいったい何を示しているのか、どの程度妥当なものなのか、長らく見当がつかなかった。そのうち、社会がやたらに変なことを気にするようになってきた。みんなが「リスク」を持ち出したのである。そして、それをリスクヘッジによって避《よ》けようとしていった。また、どんなものにも、どんなことにも、やたらに賞味期限を付けるようになった。

これは変だぞと感じた。

リスクにはさまざまなものがある。内乱やテロによるリスク、為替移動や金利変動によるリスク、不買運動や消費者運動によるリスク、原発事故やウイルス流行によるリスク、大気汚染や水質悪化によるリスク、結婚した相手から受けるリスク（タイガー・ウッズは大変だったろう）。何であれ、どんなこともかなりのリスクになりうるのだ。

ところがこれらを、世の中はこぞって〝計算〟できるようにした。そんなにすべてのリスクを計算して、それをリスクヘッジする社会をつくろうとしたら、いったいどうなるのか。ここにおいて、ぼくはソロスの発想のほうにちょっとした軍配を上げる気になったのだ。

ソロスがいったい何を摑んだのかといえば、①社会と経済にはズレがおこる、②どんな人間も誤解をしていることがある、③システムとユーザーとのあいだにはハウリングとそこから生じるバイアスがかかる、④閉じた社会に対してはつねに開かれた視座を導入するしかない、⑤以上のことを「人間の想像力のためのアブダクティブな仮説」として確信しつづける、こういうことになるだろう。

ソロス自身はこう言っている。「科学においては仮説の価値は摑みどころがないかもしれない。ところが金融市場においては、それがもたらす利益によって即座に計算することができるのである。それが一般にうけいれられるようになるだけで、仮説が利益をもたらすのだ。そこには当然に欠陥がある。しかし、その欠陥がどこにあるかが見えさえすれば、その可能性のある仮説《アブダクション》にこそ、私は大きな投資をすることを好んできたのである。カール・ポパーから学んだことはそのことだった」。

【おまけ】

(1) 父親は弁護士でエスペラント作家だった。ソロスが十四歳だった一九四四年、ブダペストでは六万人のユダヤ人が虐殺された。ナチス当局はブダペストのユダヤ人協会に強制連行の命令書を配布する役目を押し付けた。協会はそれを子供たちに押し付けた。その役目をやった子供の一人がソロスだった。ソロス自身はいまなお誕生日さえあかさないのだが、ユダヤ人だったようだ。György Schwartz が本名である。ともかくも、ソロスは自分の正体を隠さなければ、生きていけなかったようだ。四七年の秋、スイスのベルンに逃れ、ついでイギリスに入ってロンドン・スクール・オブ・エコノミクスに入学した。この大学でハロルド・ラスキとフリードリヒ・ハイエクと、そしてカール・ポパーが教えていたのである。

(2) 一九五六年、ソロスは資金五〇〇〇ドルを手にしてニューヨークに向かい、メイヤー証券に就職、やがてアナリストとしてヨーロッパ証券についてアメリカの金融機関に助言するようになった。その後、ワーサム証券に移り、六〇年代に入ると自身の投資活動を始めた。ドイツの保険会社の証券に目をつけたのだが、折からのケネディがとった利子平衡税によって、海外証券を自由に購入することを阻まれた。このとき、ソロスは『認識の重荷』と題する論文にとりくみ、これをポパーに送る。この論文には、その後のソロスの思想のほとんどの骨格があらわれていた。当時のソロスについて、のちに共同経営者になったエドガー・アステアは「頭がよく、自信家で、そして極端な秘密主義者だった」と言っている。

(3) ソロスは一九六九年に独自のヘッジファンドを開発し、七三年に投資会社をおこした。これがのちの「クォンタム・ファンド社」である。世界中を席巻した。九二年九月十六日のブラック・ウェンズデーでは一〇〇億ドルのポンドを空売りして、一一億ドルを儲けて〝大英銀行を破産させた男〟と呼ばれた。九七年のアジア・メルトダウンでは「経済的戦犯」呼ばわりされた。そうしたソロスの〝業績〟についてはいろいろな本に当たられたい。

(4) ソロスはどんな人物だったのか。友人は「ソロスは自分の努力を抽象化すること、それを定義することに集中した男だった」と言っている。なるほど、なるほど。ソロス自身はこう書いている。「私は自己の存在というものを意識したときから、自己を理解することに激しい情熱を燃やし続けてきた。そして、自分自身を理解することこそ最大の課題で、最大の利益目標であると確信するようになった」。なるほど、なるほど。

第一三三二夜　二〇〇九年十二月四日

参照千夜

一〇五九夜：カール・ポパー&ジョン・エクルズ『自我と脳』　一三三八夜：フリードマン『資本主義と自由』　一三五四夜：大田英明『IMF』　一五〇七夜：マルセル・モース『贈与論』　一五一一夜：カール・ポランニー『経済の文明史』　一五六六夜：米盛裕二『アブダクション』　九五八夜：伊東三郎『ザメンホフ』　一三三七夜：フリードリヒ・ハイエク『市場・知識・自由』

グローバリズムは閉じていく。財政と景気、規制と緩和、国際と愛国は、二者択一になりっこない。

金子勝

反経済学

市場主義的リベラリズムの限界

新書館　一九九九

二〇〇七年八月のパリバ・ショック、二〇〇八年九月リーマン・ショック以降、グローバル経済と先進資本主義各国の国内経済の痛手はまだまったく癒《い》えてはいない。やっと国民医療保険の議案を成立させたオバマ・アメリカも、その実情はそこらじゅうで倒壊や火災がおきている。この二年で一万二〇〇〇軒の店舗がクローズし、シャーパーイメージやリネンズ・アンド・シングスといった小売業が倒産した。ソニーやパナソニック商品を扱ってきた最大手のサーキットシティが連邦破産法による手続きに入って事実上倒産したことも、まだ最近のニュースだ。

それなら日本はどうか。「二番底」はどこにあるのか、ひょっとして「底抜け」が待っているのか。それともゆっくりと回復していくのか。エコノミストたちの議論はいまだ右顧左眄《うこさべん》がかまびすしい。多くが失速し、マッド・マネーと金余りによる金融危機がもたらした傷痕《きずあと》になったのである。次から次への病巣の転移だった。資本があたかも意思をもったかのように自己増殖しつづけたことが、こうした異常事態をいまなお続行させているわけだ。

問題は、この事態は修復可能だろうと思いすぎていることにある。さまざまな手を打ちさえすれば、きっと元にあった状態に戻るはずだと想定していることにある。ヘッジファンドやプライベート・エクイティファンドが健康を取り戻せば大丈夫だと思いこんでいる。そんなわけはないじゃないか。これは資本主義が抱えた本質的なビョーキの露呈だったのだから、もっと根本的な問題を切開しなければならないはずだ。元に戻ってはだめなのだ。それにしても、なぜこんなことが気がつかなかったのか。そんなにもグローバル・キャピタリズムの猛威はウイルス並みだったのか。

表題はいささか気負っていたが、金子勝の『反経済学』には先見の明があった。刊行は一九九九年、所収論文はそれ以前の数年間のものだ。海外では主張こそあれこれ異なってはいたものの、スーザン・ストレンジ、ポール・クルーグマン、ハイマン・ミンスキー、ジョセフ・スティグリッツ、エマニュエル・トッド、ジョン・グレイなど、いくつかの先駆的研究は出ていたが、のちに市場原理主義と一括されることになった動向にいちはやく批判的洞察をもたらした日本人はあまりいなかった。

こういう経済学者が日本にも出てきたのかと思った。ぼくは慌てて『反経済学』の原型となったらしい『市場と制度の政治経済学』(東京大学出版会)をさっと読んでみた。やっぱり早い。その先見にまずは敬意を表したい。

その後、金子はたくさんの著書やエッセイをものした。かつて「朝まで生テレビ」で田原総一郎の乱暴をかいくぐって鳥めいた発言をしていた姿は、その後は自身で司会をするCS番組を持つようになった。それにしてはいささか似た本を書きすぎじゃないか、焦っているのじゃないかと気になったが、読んでみるとそれぞれどこかにヒントが勃発《ぼっぱつ》していて、悪くない。加えて経済学者としてはちょっぴり異端の香りがするのが、カワイくていい。それが「反経済学」というタイトリングにもあらわれたのだろう。異分野との接し方も好感がもてた。たとえば大澤真幸との対話『見たくない思想的現実を見る』(岩波書店)も脂が乗っていた。

ということで、今夜はとりあえず本書にしておいたけれど、最近のものならば、『閉塞経済』(ちくま新書)とか、アンドリュー・デウィットとの共著『世界金融危機』や『脱「世界同時不況」』(ともに岩波ブックレット)あたりのほうが、入門にはわかりやすいかもしれない。とくに旧著『反グローバリズム』を改編した『新・反グローバリズム』(岩波現代文庫）は書き下ろしに近く、最近の金子の考え方を最もインテグレートしているようにも思う。

金子がずっと訴えつづけていることは、日本経済が閉塞感《へいそく》をもっているのにその危機の正体が見えていないのはどうしてか、そのことをなぜ気がつきにくくなってしまったのかということだ。原因は日本の経済社会にも政府と官僚の政策にもあるが、グローバル経済が向かっている考え方や勢いそのものの中にある。

金子がそういう問題意識で「経済」を問いはじめたとき、日本はどういう状況にあったかというと、一九九七年十一月に北海道拓殖銀行・山一証券・三洋証券などが連続的に経営破綻《はたん》した直後だった。政府は翌年に一・八兆円の公的資金を導入したがまにあわず、中谷巌や竹中平蔵が主導した小渕内閣の経済戦略会議の中間報告にもとづいて、一九九九年に七・五兆円を注入し、日銀がゼロ金利に踏み切った。

すべては焼け石に水。金融機関は粉飾決算にまみれ、日本経済が内部から腐っていたことがあきらかになった。バブル崩壊の傷はとんでもなく深いものだということが知れてきた。海外のエコノミストたちは、日本の金融機関がBIS規制型の自己資本率やペイオフ実施や時価会計制度を「グローバルスタンダード」として早急にとりこみ、不良債権を一掃すべきことを口を揃えて勧告した。

これで日本はグローバル病院の患者になった。二〇〇二年末、小泉政権は不良債権査定をすることにしたけれど、株主価値を毀損《きそん》しない程度の実質国有化の方針をとった。日銀は銀行から大量の国債を買いつづけ流動性を供給しようとしたものの、銀行は損失処理に追われるばかりで、結局、ゼロ金利による円安政策と雇用流動化政策がカップリングされて、輸出依存型の景気回復に走らざるをえなくなっていった。

いまでもそうだが、「財政再建か景気対策か」という方針はたいてい揺れ動く（いまでも自民党は谷垣派と与謝野派で割れている）。小泉・安倍・福田・麻生時代は、景気のほうにとりくんだ。しかし、景気回復をするには体力がなければならないのに、そのときすでに日本企業は三つの変更を余儀なくされていた。

まずは国際会計基準（IAS）を導入していた。企業の所有資産は時価評価され、時価会計主義になってしまっていたのだ。これで、ときにはリーズナブルだったはずの過剰債務・過剰設備・過剰雇用のすべてが問題になった（IASはのちにIFRSに発展した）。

次に、単独財務諸表から連結財務諸表の重視に慣らされていた。子会社に隠れていた不良債権がこれで次々に表面化した。それまでケーレツ（系列）維持のために相互持ち合いになっていた株式は時価会計にさらされるので、「含み益」を自己資本に表面化させるには、自己資本そのものを急激に増加させるしかなくなった。

さらに、キャッシュフロー表の提示が義務づけられて、四半期ごとに継続的なキャッシュフロー上の改善ばかりを、バカの一つおぼえのようにめざすようになっていた。キャッシュフローの最初の項目には「税引き後営業利益」があてられているのだが、これを引き上げるには在庫を削るか人員整理をするか、企業合併を模索するしかなくなったのだ。そんな右往左往のもと、二〇〇七年には派遣労働者の数はまたたくまに三二〇万人に達し、三四歳以下のフリーターは二〇〇万人を前後した。

この格差社会をどうするのか。問題は景気どころではなくなっていた。真綿で首をしめつけられるようにして、日本の経済社会の全体がウォール街の市場原理主義と新自由主義の渦の中にとりこまれるようになっていった。そんなところへ世界金融同時不況が直撃した。いったい日本のエコノミストは何を考えるべきだったのか。

本来ならば、冷戦が終結し、バブルが崩壊した一九九〇年代のはじめに日本はなんらかの“change”をするべきだった。ところが冷戦終結は自由主義体制による「市場原理の勝利」になったと勘違いした。

その後の「失われた十年」はずるずると「失われた二十年」に向かって漂流する。さらに迷走させたのが、小泉構造改革である。そこには、日本経済がそれ以前から陥ってきた万年病があった。①輸出依存体質からの脱出をいつも失敗している、②政官財の癒着体質がなかなか変更できない、③国の予算組みと財政投融資政策と地方財政策がどうしてもちぐはぐになる、という症状だ。これらを〝清算〟しようとして、郵政民営化というおかしな決断がなされてしまったわけだけれど、こういうビョーキは市場万能主義でもグローバリズムでもゼッタイに乗り切れない。

乗り切れないのにもかかわらず、日本はこの時期に新自由主義のバスに慌てて駆け乗った。これではうまくいくはずがない。金子はこのような日本の状態を「閉塞経済」と言っている。

閉塞経済がおこってしまったのは、経済がマネーを中心に動くようになり、マネーは「信用というしくみ」を利用して動くようになってしまったからである。金融資本主義である。あげくにカレンダーを超えて未来の決算を取引するようになった。未来の利益を先食いし、未来のリスクを回避するような、そんな証券で経済社会がまわるようになってしまった。その頂点にデリバティブ（金融派生商品）があった。

かくて、リスクを負わない逃げ足のはやい投資スタイルが大流行しまくった。本当のリスクから身勝手なリスクだけを切り離して、金融業界は逃げきろうとした。これで「信用バブル」がおこるようになった。一九八七年のブラックマンデー、一九九八年のLTCM（ロングターム・キャピタル・マネジメント社）の破綻、同じ年のロシアのデフォルト（債務不履行）危機、二〇〇〇年末のITバブルの崩壊はその先駆けで、これがそのまま二〇〇七年のサブプライムローンの破綻に突入していった。いずれもマネーの過剰流動性が引き起こした病巣の転移だった。

まあ、ここまでの議論は市場原理主義批判というもので、いまではジョーシキになりつつあろうから、いまさら金子の先見性を感じないかもしれないが、金子が警鐘を鳴らしていた問題には、もうひとつ見逃せない指摘があった。

それは、グローバリズムの受容とナショナリズムの高揚とは裏腹の関係にあり、社会民主主義ともリバタリアニズムの一部ともきわどい関係にあるという指摘で、かれらの「市場原理主義批判・グローバリズム批判・新自由主義批判」をめぐる議論にはそうしたナショナリスティックな偏向や社民やリバタリアニズムの傾向がまじっていることが少なくないので、そこに注意すべきだというものだ。

偏向は、日本では十年以上前から連打されていた。たとえば、一九九八年の佐伯啓思の「シビック・ナショナリズム」論、同年の経済戦略会議（樋口廣太郎議長）の「日本リベラリズム」論、一九九九年の二十一世紀日本の構想懇談会（河合隼雄座長）の「富国有徳」論、二〇〇〇年の西部邁の「国民の道徳」論などなどだ。

これらは表向きは市場原理主義を批判していて、それに対するに道徳や徳を持ち出しているのだが、それはサッチャーが「強い国家」や「ヴィクトリア朝の美徳に戻れ」と主張したこととあまり変わらない。つまりは市場原理主義の対抗策になどなってはいない。サッチャリズムやレーガノミクスの裏返しなのである。

思想戦線においてはもっときわどい議論がまかり通っていた。『反経済学』で問題視しているのは、ウォーラーステインの世界システム論の考え方だ。一九八九年にベルリンの壁が崩壊して、近未来社会についての構想力の喪失がおこった。そうしたなか、ウォーラーステインの世界システム論ははからずも社会学・経済学・歴史学の左派知識人たちに「安全なシェルター」を提供してきた。参加者にならずに観察者でいられるというシェルターだ。

多くの知識人がアングロサクソン型資本主義、ライン型資本主義、日本的資本主義、はてはイスラム経済論や儒教資本主義などの多様性を、それぞれの国民経済の形状のもとに解こうとしているとき、ウォーラーステインは資本主義のすべてを世界システムという「たった一回のロングタームな出来事」のなかにフロートさせたのである。それが、現在社会に対するモラトリアムを許容するパスポートになってしまった。これはまずかった。金子は早くからそのへんのことについて警鐘を鳴らしていた。

ＥＵ諸国に社会民主主義が広がったこともグローバリズム批判めいていて、実はそうではなかった。アメリカ民主党、イタリアのオリーブの木、フランス社会党、イギリス労働党といった政権力をもつ政党の動きのことだけをさしているのではない。「社民」という思想がケインジアン政策や所得再分配政策を謳《うた》っているようで、そうはなっていない。これらは、ちっともリスクテイクなどしていないのだ。

さらに金子が問題にしたのは、『閉塞経済』第三章に詳しいのだが、「正義」と「社会」と「経済」をめぐる議論の仕方だ。

今日の日本もそうであるけれど、いま、格差社会や貧困問題が世界的にクローズアップされている。このとき格差の是正と所得の再分配が俎上《そじょう》にのぼる。ヨーロッパ近代社会にはこの問題を救済するロジックや制度はなかった。パターナリズム（父性的温情主義）や博愛主義があるばかりで、あとは「自由」と「正義」が論じられるだけだった。

主流派経済学も「ホモ・エコノミクス」という架空の人間行為を「自由の単位者」と見るのだから、それがおこす格差や貧困を吸い上げてはこなかった。そこでサッチャリズムやレーガノミクスは「新自由主義」を標榜《ひょうぼう》することで反動ともいうべき政策に走ったわけである。

経済学者が何も考えなかったわけではない。たとえばアーサー・セシル・ピグーをはじめとした「厚生経済学」という領域もあった。効用が可測性（計算可能性）をもっていて、個人間の比較が可能になるというロジックで、そう考えれば貧者のほうが富者よりも所得単位あたりの限界効用が高いので、富者から貧者への所得再配分をすることが社会全体の厚生を高めるはずだというものだ。

これは「功利主義の社会化」という実験性をそれなりにはらんでいたのだが、実際には効用を本当に測れるのか、個人間の効用を比較できるのかという疑問に答えきれず、ここからライオネル・ロビンズらの「パレート最適」の考え方にシフトした。パレート最適とは、「これ以上に誰かを不利にすることなく、誰かを有利にすることはできない」という最適点によって社会経済を見ようというもので、ここにおいて所得の分配論は後退して資源の有効配分論になっていったのだった。「合理的な愚か者」ばかりが経済社会にまかりとおっていると見抜いていたアマルティア・センが、これらの議論を見てさっそく「パレート伝染病が流行している」と非難した。

こうしたなかから、一方ではシカゴ学派型の「自由」が浮上して、これがネオリベラリズム（新自由主義）になっていき、他方ではアイザィア・バーリンの『自由論』（みすず書房）やノージックやロスバードの自由論から、さらに多様なリバタリアニズムの議論になっていったことは、いまはとりあげない。

そこへもうひとつ浮上してきたのが、それなら社会にとっての「正義」とはいったい何なんだという議論だった。とくにジョン・ロールズの『正義論』（紀伊國屋書店）がもてはやされたのである。金子はこの議論にもいちはやく注文をつけていた。

近代ヨーロッパはいろいろな難問を今日に積み残してきた。そのひとつに、「自由と平等はトレードオフなのか、どうなのか」という問題があった。

ヨーロッパのキリスト教民主党や保守党やアメリカの共和党は、市場の自由にもとづく「機会の均等」を重視して、そこに自由と平等があると言う。ヨーロッパの社会民主党や労働党やアメリカの民主党リベラル派は「結果の平等」を重視して、格差の是正こそが必要であると説く。しかし、誰もが同じスタートラインに立てる「機会の均等」がやがて「結果の平等」を踏みにじる格差社会になるなんてことは、説明するまでもないほど自明な歴史的現実だった。自由と平等はトレードオフを超えられない。

そこで、ここに「正義」の規準をもちこもうということになった。その先頭に立ったのがロールズである。ロールズは社会の原初の状態を想定し、誰もが国家や政府や自治体と社会的な契約を結べばいいと考えた。そのばあい、二つの原理が順に作動する。第一の原理は「平等な自由の原理」というもので、すべての人間が政治的自由や精神的自由といった基本的自由を平等にもてるようにするというものだ。けれどもそのような権利が保証されたからといって、その後の社会経済的な不平等や格差が生じないとはかぎらない。そこで第二の原理として「公正な機会均等の原理」が動きだす。不平等や格差についてはは最も不遇な状態から是正されなければならないが、そこには機会均等を破るものがあってはならないというのだ。

このようなロールズの正義論に多くの社会学者や経済学者が足をとられてしまったの

である。しかし、どう見てもこのような正義論にはアメリカ的な新自由主義を乗り越えるものはないし、グローバリズムの矛盾を突く考え方があるはずはなかった。同じ限界はマイケル・サンデルの正義論にもあてはまる。

そのほか金子の指摘には、ときに勇み足や過剰な発言があるとはいえ、いろいろ興味深いものが多かった。とくにセーフティネットによる社会経済については、いくつもの政策的提案もした。

たんなる公共経済論に陥らない提案もあった。たとえば『新・反グローバリズム』の第12章で、「第三者評価」の機能をもったアソシエーションの組み立てこそが重要であるという提案をしていた。社会的な交換力をもったネットワークが、評価機能を発揮したほうがいい、そこから新たな独自の資格者や規準が生まれていったほうがいいという提案で、そこにマーケット・メカニズムに頼らない多元的価値の創生を期待したいという見方だ。

今日の産業社会や企業では、自身の陣営のコンプライアンスの金縛りにあって、新たな価値の創出はきわめて遅くなる。たいていは「合理的な愚か者」になって売上げと利益と株価上昇にばかり走っていく。それよりも、これらの産業界や企業や地域社会や自由業を大胆に横断したネットワーク・アソシエーションが出現して、新たな評価基準や価値観をめぐるスコアをつくっていけば、どうなのか。

このようなアソシエーションの動きと知と編集力が一定のレベルに達すれば、そこからはおそらく新たな才能も芽生えるし、そこには次世代の市場がほしがるようなビジネスモデルも胚胎《はいたい》するにちがいない。

第一三五三夜　二〇一〇年三月二五日

参照千夜

一三五二夜：スーザン・ストレンジ『マッド・マネー』　一三五五夜：エマニュエル・トッド『経済幻想』　一三五七夜：ジョン・グレイ『グローバリズムという妄想』　九五六夜：姜尚中『ナショナリズム』　一〇八四夜：大澤真幸『帝国的ナショナリズム』　一二八五夜：中谷巌『資本主義はなぜ自壊したのか』　六九夜：西部邁『思想史の相貌』　一三六四夜：ウォーラースティン『史的システムとしての資本主義』　一三四四夜：アマルティア・セン『合理的な愚か者』　四四九夜：ノージック『アナーキー・国家・ユートピア』

「第三の道」か「マルチチュード」か。
グローバリズムを内側から引き裂くためのアナキズム。

〈反転〉するグローバリゼーション

鈴木謙介

NTT出版　二〇〇七

一九九八年のWTO閣僚会議で、ビル・クリントンは「グローバリゼーションは政策的な選択ではない。それは現実なのだ」と述べた。翌年のシアトルのWTO閣僚会議には、市場原理主義の侵攻に対する「反グローバリズム」の市民デモが押し寄せた。

田中宇《さかい》によれば、グローバリゼーション（globalization）という言葉が欧米の新聞に登場したのは一九八三年以降のことだという。ジェラード・デランティは、社会学用語としてグローバリゼーションが使われたのは一九六六年の「アメリカ社会学雑誌」でのことだったという。初見はどうであれ、グローバリゼーションは二十世紀の終わりに向かってまさに現実のものとなっていった。それは政治と経済の分野、とりわけ世界経済的にボーダレスな現象としてあらわれていく。ウォッチャー大前研一は八〇年代の終わりから、そうした〝グローバルな現実〟が目に付きはじめたと書いている。

その後のグローバリゼーションの驀進《ばくしん》ぐあいには、見逃せない大きな特徴があらわれていた。経済のグローバリゼーションは「政治からの脱コントロール」をめざし、もっぱら「資本の論理」によって駆動されるようになっていたということである。

なぜそうなったのか。これについては当初から、スーザン・ジョージふうの（A）グローバリゼーションはワシントン・コンセンサスのような〝黒幕〟や〝犯人〟が推進したという見方と、アレックス・カリニコスふうの（B）資本の世界化が止まらなくなったとする〝暴走説〟による見方に分かれてきたのだが、しばらくするともっといろいろな解釈や指摘が登場してきた。

たとえば、（C）グローバリズムと資源フローの顕在化と国民国家の衰退とはカップリングされている（デイビッド・ヘルド）、（D）グローバリゼーションは地域の絆《きずな》を失わせていく（ロバート・パットナム）、（E）グローバリズムとナショナルな国民国家はきっと両立しうる、（F）グローバリゼーションは国家の枠組との調整をはかりながら変容する（サスキア・サッセン）、（G）ファストフード化やネット社会化によって世界をフラット化させているグローバリズムが伸《の》してきた（ベンジャミン・バーバー、ジョージ・リッツァ、トマス・フリードマン）、とかとか。

こうしたバラバラな見解はいまなお併走し、いまなお論争されるままにある。しかし本書では見解群の相違の議論ではなく、次の二つの際立つグローバリゼーション論のありかたを検証した。社会学者アンソニー・ギデンズの『第三の道』（日本経済新聞社）に象徴される「市民的グローバリゼーション」論と、ネグリ＝ハートの「グローバル＝ローカル・マルチチュード」論である。

本書は鈴木謙介の『暴走するインターネット』（イースト・プレス）と『カーニヴァル化する社会』（講談社現代新書）に次ぐ三冊目の単著にあたる。前二冊も刺激に富んでいたが、本書はその刺激がさらに広域にも細部にもまたがり、かつ表層と深部を畳み針のごとく打ち返していて、読みごたえのある論述になっていた。鈴木はよほどの思索編集力の持ち主なのであろう。

そういう鈴木の思想的才能についてはのちに少しだけふれることにして、今夜はさっそくギデンズとネグリ＝ハートの言い分に入っていくが、まずはかんたんな振り分けをしておく。

ギデンズの言い分は、国家と個人という枠組のなかで、新自由主義型のグローバリズムが自己責任によって「市場化された世界を生きる」ことを強いるのに対して、人々が連帯し生活の基盤となるコミュニティや市民社会をエンパワーすることを政治の中心課題とするべきだというのである。一方のネグリ＝ハートは、市民的活動がグローバリゼーションによって広まることはありうるとしても、それがかえって世界を分断していくのではないか、だからマルチチュードはグローバルな市民秩序から排除されつつも、分断を超える運動にならなければならないというものである。

鈴木はこの二つの見方は、ギデンズのものはデュルケムにつながり、ネグリ＝ハートのものはプルードンにつながるとしている。

ギデンズの「第三の道」案は、イギリス労働党のトニー・ブレアの政治方針に採用された。それまで労働党は社会民主主義の刷新を謳《うた》いながらも長らく修正主義につぐ修正主義の調整にとどまり、八〇年前後は「不満の冬」をかこっていた。それが九〇年代にむかって、ラディカルになったニューライトと保守的になった社民派との両方を乗り越えようとするポリティカル・パラダイムが少しずつ浮上してきた。

picture alliance/アフロ

アンソニー・ギデンズ
(1938－)

それでもまだ靄々《もやもや》していたところがあったのだが、その気運が明白な政治方針になっていったのは、ギデンズの「第三の道」の提唱によっていた。福祉国家の道を進める「第一の道」、新自由主義に走る「第二の道」に対して、グローバリズムのなかでも市場主義と社会の安定は両立できるというものだ。ただしそれには、①福祉についてのリスクの対処を個人に求める、②共同体と市民社会を生活の基盤とする、③政府の役割は個人と市民社会のエンパワーメントに限定する、という最低三つの政策が採用される必要がある。そういうことを含んでいた。

ブレア政権はこれを積極的に採り入れた（ぼくにはそうは見えなかったし、ぼくはブレアが嫌いだった）。同じころ、デンマークの「協定的経済」やオランダの「ポルダー・モデル」などが姿をあらわしてきたため、この方針は脚光を浴びた。

ギデンズの基本政策には、金融取引の監視機関の設置、グローバル経済の〝最後の貸し手〟となる機関の創設、貧困解消のための援助、企業活動の規制、環境保全のための株式企業責任の強化などが含まれ、グローバリズム対策とともにアングロサクソン型の株式資本主義からもステークホルダー資本主義からも脱したいという方針が如実になっていた。これを短絡していえば「民営化」から「公共化」へのシフトだということになる。マーク・グラノヴェッターが提起した「埋め込まれた市場」と「保証する国家」の両立をいかしたプランだともいえる。

ギデンズのプランは、事態をインターナショナル（国家間）な枠組ではなくトランスナショナル（超国家間）な枠組にもとづいたガバナンスによって解決したいと考えていたことを端的にあらわしていた。鈴木はここにはコスモポリタニズムが動いていると見た。実際にもギデンズはこのような「第三の道」をその後はあえて「新進歩主義」(ネオプログレッシヴィズム)と呼びなおすようになって、コスモポリタニズムを強く主張していった。それとともにコミュニティの政治社会的役割が重視されていた。

ギデンズの考え方については賛成と反対が殺到した。共同体主義をいよいよ現実的な政治実践の場に移したというアミタイ・エツィオーニのような評価もあったし、コミュニティを利用して新自由主義の保守的価値への適応をはかっているにすぎないという批判もあった。後者の批判はカリニコスや渋谷望《のぞむ》によって深まった。

ウルリッヒ・ベックは『危険社会』(法政大学出版局)で現代を「リスク・ソサエティ」だとみなし、グローバリズムがリスクを際立たせた明暗を分析した。そのうえで、グローバリズムに対して三つの保護主義が反対の狼煙《のろし》をあげたものの、そこにはそれぞれの限界があると指摘した。三つの保護主義者たちとは黒い保護主義、緑の保護主義、赤い保護主義だ。

「黒い保護主義」というのは、価値の崩壊とナショナルなものの喪失を嘆きつつ国民国家の新自由主義を解体していこうというものをさす。「緑の保護主義」は市場に対して環境保護の基準を突き付け、強制力をもつ国民国家の創出をめざす。いわゆる環境主義だ。「赤い保護主義」はお察しの通り、マルクス主義の立場からグローバリゼーションを批判したり理解したりするグループのことをいう。

ベックのこの指摘以降、ネグリ＝ハートの思想と運動が「赤い保護主義」に押しやられた。しかしはたしてそうかと鈴木は問うた。本書はここから俄然《がぜん》おもしろくなっていく。これまで、ネグリ＝ハートの「帝国」(エンパイア)論や「マルチチュード」論についてはさまざまな誤解があったのだが、そこを鈴木が巧みに整序したからだ。ざっとは次のようになろう。

第一にネグリらは、グローバリゼーションをたんなる資本の運動とも帝国主義が延長されたプロセスとも見ていない。もっと質的に異なったものだと見ている。たしかにグローバルな資本の運動は政治的な力と結びついてはいるが、その政治的な力は帝国主義的な国家を超える単一の力なのである。それをこそ「帝国」の出現としか呼びようのないものなのだ。この帝国はなるほどあきらかにアメリカ、とりわけ9・11以降のアメリカから過剰に生まれたものではあるが、実はアメリカ帝国それ自体のことではない。この帝国はアメリカを超えていくものなのである。

第二に、ネグリ＝ハートのグローバリゼーション論は「反グローバリゼーション」ではなかった。グローバル・システムの改革ではあるが、どちらかといえば「オルター・グローバリゼーション」(もうひとつのグローバリゼーション)なのだ。そこにはだからトービン税の導入や途上国の債務帳消しにあたるアイディアなども含まれる。

第三に、いわゆるグローバリゼーションの動向はふつうは不可逆なものだとみなされていて、それゆえ企業はグローバル・スタンダードをたえずほしがっていくことになるのだが、ネグリらにとってのグローバリゼーションは可逆的なのである。だからこそそこに「生-政治」が生まれうるという論法になっている。

第四に、ネグリらにとってグローバル・システムを変更していく主体はマルチチュードということになるのだが、これは〝本歌取り〟の戦略だということである。再帰的（リフレクシブ）なのだ。そこが反グローバリズムではないというところで、またジョージ・ソロスらの漸進的社会工学とつながってしまうところなのだ。

Franck Ferville/Agence Vu/アフロ

アントニオ・ネグリ
(1933－)

第五に、マルチチュードは「共」をめざし、公と私のあいだに生じるコモンズを矛盾と葛藤《かっとう》を恐れず多点多面に前進していくことを志しているが、それはインターネット普及によって生じていくコモンズとはどんな類似性があるか、いいかえればネグリらの作戦はすでにウェブの中に吸いこまれているのかどうか、そこを点検しなければならないのではないかということだ。

大略こんな整序を通して、鈴木はギデンズの「第三の道」から零《こぼ》れていったグローバリゼーション論や、「赤い保護主義」を組み敷いていくマルチチュード型のグローバリゼーション論が、しかしシャンタル・ムフの「多元的民主主義」や公文俊平の「共の原理」やウェブ社会の多様性とどう異なっているのかを検討し、実はグローバリゼーションはそれ自体が大きく反転しようとしているのだという方向を嗅ぎ出していく。

このとき、鈴木が気にするのはインターネットがもたらす社会の将来像とギデンズやネグリらの想定する近未来社会との相違である。すでに『暴走するインターネット』などでは、キャス・サンスティーンらが主張する「インターネットは政治的危機を招く」という判断がどの程度のものかを議論していた。

サンスティーンの主張は、ネット社会にいま以上のカスタマイズがおこっていけば、〝デイリーミー〟(ネットで自分に関心のある情報ばかり集めること)が次々にエコーチェンバー(閉じたSNSの関係性の中で、自分と似た意見ばかり返ってくる状況のこと)式に増幅されて、結局は多くの情報が見えなくなっていくのではないかというものである。たしかに最近のグーグル検索熱の野放図な広がり方は、そのようなサイバー・カスケード(集団極性化)をおこしているかのようだ。

インターネットでは、一見、誰もが公平に情報を検索できているようでいて、実際には集団分極化がおこっている。これは多元的な民主主義やマルチチュードな出来事なのかどうか。加えてそこにサイバーテロがおこったらどうなるのか。そこが問われる。またこれって、「帝国」とマルチチュードのあいだの軋轢《あつれき》でもあるのではないか。すでに中国ではそういうことが頻繁におこっているのではないか。そういうことも議論の俎上《そじょう》にのぼってこよう。

しかし鈴木にとっては、このへんのことはそんなに大きな問題ではないらしい。むしろ本書が本領を発揮するのはこのあとで、ギデンズとネグリをつなぐものとして「アナキズムの蘇生《そせい》」を嗅ぎ出していったことだった。アナキズムにこそ新たなオルター・グローバリゼーションがあるのではないかという見解を案内していったことだった。これは柄谷行人やデヴィッド・グレーバーらも「プルードン哲学の再生」として早くに提出していた見方でもあった。

プルードンによるアナキズム思想の骨格は、一言でいえば「労働者の自己疎外としての国家は諸個人の自由な活動を組み合わせた経済革命によって乗り越えられる」というところにある。それをラディカルに象徴していたのが有名な「所有とは盗みである」という思想だった。

この思想は、貨幣についての根本的な提起をともなうものになる。プルードンはそこを、「貨幣と利子がなくては交換の信用を得られない社会を、すべての商品が〝価値の構成〟の属性をもつ社会への転換に変じていく」というふうに描いた。そして貨幣のもつ片務性を相対化して、あえて「信用の無償化」をおこすことを提起した。それが相互性や互酬性をもつアソシエーションを基盤とする交換原理というものだった。

ネグリ＝ハート本人たちは、自分たちの思想がアナキズムだと見られることには反対している。ギデンズはましてアナキズムから遠いとみなされてきた。しかしながら、ギデンズのコスモポリタニズムがルーツとするデュルケムに「ルソー主義への批判」があり、ネグリ＝ハートに「分断される市民を巻き込む連帯的マルチチュードの創発」があるかぎり、ここにはプルードン思想がふたつながら原郷を示していたともいうるのである。ぼくはこのへんの鈴木の勘は当たっていると思う。

新たな問題も生じていく。このようなアナーキーなオルター・グローバリゼーションは、いわゆるローカリズムやコミュニタリアニズムと一緒くたにならないのかということだ。そこには地域通貨や並列通貨が顔を出してくるのではないかということだ。

詳しいことは紹介しないけれど、鈴木はこの点についても配慮を見せて、大澤真幸の「第三者の審級」論、加藤敏春のエコマネー論（残念ながらシルビオ・ゲゼルにまで言及してはいないが）、金子郁容のボランタリー議論、広井良典のコミュニティ論、今田剛士の日本の農本主義との関連性の指摘などを点検し、一見するとローカルな議論あるいはコミュニタリアンな議論とされている多くの問題提起には、オルター・グローバリゼーションやアナキズムとのそれなりの共鳴性があることを指摘した。ただしコミュニタリアニズムについての議論はあまりされてはいない。

というわけで、こうした理論的な試みのすべてを含めて、いま、世界はグローバリゼーション自体の反転をおこしているのだというのが鈴木の見方だった。それにしても鈴木の整序や案内は、なかなかの手腕であった。ぼくとしてはここにニクラス・ルーマンやリチャード・ローティを脱出したダブル・コンティンジェントな視点が加わり、さらには編集的な方法の強調がおこることを期待するが、きっと鈴木もすでに独自の予定をたてていることだろう。

【おまけ】

(1) 鈴木謙介は一九七六年生まれ。ネット文化やニート世代について早くから発言をして、『暴走するインターネット』(イースト・プレス)、『カーニヴァル化する社会』(講談社現代新書)、『ウェブ社会の思想』(NHKブックス)を著すほか、『21世紀の現実』(ミネルヴァ書房)、『ised』(河出書房新社)、『思想地図β』(コンテクチュアズ)などを共著してきた。

鈴木は、東浩紀が編集していたメールマガジン「波状言論」で連載された「カーニヴァル・モダニティ・ライフ」で注目を浴び、それが『カーニヴァル化する社会』で結実して話題を呼んだ。「カーニヴァル」は人類学がつねに取り沙汰《ざた》してきた用語だが、改めてはジグムント・バウマンが再提起した概念で、近代後期の社会特質をあらわすものとして、ソリッドな大きな物語が失われたぶん、リキッドな社会が向かった特質を象徴している。鈴木はここに注目して、日本のニート世代が「やりたいことしかやりたくない」や「ずっと自分を見張っていたい」と思いがちになるのはなぜかと問い、そこから今日の社会やウェブ社会に出入りする共同体・共同性・コミュニティ・コモンズに共通する再帰的祝祭性を取り出した。おそらくはデヴィッド・グレーバーに示唆されたのだろうが、グローバリゼーションを反転して見たときの底辺にアナキズムの光を見いだした。

(2) 本書には何人もの思想家や理論家が高速で登場するが、とくにアンソニー・ギデンズに多くのページをさいているのが意外だった。ギデンズは社会学者としては早くからその名を馳《は》せていた研究者で、とくに一九九八年に刊行された『第三の道』(日本経済新聞社)にはたいへんな反響があった。一言でいえば「ポジティブ・ウェルフェア」を確保するための社民的な社会経済政策に、互いに相克しかねない「効率と公正」を新たにつなげ、「制度的再帰性」によって社会化していくことを提案するという学者だ。それでうまくいけば御の字だったが、これを全面採用したトニー・ブレアの政策は、結局はアメリカとの連携をはかりすぎて失敗した。それをもってギデンズに何かの烙印《らくいん》を捺《お》すべきではないし、またそれをもってギデンズが重視した「再帰性」をめぐる考え方が失墜したわけでもないのだが、ぼくが思うにはギデンズの「再帰性」論は、他の連中の再帰性論にくらべてもあまりにもダイナミックスに欠けていて、おもしろくない。

(3) ネグリ＝ハートについてはあまりにたくさんの議論があるし、参考書もふえた。ひとつだけ、パオロ・ヴィルノの『マルチチュードの文法』(月曜社)が示唆深かったので、紹介しておく。ヴィルノは長きにわたるネグリやハートの旧友である。最も興味深かったのは、「生-政治」が大事なものになるには、まずは「生-言語」に向かうべきだと言っているところ、および、マルチチュードは人民の反対語だと言っているところだ。「言語こそマルチチュードとなるべきだ」、および「マルチチュードあるところに人民なし、人民あるところにマルチチュードなし」というところだ。とくに記述の半ばに出てくる「アリストテレスからグレン・グールドへ」というあたりは、とてもすばらしい。テオリア・ポイエーシス・プラクシスの高らかな二一世紀的転換になっている。

第一三八八夜　二〇一〇年十月二三日

参照千夜

六六七夜：田中宇『タリバン』　一〇二九夜：アントニオ・ネグリ『構成的権力』　一三三二夜：ジョージ・ソロス『グローバル資本主義の危機』　九五五夜：柄谷行人『日本精神分析』　一〇八四夜：大澤真幸『帝国的ナショナリズム』　一一二五夜：金子郁容『ボランティア』　一三七九夜：シルビオ・ゲゼル『自由地と自由貨幣による自然的経済秩序』　一三四九夜：ニクラス・ルーマン『社会システム理論』　一三五〇夜：リチャード・ローティ『偶然性・アイロニー・連帯』　一二三七夜：ジグムント・バウマン『コミュニティ』　一三九〇夜・パオロ・ヴィルノ『ポストフォーディズムの資本主義』　二九一夜：アリストテレス『形而上学』　九八〇夜：『グレン・グールド著作集』

ネオテニーが「生命」と「文明」をつなぎ、日本のオタク文化が欧米資本主義を脱構築する？

パオロ・ヴィルノ

ポストフォーディズムの資本主義

社会科学と「ヒューマン・ネイチャー」

柱本元彦訳　人文書院　二〇〇八

Paolo Virno: Scienze Sociali e "Natura Umana" 2003

一三八八夜に紹介した鈴木謙介『〈反転〉するグローバリゼーション』のおまけに、パオロ・ヴィルノの『マルチチュードの文法』(月曜社)がおもしろいと書いておいた。マルチチュードは「人民」という概念の反対語であるとか、ポストフォーディズムとは資本のコミュニズムなのだとか、なかなかオツなのだ。ネグリにありがちな輻湊《ふくそう》するロジックの蛇行と退屈がない。

本書は、そのヴィルノが『マルチチュードの文法』の二年後にまとめたもので、イタリア的自在思想の健在を感じさせた。そのぶん、かなり大胆な二一世紀型社会観相学で結論を急ぎすぎているところ、説明をいささかはしょりすぎているところ、またチョムスキーとフーコーの論争に象徴的な言辞を読みすぎたところ、ネオテニーについての理屈がうまく通っていないところもあるのだが、それでもやっぱり伸身宙返りの体操のようで、おもしろかった。

こういう見方はこれまでなかった。一言でいえば、資本主義論にやっと生物学と哲学の突端が侵襲してきたという見方だ。

ヴィルノが本書で結論にしているのは、われわれにつきまとう「ネオテニー」に象徴されるような生物学的性質は、これまでは家庭や学校や企業といった社会の組織がときに和らげ、ときには矯正してきたものでもあろうけれど、いまや、このようなわれわれにひそむ生物学的歴史性と、われわれが直面しつつある「ポストフォーディズムの資本主義」として如実となってきた社会学的現実性とは、実はおそろしいほどに近接し、重合してしまっているのではないかということだ。そして、こういうことは二十世紀末から二一世紀にかけて歴史上初めておこりつつあることで（この理由がいまひとつ明確ではないのだが）、かつてこんなことはなかったのではないかということだ。

ちなみに、ここで言っている生物学的歴史性とはわれわれの心身にすだく「自然的本性」のことを、つまりは本来の意味での「ネイチャー」というものをさし、直面している社会学的現実とはポストフォーディズムの資本主義社会を、つまり打ち続くグローバルな社会の特質というものをさす。ヴィルノは、この二つのものがこれまでは別々の流れで進んできていたのに、いまや折り重なるように一緒くたになっているというのだ。この見方は検証するに足る。

ヴィルノがこのような大胆な観察的結論をもつに至ったのは、次のように現代思想の潮流を読み取ったという前提にもとづいている。

七〇年代、労働者と大衆は多くの運動において敗退した（これはマルクス主義や左翼陣営の退《たい》嬰《えい》と重なっている）。そこで登場してきたのは「ポストモダン思想」と「認知科学」だった。この二つはいずれも「人間的自然」をめぐっていた。その後、（イタリアにおいては）前者はハイデガーを受けつぐ「弱い思想」（pensiero debole）として、後者は近代科学を配下にすえるような「強い思想」として対比されていった。こうした潮流の登場を前にマルクス主義がしだいに色褪《いろあ》せていった。

このことから、ヴィルノは次の推断をする。二つの新規な思想の登場によって、これまでの社会をめぐるあれこれの構造分析はおおむね終わりを告げたのではないか、いいかえれば、「生産の社会関係」で世の中を語る力が失われていったのではないか、というふうに。

ポストモダン思想は心理の側面、日常的なフィーリングの出入り、異文化の交差といったことに注目し、断片的な実存や不透明な感覚をふんだんに社会学にとりこんだ。しかしこのことで研究者や表現者の数ぶんの解釈学によって、つねに思想が変化するようにもなった。ヴィルノが言うには、ポストモダン思想がそのような傾向に陥ったことは、そのころに各国が次々に導入していった変動相場制と軌を一にしていたという。なるほど、そのようにも観相できなくもない。たしかに世界は変動相場制ですっかり変わってしまったのだ。

認知科学のほうはどうなっていったかというと、神経生理という生物学的な背景をもって精神の哲学や言語学をそこに吸い上げて、脳においてもコンピュータにおいても「精神と言語のシステム」が探求可能であるという言説をふりまいた。けれどもそうであるのなら、その精神と言語をつかさどるシステムに普遍性がなければならないのだが、そこは不問に付された。

こうして八〇年代半ばから、社会は理論的なしくみのほうはさっぱりほったらかしになり、そこへ金融工学の加速器に乗ったグローバリゼーションががんがん押し寄せて、気が付いたらエンロン事件やリーマン・ショックがおこり、新自由主義がずらずら広がって、そのまま世界はマッド・マネーにまみれたポストフォーディズムの侵襲に緩やかに向かっていったわけである。

これってヤバイのか。金融経済だけの出来事なのか。それが社会にも及んだということなのか。世界がマクドナルド化してフラット化したということだけなのか。ヤバイのはむろんヤバイだろうけれど、ただ資本主義がヤバクなったということだとしたら、そんなはずがない。資本主義はビクともしていない。

よくよく目を凝らしてあらためて周囲を眺めると、資本主義が変質しているかどうかというより、もっと決定的な変化がおこっているのではないかと、ヴィルノは議論をすすめる。

ここにはひょっとすると生物学的な状況認識が浮上してきたのではないのか。その生物学的な状況認識の最たるものは、従来は隠されていたネオテニーが世の中に隠しようもなくなってきたということに顕著にあらわれているのではないかというのが、本書が一番走っているところだ。社会の成員が幼稚であることを、あからさまな社会的事態によって隠さなくなったというのだ。

このような見方はアルノルト・ゲーレンが『人間』（法政大学出版局）で先行して発言し、アシュレイ・モンテギューが早くに指摘していたことだったが、ヴィルノはこれをまるごと借りた。幼形成熟をあらわすネオテニーのことがわからないというなら、まずはぼくの一〇七二夜の『ネオテニー』を読んだうえで、『フラジャイル』（ちくま学芸文庫）を参照してほしい。ほぼネオテニーの本質についての節約思想のあらましは書いておいた。そのうえで、われわれ人類が原始古代から分化能力に欠けていたという本性の裡《うち》にあったことを思い出してもらえばいい。

われわれは本来は「不定」(伊 indefinito)という性質をもっている動物で、ネオテニーも文明も、これを巧みに補助するために作られていったものだった。

この性向を仮に「謙譲の伝統」とでも言えば(ヴィルノはとりあえずそう言いたがっていたが)、動物としての人間はそもそもの能力や機能が「過剰」に出来てきたのではなく、むしろ「過少」に出来上がってきたということかもしれなかった。いわば「少ない動物」だったのだ。それがネオテニーに代表される「あえて成長を遅らせて出産されていく」ということ、すなわち「謙譲の伝統」であったわけである。これはいわば、人間というものは、不足や欠如をこそその本質に抱えてきたということである。

しかし、われわれの歴史はわれわれ自身がそういう〝切ない宿命〟にあったことを隠してきたか、もしくは直視しないようにして、文明の成果を競いあう方向で済ませてきた。繁栄しかり、戦争しかり、文明崩壊しかり、家族没落しかり、経済競争しかり。歴史を見ての通りだ。

ところがそれが、ヴィルノが言うには、七〇年代後半のポストモダン思想と認知科学の登場と変動相場制の波及とでしだいに隠しようがなくなり、そのあとポストフォーディズムの資本主義にあれこれまみれているうちに、社会的現実と生物学的現実とが踵《きびす》を接するようになったというのである。

ヴィルノは以上のことを説明するにあたって、一九七一年にチョムスキーとフーコーがたった一度だけ出会って対話をしたという〝事件〟を持ち出した。

オランダのテレビ用のプログラムだったそうで、片や「言語は生得的なもので、そこには普遍文法がある」というチョムスキーと、片や「どんな認識の図式も歴史の経験の中に解消しうる」というフーコーとの対話は、生物的認知に不変項があるのか、それとも歴史にそれがあるのかという対比であって、二人が互いを尊重しながらも結局は相いれない後半部にさしかかると、そこにはその後の思想の展開の大きな潮流を分けるすこぶる興味深いものが見えたと、ヴィルノは判定するのである。

二人の対比点は、われわれはメタ生物の中にいて世界を見るのか、それともメタ歴史の中にいて世界を見るのかという争点にある。いずれも魅力的に見えるし、時に応じてそのどちらかに加担したくもなるが、しかしヴィルノは、その両者の考え方はいずれもポストフォーディズム社会のなかでは中途半端な見方になってしまったのではないか、それらはネオテニーと資本主義とが互いに交ざりあって相互に剝《む》き出しになった社会の解釈には舌足らずなのではないかと、本書の議論を展開していったのだ。ネオテニーも資本主義も二一世紀に向かってしだいに「構造的な早産」をあからさまにしたじゃないかというのだ。

つまり言いかえれば、チョムスキーは〝無数の母語〟や〝スーパー言語〟の可能性を訴えていたけれど、それはポストフォーディズムの資本主義のなかでその大半が資本の言語として食い尽くされつつあるということなのではないか。またフーコーはさかんに〝認識論的な指標や徴候〟を歴史に見いだしたけれど、その大半は資本と生活の関係の中のメルクマールになってしまったからではないか。おおざっぱにいえば、そう見たのだ。

この判定は大袈裟《おおげさ》とも言えるし、対比の多様性をわざと喪失させているとも感じるけれど、ヴィルノが言いたいことはよくよくわかる。

ようするに、いまや生物性と言語性と歴史性は、現在の資本主義に生きる人間的自然のなかでは相互化をおこしているのだから、思想のほうもチョムスキーやフーコーの守護領域から出てこないとダメだろうというのである。

このあたりのことは、かつてジンメルやベンヤミンが予想していたこと、すなわち世界の大都市化はいずれ「神経質な生を激化」させるか、もしくは「世界との葛藤《かっとう》を緩和させる擬似環境」をつくりだすだろうが、それらはそのことを理解するための哲学すら失うだろうという予想にもつながるし、あるいは大塚英志が『物語消費論』（新曜社→角川文庫）で、東浩紀が『動物化するポストモダン』や『ゲーム的リアリズムの誕生』（いずれも講談社現代新書）などで説明しているような、資本主義的オタクが蔓延《まんえん》するだろうという状況判断ともつながっていく（→千夜千冊エディション『サブカルズ』所収）。

つまりはポストフォーディズムは言語と欲望のコミュニケーションの多くを、みずからの資源として摂取しはじめてしまったということなのである。

というわけで、本書は資本主義というものがその発生の初期から、われわれがのちに「人類学的な常数あるいは習慣」と呼んだものの大半を確実に模倣するように発展してきたことを、そしてそれが〝反転〟しつつあることを、かなり意外な視点から解いたものだった。その資本主義がポストフォーディズムに達してきた現在、ヴィルノはもはや歴史のパラダイムや認知のパラダイムを持ち出してもまにあわない、思想史ではまにあうまいと見たのである。

最後に、本書にはもうひとつ注目すべきヴィルノの指摘があるので、そのことについて触れておきたい。それは、時代は「新しい動物性」に向かって進みすぎてきたということだ。そうであるのならば、これから必要なのはそういうものに代わる「ハイパー歴史」や「ハイパー認知」であって、もっと端的にはアレクサンドル・コジェーヴが提出した「スノビズム」ではないかという見方である。コジェーヴのことはいつか正面きって採り上げたいが、いまは簡単にすませておくと、コジェーヴはヘーゲルの『精神現象学』などを読み深めるうちに、戦後のアメリカ社会を「新しい動物性」として捉《とら》えた。どうしてそのように捉えたのか。

ヘーゲルによれば、人間はもともとは生物的であるのだから、人間が人間的であるためには与えられた環境を否定する行為がつきまとう。そこにはなんらかの自然との闘争があり、人為化がおこるはずなのである。それが人間的自然というものになる。ところがコジェーヴの目に映ったアメリカの消費者たちは、与えられた商品を次々に消費して、メディアが提供するモードを次々に取っ替え引っ替えて、欲求のままに生きている。これは、動物がその生息する環境や自然になじみこみ、欲求のままに生きて死ぬ姿にどこか似ている。かくてコジェーヴには、戦後アメリカがつくりだした消費社会は「新しい動物性」に律せられていると見えたのである。

一方、コジェーヴは日本文明にも遭遇して、ここには自然をそのままに受容するのではなく、能や茶の湯や生け花にあらわれているように、「新しい動物性」とはまったく対極的な「新しいスノビズム」があるように思われた。与えられた商品で欲求を満たすのではなく、そこに先鋭的なフォルマリズムを加えて、新たな自然との関係の儀式化にさえとりくんでいる。それは政治や労働には無縁であるけれど、つまり歴史的実践に無縁であるけれど、歴史に逆らって生み出した様式や趣向にこだわるものがある。コジェーヴはそれをヨーロッパふうに「動物性」に対する「スノビズム」とみなしたのである。

コジェーヴの日本贔屓《びいき》はそうとうに度が過ぎているか、知識が足りなすぎるのだが、ヴィルノはこの見方にかなり加担する。あからさまなネオテニーを表象するポストフォーディズム社会では、アメリカ的な動物性と日本的なスノビズムが両極でめくれあがっているのだと見たのだった。さきほども書いたように、これは大塚英志や東浩紀が日本のオタク系文化に見いだしたものに通じるものがある。

このあたりのことは、ヴィルノの言述だけではいまひとつ浮上しないことも少なからずあるので、そのうち千夜千冊していくことにする。けれどもその前に、ポストフォーディズムのこと、もっと一般的にいえば「新しい資本主義」をめぐってのさまざまな見解をしばらく案内しておきたいと思っている。


【おまけ】
(1) パオロ・ヴィルノは一九五二年のナポリ生まれ。七〇年代にさまざまな社会革命運動に参加して、ローマ・ミラノ・トリノの工場労働者と共闘、一九七九年に投獄された。アントニオ・ネグリと同じ訴訟に巻き込まれていったのだ。ヴィルノの思想活動はもっぱら哲学、それもコミュニケーション問題に関する哲学をベースにしてできている。

シナリオライティング、エディティング、ジャーナル主義にも大いに関心が深く、『マルチチュードの文法』ではそうした編集感覚が横溢《おういつ》していた。ぼくはまだ読んでいないが、『慣習と唯物論』『世界性』『パロルを伴うパロル』『脱出のレッスン』『機知と革新的行動』(いずれも未訳)などの著作がある。近く『論理学と人類学』という大著が刊行されるらしい。

(2)本書には『鏡ニューロン、言語的否定、相互認知』という論文も収録されている。ミラーニューロンをめぐる議論をヴィルノふうに展開したもので、社会学と生物学を橋渡しするためのそれなりのヒントがひそむ。また、『いわゆる「悪」と国家批判』という論文も収録されて、こちらはカール・シュミットの政治学がかなり思いきった議論に放りこまれている。使徒パウロがテサロニケの信徒に送った第二の手紙に出てくる「カテーコン」(抑制する力)を題材に、アリストテレス、ホッブス、カント、ヴィトゲンシュタイン、シュミットをめぐったもので、これまたけっこう大胆な仮説的思索になっている。ヴィルノという男、舌足らずではあるが、只者《ただもの》じゃない。

(3)ポストフォーディズムとマルチチュードの関係については、『マルチチュードの文法』(月曜社)に次のような一〇個のテーゼが示されている。参考にされたい。①ポストフォーディズム(そしてマルチチュード)が登場したのは、イタリアでは一般に「一九七七年の運動」として記憶されている社会闘争によってである。②ポストフォーディズムはマルクスの「機械についての断章」の経験的実現である。③マルチチュードは自らのうちに労働社会の危機を映し出している。④ポストフォーディズム的マルチチュードによって、労働時間と非労働時間との質的な差異は消失する。⑤ポストフォーディズムにおいては、「労働時間」とそれよりも幅広いひとつの「生産時間」とのあいだに、ひとつの恒常的な開きがある。⑥ポストフォーディズムは、一方で、このうえなく多様な生産モデルの共存によって特徴づけられ、他方でまた本質的に同質な労働外の社会化によっても特徴づけられている。⑦ポストフォーディズムにおいては、「一般的知性」(general intellect) は固定資本と一致せず、むしろ本質的に、生きた労働の言語活動的相互行為としてその姿をあらわす。⑧ポストフォーディズム的労働力の総体は、最も未熟練とされるものも含めて、知的な労働力であり、「大衆知力」(intelletualità di massa) になりうる。⑨マルチチュードは「プロレタリア化の理論」を埒外《らちがい》におく。⑩ポストフォーディズムは「資本のコミュニズム」なのである。

第一三九〇夜　二〇一〇年十一月八日

参照千夜

一三八八夜：鈴木謙介『〈反転〉するグローバリゼーション』　一〇二九夜：アントニオ・ネグリ『構成的権力』　七三八夜：チョムスキー『アメリカの「人道的」軍事主義』　五四五夜：フーコー『知の考古学』　一〇七二夜：アシュレイ・モンターギュ『ネオテニー』　一三六九夜：ジンメル『貨幣の哲学』　九〇八夜：ベンヤミン『パサージュ論』　一七五二夜：大塚英志『「おたく」の精神史』　一七五五夜：東浩紀『動物化するポストモダン／ゲーム的リアリズムの誕生』　一七〇八夜：ヘーゲル『精神現象学』　二九一夜：アリストテレス『形而上学』　九四四夜：ホッブズ『リヴァイアサン』　八三三夜：ヴィトゲンシュタイン『論理哲学論考』　七八九夜：マルクス『経済学・哲学草稿』

ポストモダンと新自由主義に騙されるなんて!
資本主義のシステム限界が見えていなかったんだよ!

アレックス・カリニコス

アンチ資本主義宣言

グローバリゼーションに挑む

渡辺雅男・渡辺景子訳　こぶし書房　二〇〇四
Alex Callinicos: An Anti-Capitalist Manifesto 2003

おそらくポストモダン思想がかなり怪しかったのだ。こんなものにマルクス主義者が手もなく捻《ひね》られたことが、おかしい。このことへのラディカルな批判を抜きに、新自由主義もグローバリズムも批判はできまい。

これがアレックス・カリニコスの古典マルクス主義者としてのグローバル資本主義批判の立場だ。カリニコスは、次のように批判を浴びせる。あんたたちはね、モダニズムの多様性と左翼思想の複雑性を使って、ポストモダンとカジノ資本主義をでっちあげた稀代《きたい》の詐欺師たちなんだよ、と。また、次のようにも言う。資本主義の問題があるとすればね、それはヒトが定住と交通をはじめて交換と消費にめざめたときから、ずっと続いているんだよ。それをそもそも唯物史観というわけだ。そんなこと昔から見えていたことじゃないか。ほら、ほら、わかったのかよ、と。

先だっての「連塾ブックパーティ・スパイラル」（二〇一〇年十一月六日青山スパイラルホール）に佐藤優さんをゲストに招くにあたって、事前の打ち合わせを長い電話でしていたとき、佐藤さんが黒田寛一の『実践と場所』全三巻（こぶし書房）をとりあげたいと言った。クロカン（黒田寛一）を現代の思想界や言論界がとりあげていないのは完全に不首尾で、革命についての考察をクロカンを除いて現代日本人は議論できないはずなのに、それを誰もしていないから松岡さんとそのへんを話そうというのだ。

どんな本でも読み耽《ふけ》ることができる佐藤さんのことだから、北畠親房が出てきても大川周明が出てきても宇野弘蔵が出てきても驚かないが、さすがにクロカンまで読破しているとは思わなかったので、この人の奥の深さに感嘆しているうちに、電話ではクロカンの短歌まで持ち出し、クロカンの革命観は短歌にもあらわれているというのだ。その通り。ぼくも思わずあの遺作となった歌集の感想などを語ってしまった。

結局、佐藤さんはクロカンの『実践と場所』を、マルクスの『経哲草稿』、廣松渉の『存在と意味』と並べて論理的同時に議論したいというので、内心、ブックパーティでそこまで話をするのはディープすぎるなとは思ったものの、じゃ、それでいきましょう。ついては佐藤さんの獄中の読書ノートのようなものがあったら、ぜひ持ってきていただきたい。そう、ぼくが言ったため、当日は舞台上でそのノートのほうの話が中心になって、クロカンの話はまったくできなかった。

ごめんなさい、佐藤さん。けれども青山スパイラル一階ガーデンにマルクスと廣松とクロカンが並んだのは威風にも異風にも満ちて、たいそう頼もしかったと独りごちたものだ。

その黒田寛一が起こした革命的出版社、それが本書の発行元のこぶし書房である。今夜はクロカンのことをあれこれ書く目的はないので、それは別の機会にしておくが、こぶし書房が最近になってなかなか粒よりの出版をしていることについては、一言触れておきたい。

革マル派の領袖《りょうしゅう》クロカンの本がすべてこぶし書房から刊行されているのは言を俟《ま》たないのだが、それとはべつに九鬼周造・中井正一・三木清・三枝博音《さいぐさひろと》・梅本克己・宇野弘蔵などをずらりと並べた「こぶし文庫」がよく、また、務台理作《むたいりさく》著作集、福本和夫著作集が出色で、かつ最近はアドルノやチョムスキーの翻訳やロバート・ブレナーの『ブームとバブル』にも手をつけていて、その一環で本書のアレックス・カリニコスを次々に翻訳刊行しはじめていた。

と、まあ、以上は前置きで、では本書のことを採り上げることにするが、またまた前置きのような話が続くかもしれない。というのも、ぼくにはカリニコスについてはデヴィッド・ハーヴェイに対する親近感と同様の、ちょっとした名状しがたい贔屓目《ひいきめ》のようなものがあるからだ。こういう贔屓目がなぜ生じるかを説明するのは、少年時代に模型飛行機が好きで、ラグビーボールも好きだったけれど複葉機ほどではなかったというのに似て、あまり説得力のある説明にはならない。

一九五〇年生まれのカリニコスはジンバブエの出身である。ジンバブエは以前はローデシアと言われて、怪物セシル・ローズが一人でつくった狂暴な人為国家だった。たった一〇〇人の白人イギリス人がその他大勢のアフリカ黒人のすべてを支配したのだ。少年カリニコスが育ったころ、このジンバブエで黒人たちが暴動をおこして白人政府を転覆させた。これはむろん暴力を伴うものだったが、カリニコスはそこに言い知れぬ快挙を感じた。

長じてオックスフォード大学に進んだカリニコスはマルクス主義に投じ、この快感がトロツキーに発していたものであることを知る。青年はぞくぞくしたが、ところが周囲の現実社会や思想雑誌群を眺めてみると、マルクス主義は革命のための理論ではなくなっていて、スターリンの独裁や各国共産党のソフトマシーンのような味付け程度のものになっていた。

そのうち資本の自由化やら変動相場制やら社民主義が跋扈《ばっこ》して、時代思想はあっというまに「ポストモダン」というわけのわからぬもので、改革や革命のお茶を濁しはじめた。リオタールが「大きな物語は終わった」などと言ったことを真に受けて、すっかり思想の武器も武器の思想もかなぐり捨てたふうになってきた。それなら自分が「大きな物語をこそ大事にする時代遅れのマルクス主義者」に徹して、ポストモダン思想ともカジノ資本主義とも対決してみせようというのが、青年カリニコスがたてた思想戦線方針なのである。

そういうカリニコスが『アゲインスト・ポストモダニズム』（こぶし書房）を書いたのだから、これは贔屓目にならざるをえない。胸のすく本だった。

カリニコスのポストモダン思想の批判はかなり全般に及んでいるのでうまくは紹介できないが、その批判の一番の核心は、ポストモダンの思想家やアーティストたちは寄って集《たか》って「ポストモダンという架空の時代思想をまことしやかにでっちあげた」という点に尽きている。

それでも、その罪には軽度と重度があるらしく、最初にポストモダン概念を口にしたロバート・ヴェンチューリやジェイムズ・スターリングは告発免除、フレデリック・ジェイムソン、スコット・ラッシュ、ジョン・アーリらの準マルスキトは注意勧告、ドゥルーズ、デリダ、フーコー、リチャード・ローティは軽犯罪、リオタール、ボードリヤールは重罪、レイモンド・ウィリアムズとルイ・アルチュセールとスラヴォイ・ジジェクは無罪放免ということらしい。

しかし、そんな罪状の診断よりもカリニコスが言いたいことは、あんたたちは、ニーチェやカンディンスキーやT・S・エリオットやベンヤミンやハイゼンベルクなどの、つまりはニヒリズムやダダや表現主義や量子力学などの圧倒的な才能によってモダニズムが複雑に用意した「非連続性とアウラとフェティシズム」を盗用して、何をいまさら適当に現代社会はポストモダン特有のものだと偽ったり、差異の時代だ、間主観性だと言い直したり、欲望機械だ、戦争機械だなどとカッコをつけて焼き直したりしたのかということなのだ。

いいかえれば、ポストモダンが発見したのはせいぜい「ダブル・コード」というものだけで、それもたいていはフロイト心理学かソシュール言語学の二重化ばかり、それをやるならもっと本格的な思想のダブルバインド理論を構築しなさい、わかったかよ、そう言うのだ。つまり、ポストモダン主義は、次のボードレールの一節の換骨奪胎にすらなっていないということなのだ。「モダニティ、それははかなく、束の間に色褪《いろあ》せ、そのときどきの偶然性に支配される不確かなものである」。

カリニコスはポストモダン思想も気にいらないが、むろんマネタリズムも新自由主義もグローバリズムも「第三の道」も気にいらない。それどころか、これらはポストモダン思想との妄想的で悪質な重度の共犯関係にあると暗示する。

こうしてカリニコスは『第三の道を越えて』(日本経済評論社)と本書『アンチ資本主義宣言』を書いて、マッド・マネー資本主義をなんとか是正しようという連中の悪戦苦闘にメスを入れていくことにした。

これらの著作は、カリニコスにとってはフランシス・フクヤマの『歴史の終わり』に対する反撃でもあった。フクヤマは自由資本主義が勝ち残ったことをもって歴史の終焉《しゅうえん》と揶揄《やゆ》したのだが、カリニコスからしてみれば、新ヘーゲル主義とレーガノミクスをブレンドしたようなフクヤマに、自由資本主義陣営が勝利したなどとは言わせないということなのだ。そんなものはワシントン・コンセンサスとNAFTAとデリバティブを混ぜ合わせて、それをIMF、世銀、G8、G20、APEC(アジア太平洋経済協力会議)、FTAA(米州自由貿易地域)などで、互いが互いをなんとかかんとか糊塗《こと》して相互事態の悪化を防ごうとしている代物にすぎない。

それにしても先日の横浜APECはひどかった。菅直人では胡錦濤やメドヴェージェフの相手はとうてい務まらない。いや、日本の現状はそれ以下の水準に堕《お》ちている。あのね、尖閣諸島の海上保安庁のビデオは、見せるのがいいのか見せないのがいいのかではなくて、政治家はその「情報の意味」を外交カード上の言語にできなければいけないのだよ。どうしてもそれができないなら、佐藤優にお伺いをたてたほうがいい。

話が逸《そ》れそうになってきたが、つまりはカリニコスの主張は、今日の世にはびこるワシントン・コンセンサス以降の資本主義というものは企業資本主義とポストフォーディズムとグローバルクローニー・キャピタリズム（国際談合資本主義）のキマイラ的混成物の以外の何物でもありえない。それを社会民主主義に訂正しようと、第三の道に転換しようと、とうてい事態は展開しっこない。むろん歴史の終焉などであるはずがない。そう、言いたいのだ。

カリニコスは市場を否定しているのではない。たとえば株価が、日々刻々の天気予報とまったく同様に毎日のテレビやネットで表示されているほどに「ただの情報」になったことを、ほら、市場社会こそが「資本主義の自由」なんですとか、ほら、市場取引の正しい制度化をすればいいんだとか、ほら、私たちの資本主義は格差をつくらないためにあるのですなどと大袈裟《おおげさ》に正当化して、自分たちの悪辣《あくらつ》を隠す材料にするなよ、そういうことはやめろよと言っているだけなのだ。

もうちょっと理論的にいえば、カリニコスはマルクスがとっくに指摘したことをちゃんと把握しなさい、それには次の一〇項目程度の理解でも、悪質なポストモダン思想や社会民主主義よりもずっとラディカルになるだろうと言っているわけなのだ。一〇項目程度というのは、次のようなことを言う。

①資本主義の特徴はダイナミズムであり、不安定性である。この特徴は資本相互の競争から生まれる。
②資本主義はすでにシステムの限界を示している。
③資本主義が生み出す利潤は、どう見ても不公正がつくりだすのだから、その不公正を隠す制度ばかりが資本主義社会を覆っていく。
④財とサービスの交換に富の出入りがあるのではなく、それにまつわる労働に富の出入りがある。
⑤資本主義がどれほど自由然としようとも、階級の分化がなくなることはないし、格差がなくなることもない。
⑥自由な仕事(労働)などというものはない。どんな仕事(労働)にも監督と監視がつきまとう。
⑦資本主義社会の創造性は労働力からしか生まれない。資本家の創造性はせいぜい

技術革新に乗ることにしかない。
⑧資本主義の最も重要な対抗効果は経済危機によってしか出現しない。
⑨資本主義がめざしているのは資本の蓄積だけである。
⑩資本主義を乗り越えるには、経済の改革ではなく、社会の革命的な転換に着手するしかない。

ところで、カリニコスが来たるべき新たな社会が遭遇すべきものを「反資本主義」（アンチ・キャピタリズム）と名付けているのは、ややカリニコスらしくないネーミングだ。というのも、いま世の中の思想や運動として提出されているものには、あまりに多様な反資本主義がありすぎる。本書の要約を兼ねて、そのあたりのことをまとめておく。

まず、何としてでもグローバル資本主義に逆行したいという動向、すなわち（A）「**反動的な反資本主義**」がある。かつてジェルジ・ルカーチが資本主義以前に戻ろうとする志向を「ロマン主義的反資本主義」という名で呼ぼうとしたことがあるが、このグループの多くの連中はそれに近い発想にこりかたまっている。その動機は「前近代の有機的秩序」に憧《あこが》れてのこともあったろうけれど、ここにはときにファシズムっぽいものも萌《ほう》芽《が》する。むろんウィリアム・モリスがラファエル前派から革命的マルクス主義に逆進化したという例もないではないけれど、たいていは極右化するか、反時代的になるのがオチなのだ。

次にけっこう多いのは、(B)「ブルジョア的な反資本主義」である。良識をふりまきながら資本主義の限界を批判する連中で、トム・ウルフやノリーナ・ハーツなどがそうなのだが、ここからはしばしば「ビジネスの選択肢の拡張」が叫ばれて、企業家にバカにされる。アナン国連事務総長が提唱した「グローバル・コンパクト」なんてのも、大企業と市民社会を結びつけるというお題目だったが、これは「フィナンシャル・タイムズ」にすら冷やかされた。それでもここからはつねにCSR（企業の社会的責任）のような提唱が必ず噴き出てくるから注意したほうがいい。

市場経済の改良や分権化を唱えるのもいる。カリニコスはあまりうまい名称ではないがと断りつつ、これを(C)「ローカリスト反資本主義」と名付けた。この連中は大半がフェアトレード主義者で、公正な賃金、昇進の機会、環境に配慮した企業活動、公的な説明責任、健康的な労働条件などを必ず声高に列挙する。地方派に多い。しかしカリニコスは、資本家というものはそういう要求には「なるほど、わかりました。できるだけ努力しましょう」と言いながら、これらをすべて実現するわけがないのだから、これらの提案はつねに中途半端になるに決まっている。だから地方派はもっと過激になったほうがいいと忠告する。

資本主義の悪いところはなんとか国民国家が救ってくれるだろう、いやそうなるべきだというのが、(D)「**改良主義的反資本主義**」である。市場原理主義と新自由主義が行き過ぎたと判断されたときは、必ずやこういう国家にすりよった改良案が目白押しになる。これが改良主義であるのは、議会的手段でこの救済を確定しようとするからで、社会民主主義者にはお得意な発想と作戦だ。むろんここには有名な提案もある。そのひとつがトービン税や世界金融庁の設立案である。ただし、これらが成立するには参加国が国連並みになるか、為替取引の本当の意味を解剖しなければならない。

ここまでの反資本主義の諸潮流が大なり小なり市場を前提にしているのに対して、次の(E)「**オートノミズムによる反資本主義**」は集権化された権力を放棄して、運動独自の組織と活動性によって資本主義をゆさぶるという方法を提起している。アントニオ・ネグリやマイケル・ハートの提案によっているものであることは言うまでもない。このオートノミズムの担い手として定義付けられたマルチチュードは、「共同行動をとる複数の単独者」という意味をもつ。だが、ナオミ・クラインなどはそのようにマルチチュードを捉《とら》えるのは、ふえすぎたNGOやNPOの落とし子が前提になっているからだろうとも判定をした。

こうして、カリニコスはさまざまな反資本主義の動向があることを認めつつ、かつまたそれらを批判しつつ、(F)「**社会主義的な反資本主義**」をこそゆっくりと開陳していった。なぜゆっくりと開陳したかというと、これまで社会主義と反資本主義とがあまりに重なったものとして議論されてきたからで、カリニコスにとってはそんな茫洋《ぼうよう》とした「社会主義＝反資本主義」では困るからなのだ。スターリン主義が混じっても困るし、最近の中国共産党のような資本主義的社会主義では、なおさら困る。

とくにカリニコスは本書では、第四インターナショナル（FI）や国際社会主義傾向（IST）が、この議論で黙殺されないように注意を払っている。つまりはブンド（革命的共産主義者同盟）の運動思想を看過しないように、開陳を進めているのだ。これではまたまた黒田寛一の話が舞い戻ってくるのだが、日本においては実はクロカンが最も重視したことだった。イタリアなら共産主義再建党（PRC）、ブラジルなら土地なし農民運動（MST）である。

ざっと本書にはこんなことが書いてあったと思うのだが、カリニコスが最後のほうで挙げている提案の素案は、以上のゆっくりした開陳に慎重になりすぎたせいなのか、ひどくつまらない。

現行資本主義に代わるどんなシステムも、そこには「正義」「効率」「民主主義」「持続可能性」があるべきだというのだが、こんな程度ではいったいカリニコスはどうしたのかと言いたくなるほど一般的すぎる下敷きだし、最後の最後になってカール・ポランニーの「社会に埋めこまれた自己調整市場」に尻尾《しっぽ》を振るのもカリニコスらしくなかった。

それならむしろ「土地・労働・貨幣はすべて擬制商品である」という、ポランニーの最も過激なところを受け継いでほしかった。

過渡期の措置として挙げた次の十一項目についても、かなり不満が残る。残念ながら、こういうものだ。①第三世界の債務の即時帳消し、②国際通貨取引に対するトービン税の導入、③資本コントロールの回復、④ベーシックインカム制度の導入、⑤週労働時間の短縮、⑥民営化された産業の再国有化、⑦富と所得の再配分のための累進課税の導入、⑧移民規制の撤廃、⑨環境破壊未然防止プログラムの発動、⑩軍産複合体の解体、⑪市民的自由の確立。

あーあ、こんなことをカリニコスからわざわざ聞きたかったのではなかった。まことに残念だ。もう一度ポストモダニズム批判で見せたあの刃《やいば》の切れ味を、アレックス・カリニコス君よ、貴兄自身が自らに振るうべきなのではないか。そう言いたくなってくる。しかし、それでも本書や『アゲインスト・ポストモダニズム』は、デヴィッド・ハーヴェイの諸著作とともに読まれるべきである。でないと、日本ばかりか世界がつまらないままになる。

第一三九一夜　二〇一〇年十一月十六日

参照千夜

八一五夜：北畠親房『神皇正統記』　七八九夜：マルクス『経済学・哲学草稿』　六八九夜：九鬼周造『「いき」の構造』　一〇六八夜：中井正一『美学入門』　一五五〇夜：三木清『人生論ノート』　一二一一夜：三枝博音『日本の思想文化』　一二五七夜：アドルノ『ミニマ・モラリア』　七三八夜：チョムスキー『アメリカの「人道的」軍事主義』　一三五六夜：デヴィッド・ハーヴェイ『新自由主義』　一三〇夜：トロツキー『裏切られた革命』　一五九夜：リオタール『こどもたちに語るポストモダン』　一〇八二夜：ドゥルーズ&ガタリ『アンチ・オイディプス』、五四五夜：フーコー『知の考古学』　一三五〇夜：リチャード・ローティ『偶然性・アイロニー・連帯』　六三九夜：ボードリヤール『消費社会の神話と構造』　六五四夜：スラヴォイ・ジジェク『幻想の感染』　一〇二三夜：ニーチェ『ツァラトストラかく語りき』　九〇八夜：ベンヤミン『パサージュ論』　二二〇夜：ハイゼンベルク『部分と全体』　八九五夜：フロイト『モーセと一神教』　七七三夜：ボードレール『悪の華』　一〇二九夜：アントニオ・ネグリ『構成的権力』　一五一一夜：カール・ポランニー『経済の文明史』

追伸

資本主義の船から降りられるのか

われわれはいつから資本主義の船に乗ったままなのだろうか。地球や生態系がすっぽり入るほどの巨《おお》きな船だ。アナール派のブローデルやウォーラーステインは地理上の発見がおわった十五世紀半ばからだと言うけれど、そんなことはない。ゲーテは錬金術師の幻想とともに始まったと見たし、ジンメルは貨幣が「生の哲学」を吸収したときから始まっていたとみなした。中国の貨殖伝は春秋戦国から書きおこされている。

船というより、ハイパーシステムとか社会時空とか交易構造のようなものかもしれない。資本主義はそのくらい雑多なものを呑《の》み込んできた。支払い、お祓《はら》い、フェティシュ、繁殖、金貨、贅沢《ぜいたく》、アニミズム、トークン、偽札、リビドー、財産、貸付け、利益、支配、分配、姦通《かんつう》、エロス、収奪、窃盗、分業、不老不死、倒産、廃業、タナトス、贈与、葬送のすべてが、そもそもにして同床異夢なのである。同床異夢ではあったけれど、それらが縦横無尽に組み合わさって巨大な資本主義というものになってきた。

それでどんな問題をふりまいたかということについては、プルードンやマルクスがいったん解明に向かったものの、その後の肥大の要因とこれからおこる影響については、まだ誰も解明していない。そのくらい面妖《めんよう》な社会時空なのだ。

グローバル資本主義の狂い咲きがいつ始まったかということなら、日時までわかっている。おそらく変動相場制とともに蓋《ふた》があき、金融工学の使い過ぎでおかしくなっていった。それを「新自由主義」（ネオリベ）などと名付けたのはフリードマンや投資家やウォールストリートのせいだろうけれど、かれらばかりがグローバル資本主義をこんな姿にした犯人だったわけじゃない。ＩＭＦとＷＴＯの責任も、エコノミストやコンサルタントたちの三百代言の無責任も大きい。

本書はいろいろ考えたすえに『資本主義問題』というふうに名付けた。原案では三倍ほどの千夜千冊が並んでいたのだが、そこからかなり殺《そ》いだ。ドゥルーズ＝ガタリの『アンチ・オイディプス──資本主義と分裂病』を切っ先とするポストモダン系を別のエディションに移したのが大きい。だからそれらから離れたマーク・フィッシャーやニック・ランドも入っていない。むしろ従来の資本主義の基幹エンジンたる複式簿記、市場、オークション、株式会社、為替取引、経済学理論がどんな役割をはたしたのかにしぼって構成した。経済文化史、確率と経済の関係、デリバテなどのことなどイブのこと、リスク論、ネット資本主義、電子通貨やブロックチェーンのことなども別のエディションにまわしたか、既刊の『感ビジネス』に入れてある。
ぼくがどんな見方をしているかということは随所に滲《にじ》み出ていると思うけれど、ジョージ・ソロスを好意的にとりあげていること、ヴィルノとカリニコスの論法をおもしろがっていることから、いろいろ察知していただきたい。資本主義は化け物ではあるが、われわれの知覚と認識と生活形態がことごとく投影されたまま、あらゆる場面に酸性雨のように降り注いでいる。濡れすぎないようにしたくとも、傘がない。

松岡正剛

千夜千冊
EDITION

「千夜千冊エディション」は、2000年からスタートした
松岡正剛のブックナビゲーションサイト「千夜千冊」を大幅に加筆修正のうえ、
テーマ別の「見方」と「読み方」で独自に構成・設計する文庫オリジナルのシリーズです。

執筆構成：松岡正剛
編集制作：太田香保、寺平賢司、西村俊克、大音美弥子
造本設計：町口覚
意匠作図：浅田農
口絵撮影：熊谷聖司
編集協力：編集工学研究所、イシス編集学校
制作設営：和泉佳奈子

松岡正剛の千夜千冊　https://1000ya.isis.ne.jp/

千《せん》夜《や》千《せん》冊《さつ》エディション

資《し》本《ほん》主《しゅ》義《ぎ》問《もん》題《だい》

松《まつ》岡《おか》正《せい》剛《ごう》

令和3年 7月25日 初版発行
令和6年 12月10日 4版発行

発行者●山下直久

発行●株式会社KADOKAWA
〒102-8177 東京都千代田区富士見2-13-3
電話 0570-002-301(ナビダイヤル)

角川文庫 22761

印刷所●株式会社KADOKAWA
製本所●株式会社KADOKAWA

表紙画●和田三造

●お問い合わせ
https://www.kadokawa.co.jp/（「お問い合わせ」へお進みください）
※内容によっては、お答えできない場合があります。
※サポートは日本国内のみとさせていただきます。
※Japanese text only

ISBN 978-4-04-400665-5 C0195

JASRAC 出 2105251-404

◆◇◇

角川文庫発刊に際して

角川源義

第二次世界大戦の敗北は、軍事力の敗北であった以上に、私たちの若い文化力の敗退であった。私たちの文化が戦争に対して如何に無力であり、単なるあだ花に過ぎなかったかを、私たちは身を以て体験し痛感した。西洋近代文化の摂取にとって、明治以後八十年の歳月は決して短かすぎたとは言えない。にもかかわらず、近代文化の伝統を確立し、自由な批判と柔軟な良識に富む文化層として自らを形成することに私たちは失敗して来た。そしてこれは、各層への文化の普及滲透を任務とする出版人の責任でもあった。

一九四五年以来、私たちは再び振出しに戻り、第一歩から踏み出すことを余儀なくされた。これは大きな不幸ではあるが、反面、これまでの混沌・未熟・歪曲の中にあった我が国の文化に秩序と確たる基礎を齎らすためには絶好の機会でもある。角川書店は、このような祖国の文化的危機にあたり、微力をも顧みず再建の礎石たるべき抱負と決意とをもって出発したが、ここに創立以来の念願を果すべく角川文庫を発刊する。これまで刊行されたあらゆる全集叢書文庫類の長所と短所とを検討し、古今東西の不朽の典籍を、良心的編集のもとに、廉価に、そして書架にふさわしい美本として、多くのひとびとに提供しようとする。しかし私たちは徒らに百科全書的な知識のジレッタントを作ることを目的とせず、あくまで祖国の文化に秩序と再建への道を示し、この文庫を角川書店の栄ある事業として、今後永久に継続発展せしめ、学芸と教養との殿堂として大成せんことを期したい。多くの読書子の愛情ある忠言と支持とによって、この希望と抱負とを完遂せしめられんことを願う。

一九四九年五月三日